Eine auf Gnade basierende Erziehung

Dr. Tim Kimmel

ADULLAM

Originally published in English by
Thomas Nelson Publishers, Inc., Nashville, Tennessee, U.S.A.
under the title
***Grace-Based Parenting* by Dr. Tim Kimmel**

Adullam Verlag
St.-Ulrich-Platz 8
85630 Grasbrunn
089 468801
www.adullam.de

ISBN 978-3-941826-02-1

Bestellungen sind an oben stehende Adresse zu richten.

1. Auflage, April 2011

Alle Bibelzitate wurden, wenn nicht anderweitig gekennzeichnet,
der Revidierten Elberfelder Bibel, R.Brockhaus Verlag,
Wuppertal, © 1985/1991/2006, entnommen. Hervorhebungen durch den Autor.

Herstellung:
Übersetzung: Dagmar Schulzki
Umschlag: Anne Dittrich, Druckerei Mißbach
Satz und Umbruch: Adullam Verlag
Druck: Schönbach Druck GmbH, Erzhausen
Lektorat: Joshua Werling, www.wortschoepfung.info
Korrektorat: Barbara Doering, Das gute Wort

Lobende Kommentare zu *Eine auf Gnade basierende Erziehung*

Dieses interessante Buch mit anschaulichen Erzählungen und biblischen Parallelen … versprüht neue Hoffnung und zeigt gänzlich neue Möglichkeiten auf.

Publishers Weekly

Ist es nicht wunderbar, dass wir einen gnädigen Gott haben? Tim Kimmel ist es gelungen, uns Eltern daran zu erinnern, dass wir für unsere Familien ein Vorbild im Sinne Gottes sein und uns von seiner Gnade leiten lassen sollten.

Dr. Kevin Leman
Autor von *Die Rebellen bändigen*
und *Überraschung!*

Dieser Ratgeber macht dir zur Abwechslung keine Vorwürfe, wenn es um die Erziehung deiner Kinder geht, und das ist sehr gut so. Wir kennen die Familie Kimmel nun schon seit über zwanzig Jahren. In dieser Zeit haben wir gesehen, wie sie ihre Kinder im Sinne der Gnade erzogen haben, und wir haben viele ihrer Grundsätze auch bei unseren Kindern angewendet. Wir glauben, dass dieses Buch ein Bestseller wird, weil es auf einzigartige Weise neue Einsichten darüber vermittelt, wie es dir wirklich gelingt, aus deinen Kindern und dir das Beste herauszuholen. Kaufe lieber gleich zwei Exemplare und verschenke eines in deinem Freundeskreis.

John und Cindy Trent
Autoren, Sprecher und Vorsitzende von *StrongFamilies.com*

Ich habe aus erster Hand erfahren, dass Tim Kimmel nicht nur ein höchst versierter Sprecher ist, sondern auch ein hingegebener Vater. Diese beiden Eigenschaften machen ihn zum richtigen Mann für diese Botschaft. Lies dieses Buch, wenn du für die größte und herausforderndste Aufgabe deines Lebens zugerüstet werden willst.

John Ortberg

Wenn man für die Kindererziehung ein Gehalt bekäme, müsste auch ein Gefahrenzuschlag bezahlt werden. Unterschiedliche Generationen hatten schon immer einen unterschiedlichen Lebensstil, doch die Eltern des 21. Jahrhunderts brauchen die Nerven eines Testpiloten und die Geduld einer brütenden Henne, um ihre Kinder auf den richtigen Weg zu bringen. Es gibt wahrscheinlich keine andere Aufgabe, die eine so große Entschlossenheit erfordert und zugleich lebenslange Spuren hinterlässt. Nur wenige Autoren sind so gut dafür geeignet, Eltern zu lehren, wie man die Flammen der jugendlichen Selbstbestimmung anfacht und gleichzeitig Selbstzerstörung vermeidet, wie Tim Kimmel. Seine langjährige Erfahrung in der Kindererziehung und im Pastorendienst führt seine Leser in die heißen Gefilde der Themen unserer Tage und wirkt zugleich beruhigend. *Eine auf Gnade basierende Erziehung* zähmt das familiäre Inferno mit fundiertem biblischen Wissen. Dieses Buch ist ein geistlicher Feuerlöscher für junge christliche Familien.

Howard G. Hendricks

Dr. Tim Kimmel ist Amerikas Erziehungsexperte! Wollen wir nicht alle gesunde, zuverlässige Kinder aufziehen, die Gott lieben und uns lieben? Natürlich! *Eine auf Gnade basierende Erziehung* ist eine wunderbare Anleitung für Eltern, die ihre Kinder so erziehen wollen, dass aus ihnen gesunde Erwachsene werden. Tim arbeitet schon sein ganzes Leben daran, diese Grundsätze zu entwickeln. Sie sind klar und gut verständlich und weisen uns den Weg, unsere Kinder so zu erziehen, wie Gott uns erzieht … mittels seiner Gnade.

Dr. Gary und Barbara Rosberg
Moderatoren von *America's Family Coaches-Live!*
Sprecher, Autoren und Gründer von
Divorce Proofing America's Marriages Campaign

Eine auf Gnade basierende Erziehung wird Eltern dabei helfen, eine neue Generation junger Menschen heranzuziehen, die danach strebt, mächtig von Gott gebraucht zu werden, weil der Kern ihres Wesens von dem starken Gefühl der Liebe, der Bestimmung und der Hoffnung erfüllt ist.

Josh McDowell
Autor und Sprecher

Tim Kimmel ist ein Meister, wenn es darum geht, sich in der turbulenten und verwirrenden Welt der Erziehung zurechtzufinden. Er war ein Licht für meine Familie, indem er uns daran erinnerte, dass Eltern und Kinder von allen Dingen, die es zu bedenken und umzusetzen gilt, eines gleichermaßen brauchen: die herrliche Gnade Gottes. Tim und Darcy sind erstaunliche Eltern – liebevoll und stark, freundlich und kühn. Tim schreibt mit Humor, mit Hoffnung und einer Ehrlichkeit, die es uns erlaubt, unsere Schutzschilde abzulegen und zuzulassen, dass Gott uns in unseren Ängsten und unserer Trauer begegnet. Dieses hervorragende Buch wird dir zeigen, welches Vorrecht wir Eltern haben, durch unsere eigenen Kinder zum Bild Christi geformt zu werden.

Dan B. Allender, Ph. D.
Präsident, *Mars Hill Graduate School*
Autor von *The Wounded Heart* und *How Children Raise Parents*

Mit Weisheit und Witz vermittelt Tim in seinem Buch allen Eltern (und Großeltern) umfassende und praktikable Einsichten, mit deren Hilfe es ihnen gelingt, die Wirren der Erziehung zu überstehen.

Dr. Joseph M. Stowell
Präsident, *Moody Bible Institute*

Eine auf Gnade basierende Erziehung unterstützt Eltern dabei, eine neue Generation junger Menschen hervorzubringen, die danach streben, auf mächtige Weise von Gott gebraucht zu werden, weil sie im Kern ihres Seins von Liebe, der Gewissheit ihrer Bestimmung und Hoffnung erfüllt sind.

Dr. Jack Graham
Pastor, *Prestonwood Baptist Church*
Präsident, *Southern Baptist Convention*

Dieses Buch ist meiner Enkelin Riley Grace Murray gewidmet:
Du bist die Verkörperung des Geistes deiner Mutter
und die Personifizierung deines zweiten Vornamens – der Gnade.

Inhaltsverzeichnis

Vorwort

Unsere Kinder werden rasend schnell erwachsen. Gerade haben wir noch mit ihren winzigen Zehen gespielt und ihnen Abzählreime beigebracht, da haben sie auch schon die weiterführende Schule abgeschlossen. Und auf jeder Etappe dieses Weges beten wir Eltern dasselbe Gebet: „Vater, hilf uns, dieses Kind zu lieben, wie du uns liebst. Hilf uns, bei seiner Erziehung alles richtig zu machen."

Wir bekommen Ratschläge von älteren Eltern. Wir hören uns CDs an. Wir lesen Bücher. Unser größter Wunsch ist es, Gott zu ehren, indem wir unseren Teil dazu beitragen, dass unsere Kinder geistlich stark werden und sich unserer Liebe sicher sind.

Dieses Buch ist eine Antwort auf unser Gebet, denn Gott hat Tim Kimmel die Gabe verliehen, uns zu helfen, die Sache mit der Erziehung in den Griff zu kriegen. Ich kenne und bewundere die Familie Kimmel seit zwei Jahrzehnten. Ich habe Tim sprechen gehört, seine Bücher gelesen und aus seinen Denkanstößen gelernt. Und vor allem habe ich gesehen, wie sehr er seine Frau und seine Kinder liebt und schätzt.

Tim weiß, mit welchen Schwierigkeiten Familien zu kämpfen haben. Er weiß zudem, wie er uns helfen kann. Tim hilft uns, zu erkennen, was unsere Kinder am nötigsten von uns brauchen. Und was genauso wichtig ist: Er zeigt uns praktische, sinnvolle Möglichkeiten, wie wir unseren Kindern durch unsere bedingungslose, von Gnade geprägte Liebe ein Gefühl der Sicherheit geben können. So hilft er uns dabei, ihnen das größte Geschenk zu machen, das wir ihnen mit auf den Weg geben können: ein Herz, das sich nach Gott sehnt.

Tu dir selbst und deiner Familie einen Gefallen. Lies dieses Buch.

Max Lucado

Danksagung

Zu diesem Buch haben viele wertvolle Menschen ihren Beitrag geleistet.

Steve und Cheryl Green – mittlerweile sind wir fast zehn Jahre befreundet. Danke für euren starken Glauben und eure gute Leitung.

Der *Thomas-Nelson*-Verlag – ich danke jedem Einzelnen von euch. Es ist mir eine Ehre, zu eurem Team zu gehören.

Laura Kendall – die Lektorin mit Köpfchen. Danke für dein unermüdliches Engagement für großartige Lektüren.

David Moberg, Susan Ligon und Debbie Wickwire – ich danke euch für euren Zuspruch und das Vertrauen, das ihr von Anfang an gezeigt habt … in mich und in diese Botschaft.

Mike Yorkey – du setzt dich schon lange für Familien ein. Danke für deine wertvolle Überarbeitung und Kürzung des Originalmanuskripts.

Wendy Wood – eine Frau, für die gut nicht gut genug ist, wenn es noch besser geht. Ich schätze es sehr, wie du meine Wortwahl verbessert und ausgefeilt hast.

Mark Sweeney – jeder Botschafter braucht einen Meister. Die ursprüngliche Idee stammt von dir. Möge deine Zukunft ein stetiger Weg nach oben sein.

Tim Roberts und Susanne Freyling – die Stützen unseres Dienstes *Family Matters*. Danke, dass ihr alles am Laufen hieltet, während ich anderweitig beschäftigt war.

Steve und Barbara Uhlmann – zwei Menschen, die wissen, welches Potenzial die Abgeschiedenheit in sich birgt. Danke für die Schlüssel und Magnetkarten, die mir den Zugang zu stillen Orten verschafften. Hier fand ich die Ruhe, die ich brauchte, um dieses Buch zu schreiben.

Max Lucado – ein demütiger Riese. Deine Worte haben mir Hoffnung geschenkt. Dein Leben hat mir gezeigt, was Gnade ist.

Karis, Cody, Shiloh und Colt – die vier besten Gründe, die ich kenne, um jeden Abend nach Hause zu gehen. Danke, dass ihr Geduld mit mir hattet, als ich noch versuchte, herauszufinden, worum es bei alledem eigentlich geht.

Darcy – eine Seelenverwandte für alle Zeiten. Wenn ich Gnade brauche, muss ich nie weiter blicken als in deine grünen Augen.

Und danke, Jesus – deine Gnade genügt, um unsere Familien freizusetzen.

1

Warum es bei der Erziehung nicht reicht, es gut zu meinen

Lass dich für einen Moment von mir entführen. Es wird nicht lange dauern. Ich will vor deinem geistigen Auge ein Szenario entstehen lassen, das die Ausgangsposition für unsere Diskussion über die Kindererziehung darstellt.

Stell dir zunächst einmal einen Spieltisch vor und ziehe an zwei seiner gegenüberliegenden Seiten je einen Stuhl heran. Auf diesem Tisch häufen sich unzählige winzige Teile eines komplizierten Puzzles. Wenn du die Farben und Formen der Teile betrachtest, ist dir sofort klar, dass es sich dabei um eine ganz schöne Herausforderung handelt.

Doch bevor du dich in dieses Projekt hineinstürzt, gibt es noch ein paar Dinge, die du wissen solltest:

- Die Randteile wurden alle entfernt. Ich weiß, es ist leichter, ein Puzzle zu beginnen, indem man zuerst den Rand zusammenfügt. Damit hat man schon das erste Erfolgserlebnis, bevor man zu dem schwierigen Teil übergeht. Tut mir leid. Du wirst die Ränder des Puzzles selbst bestimmen müssen.

- Jemand hat ein paar Handvoll Teile eines *anderen* Puzzles in die Schachtel geworfen. Sie sehen vielleicht aus, als ob sie dazugehörten, sie tun es aber nicht. Sie werden nicht hineinpassen, so sehr du es auch versuchst. Und weil du nicht weißt, welche Teile das sind, wirst du womöglich eine Menge Zeit damit vergeuden, genau das herauszufinden.

Bist du bereit, mit dem Puzzle zu beginnen? Ich weiß, dass ich es dir sehr schwer gemacht habe, aber du weißt dir sicher zu helfen. Wenn du genug Zeit und Beruhigungsmittel hast, wirst du es wahrscheinlich lösen können. Alles, was du jetzt noch brauchst, um loslegen zu können, ist das Bild auf dem Deckel der Schachtel.

Oh, ich vergaß: Wir haben den Deckel verloren. Du wirst deine eigenen Vermutungen darüber anstellen müssen, wie das fertige Bild wohl aussehen soll. Hört sich das nach Spaß an? Ich kann natürlich nicht für dich sprechen, aber was mich betrifft, klingt selbst eine intensive Zahnreinigung reizvoller. Dieses Puzzleprojekt klingt wie ein schlechter Witz. So etwas ist schon schwierig genug, wenn man die richtigen Teile, alle Randteile und das Bild auf der Schachtel hat. Wenn all das jedoch nicht gegeben ist, ist man fast gänzlich auf seine Vermutungen angewiesen. Und nicht nur das – wenn du kein klares Bild davon hast, was du zusammenzusetzen versuchst, wirst du nie wirklich wissen, ob du an das, was es ursprünglich darstellen sollte, auch nur ansatzweise herangekommen bist.

Willkommen beim Puzzlespiel Elternschaft

Was ich eben bildhaft beschrieben habe, ist die reale Aufgabe, Kinder großzuziehen. Du bemühst dich viele Jahre lang, all die richtigen Teile zusammenzusetzen, aber wenn deine Kinder größer werden, haben sie mit dem, was du zu schaffen glaubtest, oft keine Ähnlichkeit. Und doch ist die Kindererziehung trotz aller Enttäuschungen das Wunderbarste, was du je tun wirst. Sie ist bedeutender als jede erklommene Sprosse auf der Karriereleiter. Sie stellt jeden Ruhm, den du für deine Ideen oder Erfindungen bekommen magst, in den Schatten. Man hat dir im Voraus ein Stück Geschichte anvertraut, dir ein Geschenk gemacht, das du in eine Zeit entsendest, die du nicht siehst. Du spielst die Hauptrolle darin, zu bestimmen, wie dieser Abschnitt der Geschichte letztendlich ausfallen wird. Es ist also sehr wichtig, dass du trotz aller Herausforderungen einen Erziehungsplan hast, der funktioniert.

Gute Absichten sind nicht genug. Alle Eltern hegen am Anfang gute Absichten, aber es dauert nicht lange, bis sie feststellen, dass sie aufgrund von Umständen, die sie weder geplant noch erbeten haben, zum Scheitern verurteilt sind. Auch umfangreiche Kenntnisse im Bereich der Erziehung sind nicht genug. Du brauchst mehr als deinen Kopf, um das zu bewältigen.

Nehmen wir nur einmal das Problem der Grenzen. So wie die Randteile des vorhin erwähnten Puzzles entfernt wurden, hat unsere Gesellschaft viele moralische Grenzen aufgehoben, die es deutlich einfacher machten, Kinder richtig zu erziehen. Richtig und falsch waren Schwarz und Weiß. Lügen, Betrügen, Stehlen und seinen Einfluss auf Kosten anderer geltend zu machen, war falsch. Die Missachtung anderer Menschen und ihres Eigentums erforderte unweigerlich das Einschreiten der Eltern.

Wir hatten auch ausgezeichnete Richtlinien, nach denen wir leben konnten – wie die Zehn Gebote. Doch nachdem die Kultur jahrzehntelang an ihnen genagt hat, sind die Zehn Gebote nicht mehr in Stein gemeißelt, sondern mit einem Bleistift auf einen Post-it-Zettel gekritzelt. Sie gleichen eher zehn Hinweisen oder Vorschlägen, von denen man Gebrauch machen kann, wenn es einem nützt. Im Lauf der Zeit haben sie im Leben der durchschnittlichen Familie irgendwann ihre Autorität verloren. In der heutigen Zeit richten sich viel zu viele Eltern nicht mehr danach, was richtig und falsch ist, sondern danach, was sich für sie richtig und falsch *anfühlt*. Diese Denkweise führt zu zwei gefährlichen und extremen Erziehungsmethoden.

Extreme Eltern

Wenn klare moralische Grenzen aufgehoben werden, ist eine extreme Folge davon, dass Eltern – auch christliche Eltern – ihren Kindern eine Art Freibrief erteilen. Ihre Kinder können herumhängen, mit wem sie wollen, sich im Fernsehen oder im Kino ansehen, was ihnen beliebt, und können ihrer Frustration Luft verschaffen, ohne großartige Konsequenzen fürchten zu müssen. Sie klicken im Internet alles an, was sie interessiert, beginnen früh, sich zu verabreden, leben ihre sexuellen Neigungen aus und machen sich alles zunutze, was ihnen in der Schule, im Sport und in Beziehungen zu Erfolg verhilft.

Ich sagte, das ist ein *extremes* Beispiel. Die meisten Eltern würden nicht zugeben, dass sie zu dieser Kategorie gehören, selbst wenn sie Ozzy und Sharon Osborne heißen. Doch ungeachtet dessen ist dir sicher jemand eingefallen, als du diese letzten paar Sätze gelesen hast. Die Nachrichten im Lokalteil fast jeder Zeitung erinnern uns daran, dass es viele Eltern gibt, die einen negativen und sogar zerstörerischen Einfluss auf ihre Kinder ausüben. Sie haben – sei es durch Taten oder durch Unterlassung – völlig darin versagt, ihren Kindern während ihres Heranwachsens die richtige Richtung zu weisen.

Leider gibt es auch wohlmeinende Eltern, die sich dieser Art der Erziehung zu einem gewissen Grad bedienen. In einer Kultur ohne feste Grenzen wie der, in der wir aufwachsen, passiert es sehr leicht, dass man ein wenig abgestumpft wird. Vielleicht gelingt es uns sehr gut, unsere Kinder anzuleiten, wenn alles gut läuft, doch leider werfen wir oft allzu leicht unsere besten Überzeugungen über Bord, wenn wir in Bedrängnis geraten. Unsere Gesellschaft kann sich gegenüber Eltern, die entschlossen sind, das Richtige zu tun, sehr hässlich und strafend zeigen. Deshalb geben so viele Eltern unter Druck nach. Die schmerzhafte Realität ist, dass zu viele Eltern darauf aus sind, sich gut zu *fühlen,* statt gut zu *handeln.* Es kann ein sehr einsamer Job sein, Kinder mit klaren moralischen Grenzen zu erziehen. Gibt es in deiner Umgebung Menschen, die versuchen, ihre Kinder nach denselben Grundsätzen zu erziehen wie du?

Vom einen Extrem ins andere

Doch es gibt noch ein weiteres Extrem, in das Eltern verfallen können, und das ist gleichermaßen Gift für Kinder. Es kann ihnen in geistlicher Hinsicht sogar Narben zufügen, die möglicherweise nie mehr verschwinden. Diese Art der Erziehung ist oft eine Überreaktion auf ein Leben oder eine Gesellschaft ohne Grenzen. Das Extrem, von dem ich hier spreche, besteht dann, wenn Eltern *weitaus engere* Grenzen setzen, als es nötig wäre, um ihre Kinder angemessen zu erziehen. Solche Eltern begrenzen oder kontrollieren nahezu alles. Sie stellen hinsichtlich der Freunde, der Unterhaltung, der sportlichen Aktivitäten, der Bildung und des geistlichen Lebens ihrer Kinder strenge Regeln auf und hoffen, dass sie ihr Leben damit irgendwie *sicherer* machen.

Das tun sie nicht.

Manche Eltern tun das, weil sie selbst so erzogen wurden. Doch die Wahrscheinlichkeit, dass Eltern auf diese extreme Erziehungsmethode zurückgreifen, ist bei denjenigen am größten, die in einem Zuhause *ohne* Grenzen aufgewachsen sind. Sie wenden sich oft diesem sehr kontrollierenden Ansatz der Erziehung zu, weil sie gesehen haben, welchen Schaden es anrichten kann, wenn Kinder sich selbst überlassen werden. Diese Eltern wollen unbedingt vermeiden, dass ihre Kinder dieselben Fehler machen wie sie. Deshalb setzen sie nicht nur klare moralische Grenzen, sondern errichten innerhalb dieser Grenzen noch weitere Beschränkungen, die es ihren Kindern erschweren sollen, ihren Grenzen auch nur nahe zu kommen. Eltern, die diese Strategie einschlagen, gehen oft von zwei falschen Annahmen aus. Erstens nehmen sie an, der *Gehorsam* der Kinder gegenüber einem strengeren, höher angesetzten Maßstab würde ihnen irgendwie dabei helfen, ihre Kinder sicherer und besser zu erziehen.

Das wird er nicht.

Denn *wie* sich die Kinder entwickeln, hängt weitaus mehr davon ab, was *in ihnen* vor sich geht, als davon, was um sie herum geschieht, und unnötig enge Grenzen untergraben das Wirken des Heiligen Geistes, der bestrebt ist, in den Herzen der Kinder Entschlossenheit zu wecken, was moralische Fragen angeht.

Die zweite falsche Annahme, die Eltern dazu treibt, ihren Kindern unnötig zusätzliche Beschränkungen aufzuerlegen, ist, dass Gott ihnen dadurch größere Gunst oder größeren Schutz gewährt.

Das wird er nicht tun. Gott kann uns nicht mehr geben als das, was er uns bereits im Überfluss gegeben hat, als wir seine Kinder wurden.

Meine Eltern wuchsen beide in einem Zuhause auf, wo die moralischen Grenzen den Umständen angepasst wurden. Kurz nachdem sie geheiratet hatten, wurden sie beide Christen und erkannten, dass sie für ihre Kinder andere Maßstäbe setzen wollten. Sie wussten jedoch, dass sie zuerst im Glauben wachsen mussten, und so schlossen sie sich einer Gemeinde an, die sie darin anleiten sollte, wie sie ihr Leben führen und ihre Kinder erziehen sollten. Leider vertrat diese Gemeinde die Position, dass die grundlegenden Grenzen, die Gott in seinem Wort gezogen hat, „weiterentwickelt" und „verdeutlicht" werden müssten.

Sehen wir uns beispielsweise einmal an, wie die Gemeindeleiter mit dem biblischen Begriff des „Sabbat" umgingen, von dem die Bibel sagt, dass wir ihn „heiligen" sollen. Da „heiligen" auch „sich abheben" bedeutete, wollten sie sicherstellen, dass sich der Sabbat möglichst von allem unterschied, was auf einen normalen Tag hindeutete. Die Gemeindeleiter definierten den Sabbat als einen Tag, an dem die ganze Familie den Gottesdienst besuchte und dort Gott anbetete (keine schlechte Idee) und anschließend nach Hause ging und dort einen ruhigen, erholsamen Nachmittag verbrachte (eine weitere, nicht allzu schlechte Idee). Der Pastor liebte es, auszuführen, wie diese beiden Glaubensgrundsätze hinsichtlich des Sabbat aussehen mussten, und lehrte diese Punkte, als wären sie in Stein gemeißelt.

Doch das war noch nicht alles. „Anbetung" bedeutete, dass man rechtzeitig eintreffen musste, dass *jedes* Familienmitglied seine Bibel dabeihaben musste (einschließlich der Kleinkinder, „um sie daran zu gewöhnen", wie er sagte), dass *jedes* Familienmitglied etwas Geld auf den Opferteller legen und jede Familie nach dem Gottesdienst direkt nach Hause gehen musste. Es wurde davon abgeraten, mit anderen Familien zum Mittagessen in ein Restaurant zu gehen. Wenn man dann zu Hause war, bedeutete „Ruhe und Erholung", dass man weder den Fernseher noch das Radio einschaltete (heute würde er vermutlich noch den Computer hinzufügen), dass die Kinder nicht laut und lebhaft spielten und alle einen Mittagsschlaf machten. Man beendete den Tag, indem man für eine verkürzte Version des Morgengottesdienstes *erneut* in die Gemeinde ging.

Es wäre schön gewesen, wenn der Pastor diese Grundsätze als *Vorschläge* angebracht und meine Eltern ermutigt hätte, sie im Gebet zu prüfen. Das hätte es ihnen ermöglicht, ihren Sabbat von Gott gestalten zu lassen und seinen Zweck, wie er in der Bibel geschrieben steht (auszuruhen), auf eine Weise zu erfüllen, die mit dem Alter und den verschiedenen Persönlichkeiten unserer Familienmitglieder im Einklang stand. Doch das tat er nicht. Dieser Pastor lehrte seine Version des Sabbat als die Art und Weise, wie „gute" und „ernsthafte" christliche Familien den Sabbat zu verbringen hatten. Er gab auch zu verstehen, dass die Gemeindeleitung über Möglichkeiten verfügte, ihre Mitglieder zu überwachen.

Als ich sieben Jahre alt war, passierte etwas, das ich nie vergessen werde. Es war ein wundervoller Sonntagnachmittag, es wehte ein leichter Wind und die Temperatur war sehr angenehm. Ich musste mich erst um drei Uhr hinlegen. Meine Mutter erledigte nach dem Mittagessen den Abwasch und meine Geschwister waren in verschiedene Ecken des Hauses verschwunden. Ich schlüpfte mit einem Gummiball nach draußen und begann, ihn leicht gegen eine Außenwand unseres Backsteinhauses zu werfen – ein kleines Fangspiel mit mir selbst. Ich hatte den Ball vielleicht ein Dutzend Mal gegen die Wand geworfen, als meine Mutter aus dem Haus gerannt kam.

„Tim, hör sofort damit auf!"

„Warum, Mama?"

„Weil heute Sonntag ist!"

„Aber Mama, warum kann ich sonntags nicht Ball spielen?"

„Wir dürfen so etwas sonntags nicht tun."

„Wer hat dir das gesagt?"

„Gott!"

Meine Mutter war in ihrer Beziehung zu Gott noch so unerfahren, dass sie tatsächlich glaubte, alles, was der Pastor sagte, käme direkt aus dem Mund Gottes. Und dann versetzte sie mir den Gnadenstoß: „Und außerdem, was wäre, wenn jemand von der Gemeinde vorbeifahren und dich am Sonntag Ball spielen sehen würde?"

Diese Aussage deutet auf eine Falle hin, in die manche Eltern geraten, wenn sie engere Grenzen ziehen, als die Bibel es vorgibt: Sie beurteilen ihre Effektivität als Eltern, indem sie sich mit anderen vergleichen. Sie beobachten andere Familien und fungieren als eine Art „Sittenpolizei", indem sie deren Effektivität daran messen, wie gut sie ihrem eigenen, selbst gewählten, höheren Standard gerecht wird. Die Reaktion dieser Eltern ist vorhersehbar: Sie sind oft schnell dabei, andere Eltern zu verurteilen, wenn diese ihren Maßstäben nicht entsprechen. Sie werden zu der Annahme verleitet, dass die Familien, deren Kinder die größte Zahl von Regeln befolgen, die besten Kinder hervorbringen.

Wohl kaum.

Das ist bestenfalls eine ausgezeichnete Möglichkeit, deine Kinder zu zerstören.

Glücklicherweise stellte meine Mutter fest, dass sie ihre Chancen, großartige Kinder aufzuziehen, erhöhen konnte, indem sie die Regeln etwas lockerte. Sie verließ sich auf Gott und ihren gesunden Menschenverstand und kam wunderbar damit zurecht. Einige der besten Baseballspiele, die mir aus meiner Jugendzeit in Erinnerung geblieben sind, fanden am Sonntagnachmittag unter den Anfeuerungsrufen meiner Mutter statt. (Übrigens, als seine Söhne ins Teenageralter kamen, begann auch der Pastor, etwas „lockerer" zu werden.)

Nebenbei bemerkt – alles, was ich gerade gesagt habe, schließt eine strengere Sichtweise der Sabbatruhe nicht aus. Es verändert nur die *Gründe,* warum sich eine Familie dafür entscheiden mag, ihre Aufmerksamkeit an einem Tag in der Woche auf Gott zu richten. Es ist gut möglich, dass Gott eine Familie dazu anleitet, sich an einem Tag der Woche nichts anderes vorzunehmen als Ruhe, Erholung und ein Minimum an Aktivität. Das könnte sich auf eine geschäftige, gehetzte Familie in der Tat sehr positiv auswirken. Doch das sollte man tun, weil man das Verlangen hat, sich auf Gott zu konzentrieren und sich auszuruhen, und nicht weil man in die Bibel irgendetwas hineininterpretiert, das sie gar nicht sagt, und ständig darauf bedacht ist, sein Gesicht zu wahren.

Unser Weg oder der einfache Weg

Einer der Umstände, die das Puzzle der Elternschaft verkomplizieren, ist, dass Teile darin sind, die nicht dazugehören. Diese Teile passen nicht in das Bild, doch einflussreiche Stimmen der Gesellschaft haben durchgesetzt, dass sie hinzugefügt wurden. Diese zusätzlichen Teile beeinflussen nicht unbedingt das Bild, das letztendlich aus unserem Puzzle entsteht, aber so, wie sie präsentiert werden, würde man das nicht annehmen. Eltern werden mit Nachdruck darauf hingewiesen, dass sie ihre Kinder ins Verderben schicken, wenn sie sie nicht auf eine bestimmte Art ernähren, zurechtweisen oder erziehen. Aus einigen dieser Aussagen lässt sich sogar schlussfolgern, dass Gott nicht erfreut wäre, wenn du versuchen würdest, deine Kinder außerhalb dieser strengen Richtlinien großzuziehen. Nochmals, es ist eine Sache, in diesen Bereichen Vorschläge zu machen, doch es ist etwas anderes, diese Vorschläge als die *einzige* Möglichkeit darzustellen, wie man Kinder richtig erzieht.

Wie das Personal in Schnellrestaurants, das uns davon überzeugen will, unser Menü zu erweitern, zwingen uns diese Experten, Weisungen anzunehmen, die für eine effektive Erziehung nicht unbedingt erforderlich sind und ganz offensichtlich auch keine besseren Ergebnisse garantieren können. Ich denke, ich kann sagen, dass nicht einer dieser Experten (zumindest habe ich noch nie von einem gehört), der Eltern Ratschläge erteilt, behauptet, seine oder ihre Methode könne irgendetwas *garantieren.* Kinder sind freie Menschen und in der Lage, sich auch den effektivsten Erziehungsmethoden zu widersetzen. Ich kann zudem sagen, dass Eltern mit bestimmten Dingen – wie beispielsweise mit klar definierten moralischen Grenzen – offensichtlich ihre Chancen erhöhen, ihren Kindern eine bessere Einstellung zu vermitteln. Doch innerhalb der klaren Grenzen der moralischen Gesetze Gottes in der Bibel gibt es noch einen großen Ermessensspielraum dafür, wie du deine Kinder erziehst. Leider gelingt es einigen Ratgebern sehr leicht, gute Ideen als *Voraussetzungen* für eine effektive Erziehung darzustellen.

Wir sind es gewohnt, in einem Schnellrestaurant jemanden fragen zu hören: „Wollen Sie Pommes frites dazu?" oder „Wollen Sie noch ein Getränk?“ Bisweilen hört es sich recht ähnlich an, wenn wir bei der Erziehung unserer Kinder Hilfe suchen:

- Ich denke gerade über die verschiedenen Möglichkeiten nach, wie ich mein Neugeborenes ernähren könnte.

  „Hätten Sie gerne das Stillen dazu?“

- Ich denke gerade darüber nach, wie ich meinen Jungen am besten zurechtweise.

  „Hätten Sie gerne körperliche Züchtigung dazu?“

- Ich denke gerade darüber nach, welche Ausbildung meine Kinder bekommen sollen.

  „Hätten Sie gerne irgendetwas außer der staatlichen Schule dazu?“

Angesichts dieser lauten und unnachgiebigen Stimmen ist es schwer, eine ausgeglichene Sichtweise der Erziehung beizubehalten. Der Beweis für die Effektivität einer Erziehungsmethode wird nicht dadurch erbracht, dass die Eltern und die Kinder miteinander auskommen. Ja, sogar nicht einmal dadurch, dass sie einander gut behandeln und respektieren, wenn die Kinder erwachsen sind. Das schaffen auch Familien, die keine Christen sind. Wie gut eine Erziehungsmethode ist, erweist sich darin, wie gut die Kinder darauf vorbereitet sind, als engagierte Angehörige der Menschheit in das Erwachsensein einzutreten. Beachte, dass ich nicht sagte „als engagierte Mitglieder der christlichen Gemeinde“. Wir müssen Kinder haben, die mit der feindseligsten Atmosphäre an einer Universität und der Habgier an ihrem Arbeitsplatz zurechtkommen, die sich mit ihren Familien in den vergnügungssüchtigsten Gegenden ein Heim schaffen und sich von ihrem jeweiligen Umfeld nicht im Geringsten einschüchtern lassen. Darüber hinaus müssen sie am Leben der Menschen in ihrer Gesellschaft Anteil nehmen, indem sie die Liebe Christi in dieser verzweifelten Umgebung auf ansprechende Weise verkörpern. Der Apostel Paulus gab uns Eltern ein ausgezeichnetes Ziel, das wir für unsere Kinder verfolgen sollten:

Tut alles ohne Murren und Zweifel, damit ihr tadellos und lauter seid, unbescholtene Kinder Gottes inmitten eines verdrehten und verkehrten Geschlechts, unter dem ***ihr leuchtet wie Himmelslichter in der Welt,*** *indem ihr das Wort des Lebens festhaltet, mir als Grund zum Rühmen auf den Tag Christi, dass ich nicht vergeblich gelaufen bin, auch nicht vergeblich gearbeitet habe.*

Philipper 2, 14–16[1]

Wenn ich mir mit etwas Abstand ansehe, was die letzte Generation hervorgebracht hat und in welche Richtung die jetzige Generation steuert, frage ich mich, ob wir dieses Ziel angestrebt haben. Gelingt es uns wirklich, mit all der Hilfe, die wir – vor allem als Christen – bekommen, Kinder zu formen, die sich von Gott dafür gebrauchen lassen wollen, die Welt um sie herum zu verbessern? Sind wir als Gruppe dafür bekannt, dass wir Kinder aussenden, die sich von der verdorbenen Welt, in der wir leben, nicht so leicht übers Ohr hauen lassen? Es hat nicht den Anschein.

Ein zu kleiner Unterschied

Man sollte annehmen, dass wir dank all der Ressourcen, die wir im Laufe der letzten vierzig Jahre angehäuft haben, ein wenig mehr vorweisen können. Wenn wir einmal betrachten würden, wo die christliche Bewegung in Amerika derzeit steht, würden wir ganz klar erkennen, dass es einen Punkt gibt, den wir nicht in die Gleichung mit einbezogen haben. Die christliche Gemeinde in den Vereinigten Staaten von Amerika beziffert sich auf Millionen. Weil ein so enormer Prozentsatz unserer Bevölkerung für sich beansprucht, Christen zu sein, wird dieses Land oft ein „christliches" Land genannt. Wir haben Milliarden Dollar in unser geistliches Leben investiert. Wir haben mehr Räumlichkeiten und mehr bezahltes Personal, das sich der Entwicklung unseres christlichen Lebens widmet, als jede andere Nation der Welt.

Unsere Gemeinden dienen oft auch als Ort, an dem die sozialen Bedürfnisse unserer Familien gestillt werden, sodass viele von ihnen als evangelikale Country-Clubs fungieren. Wir haben ein Paralleluniversum zu dem verdorbenen System der Welt geschaffen, das uns all die Annehmlichkeiten bietet, die wir uns wünschen. Wir haben unsere eigenen christlichen Buchhandlungen. Sie versorgen uns nicht nur mit der Anleitung, die wir brauchen, um die Bibel zu studieren und Christus ähnlicher zu werden, sondern bieten uns darüber hinaus auch fast jede andere Lektüre, die wir haben wollen. Wir haben christliche Poesie, christlichen Science-Fiction und christliche Liebesromane. Wir haben christliche Radioprogramme und christliches Kabelfernsehen, das rund um die Uhr geistliche Sendungen ausstrahlt. Wir haben christliche Konzerte, christliche Kreuzfahrten, christliche Ferienorte. Wir haben unser eigenes Schulsystem und unsere eigenen Modelabel. Wir haben sogar unsere eigenen Pfefferminzbonbons!

Warum haben die Christen trotz all dieser Errungenschaften, die ein effektives christliches Leben fördern sollen, so wenig Einfluss? Man kann das Anwachsen der christlichen Gemeinde in eine selbstständige Wirtschaftseinheit bis in die frühen 1960er-Jahre zurückverfolgen.[2] Ironischerweise ist die Säkularisierung der Gesellschaft im selben Maß angestiegen, wie wir uns aus ihr zurückgezogen haben. Je mehr Möglichkeiten sich die christliche Gemeinde geschaffen hat, umso mehr hat der Rest der Gesellschaft die säkulare Denkweise angenommen – eine logische Folge, denn je weniger wir an der verlorenen Welt um uns herum Anteil nehmen, umso mehr bleibt sie sich selbst überlassen.

Aber so war das nicht gedacht. Gott hat unsere Familien in der Gesellschaft platziert, damit wir, wenn du es so ausdrücken willst, für die verlorenen Menschen um uns herum als Licht dienen. Wir müssen das Licht sein, das ihnen hilft, ihren Weg aus der Finsternis zu finden. Wenn Familien entschlossen sind, dieses Licht zu sein, haben sie normalerweise eine engere Beziehung zu Christus. Sie beten mehr, sie lesen mehr in der Bibel, sie kümmern sich mehr umeinander und strecken sich mehr nach ihren Mitmenschen aus. Im Lauf unserer Diskussion über die richtige Erziehungsmethode sind wir irgendwann davon abgekommen, diese Punkte zu priorisieren.

Die Erschaffung dieses Paralleluniversums wirkt sich äußerst negativ darauf aus, starke, christliche Kinder großzuziehen. Eine der Hauptaufgaben, die Gott christlichen Eltern gegeben hat, besteht darin, Erwachsene zu schaffen, die sein Herz widerspiegeln. Eine Familie ist zweifellos das effektivste und effizienteste Mittel, um Menschen hervorzubringen, die zuversichtlich in die Erwachsenenwelt eintreten und darauf hinwirken, dass ihre Gesellschaft erlöst wird – und genau das sollten wir tun.

Warum also tun wir es nicht?

Warum wird die Welt, in der wir leben, immer säkularer? Warum sind wir an den Punkt gelangt, an dem unsere Gesellschaft uns, die wir unseren Glauben offen ausleben, extrem feindlich gesinnt ist? Warum ist unsere Gesellschaft vergnügungssüchtiger geworden? Für diese Fragen werden uns viele Erklärungen angeboten. Die Standardantwort besteht darin, Satan die Schuld zu geben, aber das ergibt keinen Sinn. Er ist nicht die letzten zweitausend Jahre schlafgewandelt und jetzt plötzlich wieder aufgewacht. Es gab etwas, das ihn zurückhielt. Es gab eine Festung, die für ihn schwer zu durchdringen war: eine gute, stabile Familie. Eltern, die wenig mehr vorzuweisen hatten als eine lebendige Beziehung zu Gott, haben schon immer als ideales Sprungbrett für großartige Menschen gedient. Es hat sich also etwas verändert. Wir sind ängstlich geworden. Und ich glaube, dass diese Angst sehr vielen christlichen Erziehungsratschlägen, die uns erteilt werden, zugrunde liegt.

Wir haben die falsche Landkarte

Wenn du durch eine Gegend fährst, wo du noch nie warst, kommst du nur so gut zurecht, wie die Landkarte ist, auf die du dich verlässt. In der Geschichte gibt es einige tragische Beispiele von Menschen, die sich auf unzureichende oder ungenaue Karten verlassen haben. Wenn ich mir ansehe, wie manche christliche Eltern ihre Kinder großziehen und wie einige christliche „Experten" sie beraten, ist es kein Wunder, dass wir vom richtigen Weg abgekommen sind.

Lass mich einige der Erziehungsmethoden, die ich in der christlichen Gemeinde sehe, grob umreißen – Methoden, die uns in die Irre geführt haben. Die erste auf meiner Liste ist am weitesten verbreitet:

1. Erziehung auf der Basis von Furcht

Wir fürchten uns vor Hollywood, vor dem Internet, vor dem staatlichen Schulsystem, vor Halloween, vor den Schwulen, vor Drogen, Alkohol, Rock 'n' Roll, Rap, feiernden Nachbarn, ungläubigen Fußballteams, vor den Liberalen und dem Weihnachtsmann. Unsere Ängste *bestimmen* unsere Erziehungsstrategie. Ich sehe das überall, wo ich hinkomme. Ich höre das Echo dieser Ängste in den Sorgen der Eltern. Die Mütter oder Väter beginnen ihre Erzählung oder ihre Frage mit den Worten: „Ich habe Angst vor …" Wenn ich mir ansehe, wie durchschnittliche evangelikale Familien ihre Erziehungsstrategie aufgebaut haben, erkenne ich meistens die Furcht als treibende Kraft.

Wenn du dir alle Ratschläge, die Jesus uns in den Evangelien gab, ansehen und in Kategorien unterteilen würdest, würdest du feststellen, dass die längste Liste aus Versen besteht, wo er sagt: „Fürchte dich nicht." Wenn wir unseren Glauben auf ihn gestützt haben, sollten wir die letzten Menschen sein, die vor fast *allem* Angst haben! Ein Erziehungsstil, der auf Furcht basiert, ist der sicherste Weg, um eingeschüchterte Kinder zu schaffen. Es ist auch der sicherste Weg, um Kinder großzuziehen, die entweder keine Leidenschaft für verlorene Menschen haben und den Belangen Gottes gegenüber gleichgültig sind oder auf der ganzen Linie gegen ihre Eltern, ihre Gemeinde und den Herrn rebellieren.

2. Erziehung mittels Anpassung an evangelikale Werte

Das ist ein Ausläufer des auf Furcht basierenden Erziehungsstils, bei dem davon ausgegangen wird, dass die angemessene Umgebung, die angemessenen Informationen, die angemessene Erziehung sowie die Vermeidung von negativen Einflüssen die Chancen erhöhen, dass sich ein Kind gut entwickelt. Diese Erziehungsmethode basiert auf zwei falschen Annahmen: 1. dass die Schlacht hauptsächlich um das Kind herum stattfindet (das ist nicht der Fall) und 2. dass man das geistliche Leben ebenso im Herzen eines Kindes verankern kann wie man Daten auf der Festplatte eines Computers abspeichert (das kann man nicht).

Das Verhalten, das von diesen Familien vorgelebt wird, lässt das schöne Bild einer idealen christlichen Familie entstehen, aber es ist ein eindimensionales Bild. Unter der Oberfläche findet sich nur sehr wenig von dem Glauben, der notwendig ist, um die harten „Schläge" der Gesellschaft zu ertragen oder eine tief gehende, reife Beziehung zu Gott zu unterhalten. Das sind die Familien, bei denen Gott zwar im Kopf regiert, jedoch selten bis ins Herz vordringt.

3. Erziehung mit dem Hauptaugenmerk auf dem äußeren Anschein

Dieser Erziehungsstil orientiert sich vor allem daran, bestimmte äußerliche Anforderungen zu erfüllen, und ist eine Folge davon, dass die Eltern der Verführung der Gesetzlichkeit erlegen sind. Meine Eltern wendeten diese Erziehungsmethode in den ersten Lebensjahren ihrer Kinder an. Eltern, die bei ihrer Erziehung ihr Hauptaugenmerk auf den äußeren Anschein richten, gehen davon aus, dass die Leute sie anhand dessen, was sie sehen, als gute christliche Eltern beurteilen, die nette christliche Kinder aufziehen. Dazu gehören ihre Gottesdienstbesuche, die Art und Weise, wie sie sich kleiden (oder nicht kleiden), die Art und Weise, wie sie ihr Haar schneiden lassen (oder nicht schneiden lassen), die Worte und Ausdrücke, die sie benutzen (oder nicht benutzen), die Schule, die die Kinder besuchen (oder nicht besuchen), die Filme, die sie sich ansehen (oder nicht ansehen), die Anzahl der Bibelverse, die sie zitieren können, die Version der Bibel, die sie lesen, und die Süßigkeiten, die sie an Halloween verteilen (wenn sie sich überhaupt daran beteiligen).

Das Problem bei dieser Erziehungsform liegt nicht darin, was diese Eltern tun oder nicht tun. Zum größten Teil handelt es sich bei ihnen um wohlmeinende Menschen, die versuchen, die richtigen Entscheidungen zu treffen, aber sie treffen sie aus den *falschen Gründen!* Wenn man aus den falschen Gründen Gutes tut, zieht das immer negative Folgen nach sich. Leider merken es die Kinder uns an, wenn wir nach einer Checkliste leben, statt darauf zu vertrauen, dass Gott uns anleitet.

4. Erziehung auf der Basis von Kontrolle

Es ist ein enormer Unterschied, ob Eltern ihre Kinder *im Griff haben* oder sie in allem *kontrollieren* und *beherrschen* wollen. Wir kontrollieren und beherrschen unsere Kinder, wenn wir die Stärke unserer Persönlichkeit oder unserer Position gegen ihre Schwächen einsetzen, damit sie unsere *selbstsüchtigen* Pläne erfüllen. Diese Form der Erziehung wird von einer Mischung aus schädlicher Furcht, schädlichem Ärger, schädlicher Gebundenheit, schädlicher Scham und schädlicher Kraft angetrieben. Traurigerweise ist diese Art der Erziehung in christlichen Familien stark verbreitet.

Was es so schwierig macht, dagegen anzugehen, ist die Tatsache, dass die letzten Menschen, die von sich sagen würden, dass sie diesen Erziehungsstil anwenden, genau jene sind, die ihn als hauptsächliches Mittel einsetzen, um ihre Kinder zu überwachen. Eltern, die ihre Kinder kontrollieren und beherrschen, sind blind dafür, wie sie ihre Kinder behandeln, denn solche Menschen können jeden Schritt, den sie unternehmen, moralisch rechtfertigen. Weil sie so überzeugt davon sind, dass ihre Neigung zur Kontrolle *richtig* ist, sehen sie nicht, wie zerstörerisch sich das auf ihre Kinder auswirkt.

Eine solch kontrollierende Erziehung fördert die schlechtesten Eigenschaften in Kindern zutage. Deshalb sind kontrollierende Eltern von dem Ergebnis ihrer erzieherischen Bemühungen letztendlich enttäuscht, doch für gewöhnlich sind sie die letzten, die begreifen, dass die Schuld dafür hauptsächlich bei ihnen selbst liegt. (In meinem Buch *How to Deal With Powerful Personalities* gehe ich ausführlich auf das Problem dieser Form der Kontrolle in Familien ein.[3])

5. Erziehung auf der Basis der Herden-Mentalität

Das sind Eltern, die der breiten Masse folgen. Wenn die breite Masse ihre Kinder mit Terminen überfrachtet und sie an sportlichen und sonstigen außerschulischen Aktivitäten sowie jeder Veranstaltung, die in der Gemeinde stattfindet, teilnehmen lässt, tun sie es auch. Diese Eltern sind nicht dafür bekannt, als eigenständige Personen zu denken. Stattdessen folgen sie dem Trend, wenn es um Ernährung,

Kleidung, Urlaub, Bildung, Spiel und Spaß und den Gottesdienst geht. Statt um Gottes Führung zu bitten und jedes ihrer Kinder genau zu beobachten, um herauszufinden, was für dieses Kind am besten ist, sehen sie auf andere und erziehen ihre Kinder nach deren Beispiel.

6. *Erziehung mittels Überdecken*

Statt sich zu bemühen, ihre Erziehungsprobleme zu lösen, meistern diese Familien die Lage, indem sie sie überdecken. Wenn es zu einer Krise kommt, suchen sie vorübergehende Lösungen. Diese Familien haben normalerweise nichts, auf das sie zurückgreifen können – sie sind zu beschäftigt, müssen zu viele Rechnungen bezahlen und sind mehr auf den Augenblick fixiert als auf eine dauerhafte Lösung.

7. *Erziehung als lebenserhaltende Maßnahme oder Notrufzentrale*

Diese Familien sind denjenigen, die ihre Probleme überdecken, sehr ähnlich. Hinzu kommt bei ihnen jedoch, dass ihr Fokus von einer bestimmten Krise beherrscht wird. Vielleicht macht ihnen eine gesundheitliche oder finanzielle Krise schwer zu schaffen. Möglicherweise ist die Krise auch das Ergebnis von Schwierigkeiten in der ehelichen Beziehung oder eines Zusammenbruchs der Ehe. Solche Eltern hatten oft keine richtige Kindheit oder eine schmerzhafte Vergangenheit und tragen tiefe Verletzungen in sich.

Bei all diesen Erziehungsmethoden spielt Furcht eine Rolle. Manche von ihnen können Mütter und Väter zu der Annahme verleiten, sie seien auf dem richtigen Kurs, doch die Ergebnisse, die sie erzielen, beweisen das Gegenteil. Diese Methoden sind für die Eltern größtenteils alles andere als spaßig und den Kindern stehlen sie viel Freude. Wir alle wissen, dass die Erziehung Seiten hat, die nie spaßig sein werden und es auch gar nicht sein sollen. Im Wesentlichen sollte eine Familie jedoch ein Ort sein, der aus allen das Beste herausholt und die Kinder zu zuversichtlichen und handlungsfähigen Erwachsenen formt.

Unser Gottesbild bestimmt, wie wir unsere Kinder erziehen

All die oben genannten Erziehungsmethoden haben eines gemeinsam: Sie sind das Ergebnis der theologischen Überzeugung der Eltern. Diese besteht wiederum aus dem Bild, das sie von Gott haben, und daraus, wie Gott sie ihrer Meinung nach sieht. Wenn unsere theologische Überzeugung fehlerhaft ist, was Gottes Einstellung zu uns anbelangt, kann das eine Kettenreaktion auslösen und zur Folge haben, dass wir bei der Erziehung unserer Kinder falsche Entscheidungen treffen. Es kann sogar bewirken, dass unsere Kinder weder die Freude noch das Herz noch die Kraft Gottes in ihrem Leben erfahren. Damit ist vorprogrammiert, dass sie rebellieren und das grundlegende Glaubenssystem ihrer Eltern ablehnen.

Diese fehlerhaften Erziehungsmethoden sind von zwei Einstellungen geprägt, die beide die Folge davon sind, dass die maßgebliche Botschaft der Gnade Gottes, von der die Bibel beständig spricht, nicht angenommen wird. Lass mich diese beiden Einstellungen kurz umreißen, bevor ich dir eine viel bessere Alternative anbiete. Ein klares Verständnis dieser zwei fehlerhaften Sichtweisen, die ich *Verurteilung* und *Gesetzlichkeit* nenne, wird dir darüber hinaus dabei helfen, den Rest dieses Buches besser zu verstehen, weil wir uns immer wieder darauf beziehen werden. Lass uns nun die Merkmale dieser Sichtweisen betrachten, bevor ich dir eine radikale Alternative biete.

Verurteilende Eltern verbringen den größten Teil ihrer Zeit damit, sicherzustellen, dass ihre Familie besser ist als alle anderen. Sie verbringen ihr Leben damit, andere zu überwachen. Ihre Kinder sollen ihr Interesse daran, was bei all ihren Mitmenschen nicht stimmt, teilen. Wenn man sie in Aktion beobachten würde, würde man sehen, wie sie mit dem Finger auf andere zeigen und sich kaum mit Menschen abgeben, die eine andere Lebenseinstellung haben als sie. Wenn ihre Kinder ihre engstirnige Lebensanschauung nicht akzeptieren, können solche Eltern sehr streng sein.

Ihr Ratschlag an ihre Kinder ist eine Mischung aus:

- „Gott beobachtet dich und ich tue das auch."
- „Du bist vielleicht schlecht, aber du bist immer noch besser als der Soundso."

Wenn es darum geht, Grenzen zu setzen, lautet ihre Ermahnung an ihre Kinder: „Wenn sich etwas gut anfühlt, ist es wahrscheinlich falsch!" Was Gott betrifft, sind sie so sehr damit beschäftigt, auf andere Familien herabzusehen, die ihre Lebenseinstellung nicht teilen, dass sie nicht viel Freude an ihm haben. Gott sagt über solche Menschen: „Deshalb bist du nicht zu entschuldigen, Mensch, jeder, der da richtet; denn worin du den anderen richtest, verdammst du dich selbst; denn du, der du richtest, tust dasselbe" (Röm. 2, 1).

Gesetzliche Eltern verbringen den Großteil ihrer Zeit mit dem Versuch, sicherzustellen, dass ihre Familie alles richtig macht. Sie leben, um über ihre guten Taten Buch zu führen. Ihre Kinder sollen ihnen dabei helfen, bei Gott „Bonuspunkte" zu sammeln. Wenn man sie betrachtet, kann man sehen, wie belastet und ausgebrannt sie sind. Sie sind besonders streng zu Kindern, die sich in dieses Konzept nicht einfügen. Ihr Ratschlag an ihre Kinder ist eine Mischung aus:

- „Du schuldest Gott etwas, also setz dich in Bewegung."
- „Du bist vielleicht schlecht, aber wenn du noch härter daran arbeitest, kannst du Gott letztendlich gefallen."

Wenn es darum geht, Grenzen zu setzen, lautet ihre Ermahnung an ihre Kinder: „Wenn sich etwas gut anfühlt, hör auf damit!" Sie gehen davon aus, dass ihre Hauptbeschäftigung darin bestehen sollte, zu tun, was Gott von ihnen *verlangt*. Sie glauben, sie müssten Gott entschädigen, aber Gott hat ihnen etwas zu sagen: „Gerecht gesprochen aber wird ein Mensch aufgrund seines Glaubens, nicht aufgrund seiner Taten" (Röm. 4, 5; *Neues Leben).*[4]

Erkennst du die Furcht, von der beide Erziehungsmethoden durchsetzt sind? Sie sitzt sehr tief und richtet großen Schaden an. Das ist der sicherste Weg, um die Kindheit deiner Kinder zu ruinieren und ihnen ihre Zukunft zu verderben. (Ich sollte hier noch erwähnen, dass es durchaus sein kann, dass die Mutter eine und der Vater die andere dieser zwei Erziehungsmethoden anwendet.)

Wenn wir solche Eltern festnageln und sie über ihre Kinder befragen würden, wären wir hinterher sicher davon überzeugt, dass sie ihre Kinder von ganzem Herzen lieben und das Beste für sie wollen. Vielleicht verlassen diese Kinder ihr Elternhaus und fühlen sich geliebt, aber sie werden auch noch etwas anderes fühlen. Kinder von **verurteilenden Eltern** neigen dazu, ihr Elternhaus mit dem Gefühl zu verlassen, zur geistlichen Elite zu gehören. Kinder mit **gesetzlichen Eltern** verlassen ihr Elternhaus und fühlen sich schuldig. Oft wollen sie mit dem Erziehungsstil, den ihre Eltern bei ihnen angewendet haben, nichts zu tun haben, und leben ihr Leben im krassen Gegensatz zu den Werten, mit denen sie aufgewachsen sind.

Was können wir tun? Wie sieht die Alternative aus? Wie können wir uns und unseren Kindern den Kummer ersparen, der durch solche destruktiven Erziehungsmethoden verursacht wird?

Wir beginnen, indem wir unsere Ängste dem Gott anvertrauen, der uns liebt und einen wunderbaren Plan für unsere Familie hat. Wir sind, ähnlich den Vertriebenen Israels, von einer feindlichen Welt umgeben. Gottes Botschaft für sie in dieser verzweifelten Situation könnte man in drei Worten zusammenfassen: „Fürchtet euch nicht.“ Höre, was Gott durch den Propheten Jeremia zu ihnen sagte:

> *Denn ich kenne ja die Gedanken, die ich über euch denke, spricht der Herr, Gedanken des Friedens und nicht zum Unheil, um euch Zukunft und Hoffnung zu gewähren.*
>
> Jeremia 29, 11

Eine radikale Erziehungsmethode

Ich habe gute Neuigkeiten! Ich habe den Deckel der Puzzleschachtel gefunden. Er liefert uns ein genaues Bild davon, wie unsere Kinder aussehen sollen, wenn sie schließlich selbstständig werden und auf eigenen Beinen stehen. Ich habe den Deckel ausgerechnet in der Bibel entdeckt, und meine Frau und ich haben uns das Bild, das darauf abgedruckt ist, bei der Erziehung unserer Kinder in den vergangenen Jahrzehnten zunutze gemacht. Wir sind höchst erfreut über die Ergebnisse. Darüber hinaus haben wir das Bild auch als Leitfaden für unsere Ehe gebraucht und, was noch erstaunlicher ist – es hat sich sogar auf unsere Beziehungen zu unseren Freunden sowie zu Fremden ausgewirkt. Dieser neue Erziehungsstil kann in einem Wort zusammengefasst werden: Gnade! Die Gnade ist nicht neu, christliche Eltern schenken ihr nur nicht besonders viel Aufmerksamkeit.

Wie sieht eine Familie aus, die auf Gnade gegründet ist?

Eltern, die nach dem Grundsatz der Gnade handeln, vertrauen sich Christus an. Sie leben, um Gott besser kennenzulernen. Ihre Kinder empfangen täglich die Gnade, die ihren Eltern vom Herrn zuteilwird. Wenn man sie beobachtet, sieht man, dass sie sehr friedvoll sind und Gott sehr lieben. Sie sind gnädig, wenn ihre Kinder sich von ihrer weniger liebenswerten Seite zeigen. Ihr Ratschlag an ihre Kinder ist eine Mischung aus:

- „Du bist ein Geschenk Gottes, du machst einen Unterschied."
- „Du musst vielleicht manchmal darum kämpfen, das Richtige zu tun, aber dir wurde vergeben."

Wenn es darum geht, Grenzen zu setzen, lautet ihre Ermahnung an ihre Kinder: „Wenn sich etwas gut anfühlt, prüfe es." Sie haben das Gefühl, sich Gott jeden Tag mehr anvertrauen zu müssen. Meistens sind sie einfach *dankbare* Menschen. Gott sagt zu ihnen: „Der Gerechte aber wird aus Glauben leben" (Röm. 1, 17).[5]

Familien, die nach dem Grundsatz der Gnade leben, sind wie eine Brise frischer Luft. Sie führen ihr tägliches Leben mit einer Zuversicht, die dem Wissen entspringt, dass Gott sie innig liebt. Das Schlüsselmerkmal einer Familie, die auf Gnade gegründet ist, ist ihre Furchtlosigkeit. Sie fürchten sich im Besonderen nicht vor all dem Bösen, das sie umgibt. Sie richten sich ganz nach König Davids Worten:

> *Auch wenn ich wandere im Tal des Todesschattens,* ***fürchte ich kein Unheil, denn du bist bei mir;*** *dein Stecken und dein Stab, sie trösten mich.*
>
> Psalm 23, 4

Diese Haltung verändert, wie Kinder ihre Eltern sehen, und beeinflusst ihre Entscheidungen. Darüber hinaus wird der Glaube der Eltern dadurch weitaus attraktiver für die Kinder. Kinder können Eltern, die nach den Grundsätzen der Gnade handeln, viel leichter vertrauen als Eltern, die sich nach einer Checkliste oder der allgemein vorherrschenden Meinung richten. Und wenn die Welt eines Kindes zusammenbricht, wird es sich eher an seine Eltern wenden, wenn bei ihnen die Gnade an erster Stelle steht.

Eltern, die auf Gnade gegründet sind, sind sich ihrer verborgenen Schwächen bewusst. Sie kennen ihren Hang zur Sünde. Deshalb schätzen sie die Gnade und die Vergebung, die sie von Christus erhalten haben, so sehr. Das regt sie dazu an, zu lieben und Gutes zu tun –, und zwar *aus den richtigen Gründen*. Sie werden nicht von Schuldgefühlen oder dem Bedürfnis angetrieben, für ihre Sünden zu büßen. Das Letzte, was sie wollen, ist, Menschen zu richten, die zu kämpfen haben. Sie erkennen sich in diesen Menschen wieder und werden sich darüber bewusst, wie viel Liebe sie von Gott bekommen haben. Deshalb neigen sie eher dazu, diese Menschen zu lieben und dafür zu sorgen, dass deren natürliche Bedürfnisse gestillt werden.

Dieses Verhalten erinnert sehr stark daran, wie Jesus sein Leben lebte. Er, der keine Sünde kannte, wurde für uns zur Sünde, damit wir in ihm die Gerechtigkeit Gottes würden.[6]

Gottes Weg der Gnade

Ich dränge dich dazu, deine Kinder so zu erziehen, wie Gott seine erzieht. Das Schlüsselwort dafür, wie Gott mit seinen Kindern umgeht, ist *Gnade*. Gnade schließt Gehorsam, Respekt, Grenzen und Zurechtweisung nicht aus, aber sie bestimmt die Atmosphäre, in der diese wichtigen Bereiche der Erziehung Anwendung finden. Vielleicht bist du eigenartig und verschroben, aber Gott liebt dich in seiner Gnade mit all deiner Eigenartigkeit und Verschrobenheit. Vielleicht fühlst du dich in wichtigen Bereichen deines Lebens äußerst unzulänglich und schwach, aber Gott stellt sich dir in genau diesen Schwächen zur Seite und trägt dich in seiner Gnade.[7] Vielleicht bist du frustriert, verletzt und sogar wütend auf Gott, doch seine Gnade erlaubt es dir, aufrichtig, voller Vertrauen und mutig vor seinen Gnadenthron zu treten.[8] Seine Gnade ist für dich da, wenn du versagst, wenn du fällst und wenn du große Fehler machst.

Wenn du die Gnade, die du von Gott empfängst, an deine Kinder weitergibst, bewirkt sie einen wirklichen Unterschied in der Welt. Kinder, die in einem Zuhause aufwachsen, in dem sie die Freiheit haben, anders zu sein als andere, in dem sie verwundbar und aufrichtig sein und Fehler machen können, lernen die wahre Liebe Gottes aus erster Hand kennen.

Gnade schenkt dir die Freiheit, dich in allen großen Entscheidungen, die du bei der Erziehung deiner Kinder treffen musst, von ihm inspirieren zu lassen. Eine der Eigenschaften der Gnade Gottes ist, dass er uns innerhalb seiner klaren moralischen Grenzen einen großen Ermessensspielraum für unsere Entscheidungen gewährt. Die Gnade erlaubt es dir, deinen Erziehungsstil und deine Entscheidungen auf die ganz speziellen Neigungen deines Kindes abzustimmen.[9] Gott ist ein Gott der Vielfalt und dementsprechend behandelt er uns.

Es gibt beispielsweise keine zwei Zebras auf der Welt, deren Streifenmuster sich bis aufs i-Tüpfelchen gleichen. Die Fingerabdrücke jedes Menschen sind einzigartig. Gott lässt keine zwei Schneeflocken vom Himmel fallen, die identisch sind. Kein Sonnenuntergang gleicht dem anderen. Er ist ein Gott des Einzigartigen, der zu dir und deinen Kindern eine einzigartige Beziehung haben will.

Gott lässt dir einen Ermessensspielraum

Gott wird auch zulassen, dass du deine Erziehungsmaßnahmen so gestaltest, wie sie deinen Kindern, deinem Hintergrund und deinen Umständen am ehesten gerecht werden. Auch wenn es darum geht, deine Kinder zu ihm zu führen, ist Gottes Gnade erstaunlich. Statt deiner Furcht nachzugeben und die Sache zu überstürzen oder Gott ein wenig Hilfestellung leisten zu wollen, kannst du dich auch hier von Herzen Gott anvertrauen mit Blick darauf, dass Gott in das Leben deiner Kinder eingreifen wird. Bei der Erziehung deiner Kinder bietet dir seine Gnade viele hervorragende Möglichkeiten, weil du von deinem Gottvertrauen geleitet wirst, statt von deiner Angst vor der Gesellschaft, die dich umgibt.

Da wir gerade von Furcht sprechen: Wenn dein Kind die staatliche Schule besucht, gelingt es ihm leichter, erfolgreich zu sein, wenn es aus einer Familie stammt, die auf Gnade gegründet ist, weil du dich von den vorhandenen Unzulänglichkeiten innerhalb des staatlichen Schulsystems nicht einschüchtern lässt. Und wenn du dich nicht davor fürchtest, was da draußen vor sich geht, ist es viel einfacher für deine Kinder, innerhalb der feindlichen Umgebung, auf die sie in der Schule möglicherweise treffen, geistlich zu gedeihen.

Grenzen

Die *Wahrheit,* die untrennbar mit *Gnade* verknüpft ist, wird dir helfen, zu bestimmen, wo du im Leben deiner Kinder Grenzen setzen musst. Über Gottes moralisches Gesetz lässt sich nicht verhandeln, aber wenn es darum geht, wie du es auf Bereiche wie Unterhaltung, Verabredungen, Kleidung, Trends und Modeerscheinungen anwendest, hast du es leichter, wenn du aus einer leidenschaftlichen Beziehung zu Christus kommend darauf reagierst als anhand einer Checkliste, die jemand erstellt hat, der dich und deine Kinder nicht einmal kennt. Dann kannst du deine Entscheidungen auf der Grundlage der Gnade Gottes treffen. Gott hilft Eltern, die auf Gnade gegründet sind, zu erkennen, was eine Rolle spielt und was nicht, was ein Problem ist und was nicht. Seine Gnade hilft dir, zu erkennen, ob bestimmte Regeln beweglich oder unverrückbar sein sollten. Dann werden deine Kinder täglich empfangen, was Gott vor allem anderen ausmacht und was die Menschen schon seit der Schöpfung zu ihm hinzieht.

Es ist ein Abenteuer

Ich will dir eine ganz neue Möglichkeit zeigen, deine Rolle als Elternteil zu betrachten. Es ist auch ein wunderbarer Weg, um aus deinen Enkeln, deren Fotos vielleicht an deiner Kühlschranktür kleben, das Beste herauszuholen. Dieses Abenteuer besteht aus zwei Teilen.

Der erste Teil konzentriert sich auf das *Ziel* unserer erzieherischen Maßnahmen und der zweite Teil auf die *Umsetzung* dieser Maßnahmen. Beide Teile nehmen ihren Anfang in der Gnade. Ich will das Ziel einer von Gnade inspirierten Erziehung zunächst anhand eines kleinen Tests einführen ...

Das Ziel ... und der Test

Ich werde dir eine einfache Frage stellen. Anhand deiner Antwort werden wir feststellen, ob du auch nur annähernd die richtige Richtung verfolgst, um deine Kinder gut großzuziehen.

> *Mit welchen grundlegenden, dringenden inneren Bedürfnissen wurde dein Kind geboren?*

Nur wenn du in der Lage bist, diese Frage *präzise* zu beantworten, hältst du den Schlüssel in der Hand, der es dir ermöglicht, deine Kinder effektiv auf die Zukunft vorzubereiten. Wenn du jedoch Schwierigkeiten damit hast, fühle dich nicht schlecht. Kaum irgendwelchen Eltern gelingt es, alle drei Bedürfnisse korrekt aufzuzählen.

Die meisten Eltern würden eines davon (Liebe) gut hinbekommen, aber es würde ihnen äußerst schwer fallen, zu beschreiben, wie dieses Bedürfnis vollkommen gestillt werden kann. Der Rest würde Antworten anbieten wie Essen, Kleidung, Schutz (das sind körperliche Bedürfnisse, aber keine dringenden inneren Bedürfnisse), Bildung (ein intellektuelles Bedürfnis, aber keines der dringenden inneren Bedürfnisse) oder Erlösung (eine weitere gute Mutmaßung, aber keines der dringenden inneren Bedürfnisse eines Kindes). Was die Erlösung angeht, werden die Menschen nicht unbedingt mit dem *Gefühl* geboren, dass sie einen Retter *brauchen,* und manche Menschen sterben, ohne je daran geglaubt zu haben.

Ich spreche von den dringenden inneren Bedürfnissen, mit denen Adam und Eva bereits *erschaffen* wurden. Sie hatten sie schon *vor* dem Ereignis, das wir den „Sündenfall“ nennen, schon *bevor* sie erlöst werden mussten. Diese Bedürfnisse waren die logische Folge davon, dass sie nach Gottes Bild erschaffen wurden. Deshalb können diese

Bedürfnisse letztendlich auch nur von Gott gestillt werden. Es ist sehr wichtig, dass Eltern ihren Fokus auf diese Bedürfnisse ausrichten.

Das führt uns wieder zurück zu unserem Test. Ich sagte, dass alle Kinder mit drei dringenden inneren Bedürfnissen geboren werden, dass aber nur wenige Eltern in der Lage sind, diese zu benennen. Das Interessante dabei ist: Es gibt *einen,* der, wenn du ihm Papier und einen Stift gibst, fähig wäre, die Frage nach den drei dringenden inneren Bedürfnisse perfekt zu beantworten. Sein Name ist …

Satan.

Er weiß *ganz genau,* was unsere Kinder antreibt, und sogar während du dieses Buch liest, arbeitet er daran, ihnen eine Täuschung zu präsentieren, die verspricht, ihre drei dringenden inneren Bedürfnisse zu stillen. Er machte sich diese Bedürfnisse zunutze, als er Eva im Garten Eden versuchte (siehe 1. Mo. 3, 1–6). Er wusste, dass diese Bedürfnisse der grundlegende Bestandteil unserer gottgegebenen DNS waren, weil wir nach dem Bilde Gottes erschaffen wurden. Deshalb zielte er auf diese Bedürfnisse ab. Dasselbe tat er, als er erfolglos versuchte, Jesus in der Wüste zu verführen (siehe Mt. 4, 1–11). Jedes Mal, wenn er im Leben deiner Kinder einen Zug macht, bietet er ihnen die billige Kopie einer Lösung an, um eines, zwei oder auch alle drei dieser inneren Bedürfnisse zu stillen.

Wenn wir nicht alles, was wir sagen oder tun, anhand dieser drei inneren Bedürfnisse prüfen, werden wir es schwer haben, die Fälschungen, die Satan unseren Kindern so erfolgreich anbietet, in den Hintergrund zu drängen. Es hilft uns auch nicht, wenn wir unsere Kinder in einem geistlichen Kokon aufziehen, weil Satan *innerhalb* dieses Kokons wirkt. Er zielt auf das Herz deines Kindes ab. Außerdem ist er nicht unser einziger Konkurrent. Das System der Welt und die Neigung unserer Kinder, selbstsüchtig zu sein, können unsere Bemühungen ebenfalls stark beeinträchtigen.

Wir brauchen mehr als die bloße Kenntnis dieser drei inneren Bedürfnisse unserer Kinder. Wir brauchen einen Plan, wie wir mit Gottes Hilfe darauf hinwirken können, dass diese Bedürfnisse schließlich in Stützpfeiler verwandelt und zu einem Teil der emotionalen und geistlichen DNS unserer Kinder werden, wenn sie unseren Einflussbereich als Erwachsene verlassen.

Für Eltern, die aus der Gnade schöpfen, stehen diese drei dringenden inneren Bedürfnisse ihrer Kinder im *Vordergrund* ihres täglichen Zusammenlebens mit ihnen und alles andere rückt in den Hintergrund. Und ich meine, wirklich *alles.* Du tust vielleicht jeden Tag viele Dinge, die Teil deiner Rolle als Mutter oder als Vater sind: Du bringst dein Kind zur Schule oder machst mit ihm die Hausaufgabe; du siehst dir ein Fußballspiel an, in dem es mitspielt; du fährst es zur Bibliothek oder nimmst es ins Kreuzverhör, weil es gestern Abend so spät nach Hause gekommen ist. Doch wenn du entschlossen bist, deine Kinder nach dem Grundsatz der Gnade zu erziehen, wirst du all das erst daraufhin prüfen, ob es dazu beiträgt, die dringenden inneren Bedürfnisse deines Kindes zu stillen.

Doch nun will ich nicht weiter drum herumreden. Die drei dringenden inneren Bedürfnisse deines Kindes sind:

1. Das Bedürfnis nach Sicherheit.

2. Das Bedürfnis nach Bedeutsamkeit.

3. Das Bedürfnis nach Stärke.

In diesem Buch werden wir lernen, dass wir diese Bedürfnisse stillen, indem wir unseren Kindern drei wertvolle Geschenke machen: unerschütterliche *Liebe, eine bedeutende Bestimmung* und *starke Hoffnung.* Wenn wir unsere Aufgabe angemessen erfüllt haben, sollten unsere Kinder unser Zuhause so verlassen, dass sie sich der Liebe sicher sind, einer bedeutenden Bestimmung nachgehen und starke Hoffnung haben.

Die Umsetzung

Im zweiten Teil der Entwicklung eines auf Gnade gegründeten Erziehungsstils geht es darum, wie es dir gelingt, diese drei inneren Bedürfnisse Tag für Tag zu stillen. Die Umgebung, die *Atmosphäre,* in der deine Kinder aufwachsen, ist maßgeblich dafür, ob sich ihre

Bedürfnisse in Stützpfeiler verwandeln, wenn sie erwachsen sind. Das muss eine Umgebung sein, die von unendlicher Gnade erfüllt ist. Ein auf Gnade basierender Erziehungsstil ist die Antithese zu den Erziehungsmethoden, die wir früher in diesem Kapitel besprochen haben, insbesondere zu der Erziehung auf der Basis von Furcht und der auf der Basis von Kontrolle.

Gnade erweist sich nicht so sehr darin, was wir als Eltern tun, sondern darin, *wie* wir es tun. Gnade ist die beste Werbung für eine persönliche Beziehung zu dem lebendigen Gott. Wie ich an früherer Stelle schon erwähnt habe, *beschreibt Gnade, wie Gott uns erzieht.* Darüber hinaus ist sie für Eltern die beste Möglichkeit, ihre Liebe, ihre Bestimmung und ihre Hoffnung in ihm zu finden. In diesem Buch wirst du vier Eigenschaften einer auf Gnade gegründeten Familie kennenlernen, die unsere Fähigkeit, zum Herzen unserer Kinder vorzudringen, beständig verbessern.

Die Bedürfnisse deiner Kinder werden nicht allein dadurch gestillt, dass du dieses Buch liest. Ihre Bedürfnisse können erst dann gestillt werden, wenn du das, was du gelernt hast, *zunächst* einmal in deinem eigenen Leben in die Praxis umsetzt. Warum? Weil du dieselben dringenden inneren Bedürfnisse hast wie sie. Du musst wissen, dass du geliebt bist, dass du eine Bestimmung und dass du Hoffnung hast. Du musst dich sicher, bedeutend und stark fühlen. Das wird Zeit brauchen. Das ist ein Prozess, kein Ereignis, wie schon die Bibel sagt: „Wachset aber in der Gnade und Erkenntnis unseres Herrn und Heilandes Jesus Christus!“ (2. Petr. 3, 18). Wenn deine Kinder sehen, dass deine Bedürfnisse nach Liebe, einer Bestimmung und Hoffnung durch deine dauerhafte Beziehung zu Christus gestillt werden, wird dein Vorbild deinen Worten Kraft und Authentizität verleihen. Dieses Buch zu lesen, ist der erste Schritt in diesem Prozess. Möglicherweise stellst du, noch bevor du es zu Ende gelesen hast, fest, dass es sogar mehr für dich selbst bereithält als für deine Kinder.

Die Bedürfnisse zu stillen, die Gott bei ihrer Geburt fest in unseren Kindern verankert hat, und sie so zu behandeln, wie Gott uns behandelt, das sind die Dinge, die wir bei unserer Erziehung möglicherweise bis jetzt versäumt haben. Wenn du diese drei dringenden inneren Bedürfnisse zur Priorität deines Erziehungsstils machst, dienen sie als großartiger Filter für all die Informationen und Erziehungsratschläge, die von allen Seiten auf uns einstürmen.

Hier ist noch etwas, das du wissen solltest – es wird deine Familie freisetzen.

2

Die Wahrheit hinter der Gnade

Vor einiger Zeit saß ich mit einigen ausgewählten Veteranen des Zweiten Weltkriegs zum Mittagessen in einem Restaurant unserer Stadt. Sie alle hatten während ihres Dienstes hohe Auszeichnungen für ihren Mut erhalten. Einem von ihnen war im Rahmen einer Zeremonie im Weißen Haus von Präsident Franklin D. Roosevelt persönlich die Ehrenmedaille des Kongresses verliehen worden.

Die gemeinsamen Erfahrungen auf dem Schlachtfeld hatten diese Männer zusammengeschweißt. Ich spürte die Bruderschaft, die zwischen ihnen bestand – eine Bruderschaft, die ich nur beobachten konnte, der ich jedoch nie angehören würde. Über ihren Heldenmut auf dem Schlachtfeld hinaus waren diese Männer aus dem Krieg heimgekehrt und hatte sich in der Wirtschaft einen Namen gemacht. Ich war nicht nur von einigen der mutigsten Männer der „Großartigsten Generation", wie der amerikanische Journalist Tom Brokaw sie nannte, umgeben, sondern aß auch mit Männern zu Mittag, die zu dem Wohlstand, den wir in der Nachkriegszeit erlangt haben, einen großen Teil beigetragen hatten.

Das Gesprächsthema an diesem Tag war das Exportgeschäft. Man diskutierte über die einfache Frage: „Welche Exportgüter Amerikas sind strategisch gesehen am effektivsten?" Einer schlug unser Bankensystem vor, ein anderer sprach von den Hard- und Softwareprodukten, die in Silicon Valley und anderen Orten im Land produziert werden. Doch es war der Empfänger der Ehrenmedaille, der die Diskussion anführte. Er fasste das wunderbarste Exportgut Amerikas in einem Wort zusammen – Freiheit. „Produkte und Systeme kommen und gehen", sagte er. „Das höchste Gut, das wir der Welt zu bieten haben, ist Freiheit."

Ein ähnliches Mittagessen fand vor einem halben Jahrhundert in England statt. Was die Menschen um den Tisch vereinte, waren nicht die Bande eines Kriegsgefechts, sondern die eines geistlichen Krieges. Die Unterhaltung drehte sich um die unterschiedlichen Religionen, was eine Diskussion darüber entfachte, wodurch sich das Christentum besonders hervorhob. Was unterschied das Christentum von jeder anderen Religion in der Welt?

Einer schlug die Inkarnation vor, ein anderer die Auferstehung Christi. Man gab jedoch zu bedenken, dass diese zwei wesentlichen Merkmale des Christentums auch Teil der Gottheiten anderer Religionen waren. C. S. Lewis, der sich der Diskussion erst später anschloss, lieferte die Antwort, sobald er gehört hatte, worüber gesprochen wurde. „Oh, das ist einfach“, sagte der vielleicht größte Verfechter des Christentums im 20. Jahrhundert. „Das ist die Gnade.“[1]

Das grundlegende Prinzip

Der gelehrte britische Autor hatte recht. Der bedeutendste Teil des christlichen Glaubens ist die Gnade – dieses wunderbare Geschenk, das Gott unwürdigen Menschen wie dir und mir macht und das bewirkt, dass wir den Retter zu lieben beginnen. Die Gnade ist es, die uns zu ihm hinzieht und die uns seine Liebe zu uns immer wieder bestätigt. Gottes Gnade besitzt die Kraft, Menschen, deren Seele völlig verhärtet und gleichgültig ist, in Menschen zu verwandeln, die vor Güte überströmen. Wenn Gott, unser himmlischer Vater, der vollkommene Vater, uns Menschen vor allem durch die Kraft seiner Gnade begegnet, leuchtet es ein, dass Gnade auch für uns die beste Methode ist, das Beste aus unseren Kindern herauszuholen.

Einer der Gründe, warum C. S. Lewis als großer Denker angesehen war, war seine Fähigkeit, das Wesentliche einer Sache schnell zu erfassen. Wenn wir einen größeren Einkauf tätigen oder eine Beziehung vertiefen wollen, die uns wichtig ist, kommen wir irgendwann an den Punkt, an dem wir uns fragen: „Wo wird das hinführen? Wie viel wird mich das kosten? Habe ich eine Chance mit dir?“

Wenn etwas so Bedeutendes wie das Christentum auf wesentlichen Grundsätzen basiert, dann ergibt es einen Sinn, wenn auch unsere

Rolle als Eltern auf wesentlichen Grundsätzen basiert. Wir brauchen ein klares Ziel. Sobald wir es kennen, sollte sich das auf jede Interaktion mit unseren Kindern auswirken.

Wenn man beispielsweise glaubt, dass das höchste Exportgut unseres Landes Freiheit ist, beeinflusst das die Richtlinien der Außenpolitik und des internationalen Handels, die Einwanderungsbestimmungen und sogar die Strategien der Kriegsführung. Wenn du deine Kinder nach dem Grundsatz der Gnade erziehst, sollte sich das deshalb auch darauf auswirken, welche Ziele du für deine Kinder steckst, wie du sie zurechtweist, wie du mit ihren Ängsten, ihren Marotten und Eigenarten umgehst und wie du auf ihre Ticks reagierst. Die Gnade hält dich davon ab, ihnen mit Strenge zu begegnen, wenn sie unangenehme Veränderungen durchmachen und durch die schwierige Zeit der Pubertät gehen. Der Grund, warum Gnade als grundlegendes Prinzip der Erziehung am meisten Sinn ergibt, liegt darin, dass sie eine *ewige* Anziehungskraft auf das menschliche Herz ausübt.

Es besteht ein interessanter Zusammenhang zwischen der Veränderung, die Gnade im Herzen eines Menschen bewirkt, und dem Grad der Freiheit, den ein Mensch in seinem Leben genießt. Wenn du dir die Gnade in deiner Rolle als Elternteil zur Methode machst, kannst du bewirken, dass dein Kind in seinem tiefsten Inneren wahre Freiheit verspürt.

Die Frage der Basis

Vielleicht fühlst du dich wohler damit, zu sagen, dass das Christentum auf Christus gegründet ist. Schließlich heißt es in der Bibel:

> *Er ist das Bild des unsichtbaren Gottes, der Erstgeborene aller Schöpfung. Denn in ihm ist alles in den Himmeln und auf der Erde geschaffen worden, das Sichtbare und das Unsichtbare, es seien Throne oder Herrschaften oder Gewalten oder Mächte: Alles ist durch ihn und zu ihm hin geschaffen; und er ist vor allem, und alles besteht durch ihn.*
>
> Kolosser 1, 15–17

Ich stelle keine Sekunde lang infrage, dass Jesus das Zentrum des Christentums ist. Früher oder später müssen unsere Kinder eine Begegnung mit Gott über seinen Sohn Jesus haben. Doch was besitzt Jesus, das uns dazu bringt, uns auf die Seite eines einfachen Zimmermanns aus einem unbekannten, altertümlichen Dorf zu schlagen? Es ist seine Gnade – die Gnade, die er uns erwiesen hat, indem er uns aus den Tiefen unserer Verlorenheit errettete. Es ist seine Gnade, die uns liebt, wenn wir dumm, dickköpfig, selbstsüchtig oder kleinlich sind.

Gnade hört sich nach einem wunderbaren Instrument an, das Eltern in ihrem Repertoire haben sollten. Es ist schwer, das Beste aus Kindern herauszuholen, wenn sie allem Anschein nach entschlossen sind, aus uns das Schlechteste herauszuholen. Wir brauchen etwas, das durch die Ritzen ihrer harten Schale hindurchschlüpfen kann. Gottes Gnade kann auch das härteste Herz erweichen.

Die Gnade kann dir auch dabei helfen, zu erkennen, was wichtig ist und was nicht. Sie hilft dir, deinen Kindern die Freiheit zu geben, einfach Kinder zu sein, und bewahrt dich davor, nur zu reagieren, statt überlegt zu handeln, wenn sie verschiedene Phasen durchlaufen. Ohne Gnade können sich hohe Maßstäbe und starke moralische Überzeugungen in Messer verwandeln, die in den innersten Winkeln im Herzen deiner Kinder tiefe Schnitte hinterlassen.

Wenn unsere Maßstäbe Schaden anrichten

Eines Sonntagmorgens stand ich ganz hinten in der Turnhalle, wo der Highschoolgottesdienst unserer Gemeinde stattfand. In der Halle drängten sich mehrere Hundert Schüler, die Lobpreislieder sangen. Die Musik war definitiv rockig. Sie setzte sich zusammen aus einem lauten Synthesizer, E-Gitarren, einem dröhnenden Bass und einem Schlagzeuger, der den Rhythmus angab. Ein Vater namens Tom, den ich flüchtig kannte, trat an meine Seite. Ich wusste, dass er seinen Kindern sehr hohe Maßstäbe auferlegte, deren Einhaltung er mit großer Strenge durchsetzte, und dass er ziemlich unglücklich darüber war, welche Richtung die Jugendkultur eingeschlagen hatte. Während er dort hinten in der Halle stand, versuchte er, zu einer Entscheidung zu gelangen, ob er seinen Kindern im Highschoolalter erlauben sollte, sich der Jugendgruppe anzuschließen oder nicht.

Tom fand wenig Gefallen an dem, was er sah und hörte. Als er mich bemerkte, verschlechterte sich seine Stimmung zusätzlich.

„Ich kann nicht glauben, dass du zulässt, dass deine Kinder diesem Müll ausgesetzt werden!", zischte er. Er wusste, dass ich Bücher über Kindererziehung schreibe, und da meine Kinder in dieser Jugendgruppe waren, nahm er an, dass es für mich in Ordnung war, was ich sah. Er hatte recht.

„Was ist das Problem?", fragte ich

„Zunächst einmal die Musik", sagte er. Ich wusste, dass Tom zu denjenigen gehörte, die glaubten, unsere Gesellschaft sei im moralischen Verfall begriffen und die Gemeinde würde die Fallen eines korrupten Weltsystems für ihre Zwecke einsetzen. Aus seiner Sicht musste alles, das einen gewissen Rhythmus hatte, schlecht sein.

Ich muss einräumen, dass es genügend Hinweise gibt, die seine Position unterstützen. Ich will keines unserer wirklichen Probleme bagatellisieren, aber wir müssen im Gedächtnis behalten, dass es solche Probleme in der Geschichte unseres Landes schon *immer* gegeben hat. Es hat sie in allen freien Gesellschaften der letzten zweitausend Jahre gegeben.

Für Tom waren der Musikstil und die Art und Weise, wie sich die Kinder kleiden durften und wie die Leiter ihre Botschaft übermittelten, glatter Verrat.

Ich wies ihn darauf hin, dass die Jugendlichen in der Gruppe das ganze Spektrum abdeckten. Ich sah konservativ gekleidete Jugendliche und solche, die aussahen, als wären sie einem Modekatalog entstiegen. Ich sah jede Menge gepiercte Bauchnabel, einige Tattoos und viele bauchfreie Oberteile. Viele der Teenager färbten ihr Haar oder hatten es zu einer verrückten Frisur gestylt.

Wie viele Menschen deutete Tom all diese Dinge als Anzeichen dafür, dass in ihrem Inneren ein größeres Problem brodelte. Das ist nicht unbedingt der Fall. Ich wusste, dass es in der Gruppe Jugendliche gab, die mit Drogen, vorehelichem Sex und ernsthafter Rebellion zu kämpfen hatten. Doch man konnte nicht feststellen, auf wen von ihnen das zutraf, indem man sie *ansah.* Und was noch wichtiger ist, sie waren dort in der Gemeinde – in dem Krankenhaus, das Gott für sie zurückgelassen hatte. Das waren genau die Jugendlichen, die ich in unserer Jugendgruppe sehen *wollte,* Seite an Seite mit jungen Menschen, die einen starken Glauben hatten. Jugenddienste strecken sich aus und dienen allen Arten junger Menschen an verschiedenen Punkten ihrer geistlichen Reise. Ich wünschte mir, dass sich meine Kinder nach genau diesen jungen Menschen ausstreckten. Doch Tom gehörte zu den Eltern, die ihre Kinder „sicher" großziehen wollten. Meine Frau und ich wollen eher *starke* Kinder großziehen, und das lässt sich leichter erreichen, wenn ihre Umgebung auf Gnade gegründet ist.

Ich bat Tom, mit mir in eine nahe gelegene Küche zu gehen, damit er in seiner Wut die Versammlung nicht störte. Von dort aus konnten wir die Menge weiterhin beobachten, ohne dass jemand hörte, was wir sagten.

„Sieh dir diese Kinder an!", rief er aus. „Die Mädchen sehen aus, als kämen sie direkt aus einem Nachtclub. Manche der Jungen sehen aus, als würden sie dein Auto ausräumen, während du das Abendmahl feierst!"

Was ich sah, war eine Gruppe Jugendlicher, die die sozialen, intellektuellen und geistlichen Schichten christlicher Elternhäuser repräsentierte. „Tom", sagte ich, „wie kannst du solche lächerlichen Schlüsse ziehen, nur weil dir der Aufzug dieser Jugendlichen nicht gefällt? Du kennst sie doch gar nicht."

„Ich weiß jedenfalls, dass das kein Ort ist, an den ich meine Kinder in eine Jugendgruppe schicken will. Es ist nicht nur ihr Aufzug, Tim, es ist ihre gesamte Einstellung." Irgendwie glaubte er, er könne beurteilen, welcher Geist in ihrem Herzen vorherrschte, indem er mehrere Hundert Jugendliche betrachtete, die mit dem Rücken zu uns standen. „Sieh dir diese Lobpreisleiter an. Sie benehmen sich, als seien sie Moderatoren irgendeiner Videohitparade auf MTV."

„Tom, diese Jugendlichen beten den Herrn an. Hör auf die Worte, die sie singen. Die Texte stammen direkt aus der Bibel."

Er beachtete mich überhaupt nicht. Er wurde nur von Minute zu Minute ärgerlicher. Dann erspähte er ein halbes Dutzend Jungen in der letzten Reihe. „Ich ertrage das nicht! Das ist so respektlos!", klagte er.

„Was meinst du, Tom?" Ich glaubte, er hätte einen von ihnen dabei beobachtet, wie er den *Playboy* aufschlug statt der Bibel. Was immer es war, es ärgerte ihn.

„Diese Kerle da direkt vor uns. Sie tragen ihre Hüte hier in der Gemeinde, und das auch noch *verkehrt herum.* Jemand muss etwas unternehmen. Zum Kuckuck, ich werde es selbst tun."

„Was tun?" Ich verstellte ihm den Weg aus der Küche.

„Ich werde ihnen diese Hüte von ihren respektlosen Köpfen reißen."

Zum ersten Mal in meinem Leben beobachtete ich, wie ein Pharisäer ausflippte. Hier war ein Mann, der Aufrichtigkeit und geistliche Reife anhand von äußerlichen Maßstäben beurteilte, die *nichts* bedeuteten. Wenn es nach seinem Willen ginge, würde er im Jugendsektor unserer Gemeinde aufräumen und sämtliche Leiter durch Menschen ersetzen, die seinen strengen und engstirnigen Standpunkt, zu beurteilen, was akzeptabel war und was nicht, teilten.

Ich war viele Jahre lang Jugendpastor gewesen und hatte während dieser Zeit schon sehr früh erkannt, dass der Versuch, junge Menschen zu erreichen, große Ähnlichkeit mit dem Fischen aufweist. Wenn es darum geht, den Fisch zu ködern, ist es am besten, etwas am Haken zu befestigen, das er mag, nicht etwas, das man selbst mag. Tom erhob seinen persönlichen Geschmack auf die Ebene biblischer Autorität und war drauf und dran, einige nette Jugendliche zu demütigen, die sich um ihre eigenen Angelegenheiten kümmerten und versuchten, Gott anzubeten.

„Du wirst nichts dergleichen tun, Tom. Lass sie einfach in Ruhe. Sie tun nichts, das Gott gegenüber respektlos wäre." Ich kannte einen der Jungen. Sein Vater war gestorben, als er zehn Jahre alt war. Er gab sich die größte Mühe, Antworten auf einige der fehlenden Stücke in seinem Leben zu finden. Ich würde auf keinen Fall zulassen, dass dieser leidenschaftliche, aber fehlgeleitete Vater einem der Jungen irgendetwas antat. Plötzlich wurde mir die Widersprüchlichkeit unserer Situation bewusst – während diese Highschoolschüler in der Turnhalle standen und Gott anbeteten, führten zwei Väter in der Küche eine verbale Auseinandersetzung mit geballten Fäusten.

Nur das halbe Bild

Es gab weder Fausthiebe noch floss Blut auf den Küchenboden, aber es folgte eine sehr lange Unterhaltung draußen in einem Sitzbereich. Im Lauf unseres Gesprächs fragte ich Tom, was mit seinem Sinn für Gnade geschehen war. Da platzte er mit einem der Standardvorwürfe heraus, die gegen Menschen, die von Gnade predigen, immer wieder erhoben werden. „Tim, du weißt genau, dass Gnade nur ein Vorwand dafür ist, alles zu erlauben. Eltern, die nur Gnade im Sinn haben, sind nichts weiter als Schwächlinge, die ihre Kinder nicht lehren wollen, dem zu gehorchen, was Gott befiehlt."

Natürlich hat die Gnade auch Gegner. Da gibt es diejenigen, die sich in der Bibel festbeißen und sagen, das Leben bestünde aus Schwarz und Weiß mit wenigen Nuancen dazwischen. Eltern wie Tom glauben, wenn wir davon reden, Gnade zu zeigen, bedeute das, nachlässig mit moralischen Maßstäben umzugehen. Diese verdrehte Sichtweise der Gnade wird von Eltern, die die Gnade als Ausrede dafür benutzen, dass sie keine Regeln aufstellen, noch bestärkt. Eine Familie ohne klar definierte Regeln und Maßstäbe kann niemals eine Familie sein, die auf der Grundlage der Gnade funktioniert. Solche Familien sind zu sehr damit beschäftigt, in einem Albtraum zu leben.

Darüber hinaus machte Tom einen Fehler, den viele Menschen machen, die eine gesetzliche Erziehungsmethode anwenden. Sie betrachten Gnade als Ausflucht – als einen Weg, den Eltern einschlagen, die keinen der unpopulären Standpunkte einnehmen wollen, mit denen moralische Überzeugungen oft einhergehen. Diejenigen, die eine auf Gnade gegründete Umgebung ablehnen, beklagen oft unseren Abfall in die Säkularisierung. Sie prangern das Fehlen von Maßstäben an. Sie denken, Gnade würde Kindern erlauben, zu tun, was sie wollen, und auf Kosten moralischer Unbedingtheiten ihre eigenen Entscheidungen zu treffen. Sie glauben, Gnade sei mit einem Mangel an Disziplin und dem Fehlen jeglicher Regeln gleichzusetzen.

Wie wir gleich sehen werden, hat keine dieser Ansichten irgendetwas damit zu tun, worum es bei biblischer Gnade wirklich geht.

Die Untrennbarkeit von Gnade und Wahrheit

In der Beschreibung Jesu zu Beginn des Johannesevangeliums erkennen wir Gottes Herz.

> *Im Anfang war das Wort, und das Wort war bei Gott, und das Wort war Gott … Und das Wort wurde Fleisch und wohnte unter uns, und wir haben seine Herrlichkeit angeschaut, eine Herrlichkeit als eines Eingeborenen vom Vater,* ***voller Gnade und Wahrheit****.*
>
> Johannes 1, 1+14

Beachte, dass in der Beschreibung Christi zwischen „Gnade“ und „Wahrheit“ kein Komma steht. Johannes gibt uns keine lange Liste mit den Charaktereigenschaften des Messias. Er sagt, dass Christus von Gnade *und* Wahrheit erfüllt ist, nicht Gnade *oder* Wahrheit oder *ein wenig* Gnade und *ein wenig* Wahrheit. Johannes beschreibt zwei Teile, die zusammen ein Ganzes ergeben.

Das erinnert mich daran, wie ich einmal von siamesischen Zwillingen las, die nicht getrennt werden konnten, weil sie nur ein Herz und eine Lunge hatten. Aufgrund dessen, wie ihre inneren Organe angeordnet waren, hatten die Ärzte nicht einmal die Möglichkeit, sie so zu trennen, dass eines der Kinder überlebte und eines starb. Eine Trennung hätte bedeutet, sie beide umzubringen.

Ebenso verhält es sich mit der Gnade. Du kannst keine Gnade haben, wenn du zwar Regeln aufstellst, aber nur eine oberflächliche Beziehung hast. Genau genommen ist das die ideale Formel, um rebellische Kinder großzuziehen. Du kannst nicht davon ausgehen, dass du dich auch nur annähernd im Rahmen der Gnade bewegst, wenn sich deine Erziehungsmethode darauf beschränkt, sicherzustellen, dass sich deine Kinder an klare Richtlinien halten. Menschen wie Tom sind dafür blind, weil sie eine so große Leidenschaft für gottgefälligen Gehorsam hegen. Wenn ihre Kinder sich gegen ihre Unvernunft sperren, können sie immer noch die Granate aus Epheser 6, 1 auf sie abfeuern. Das ist die Stelle, wo Paulus die Kinder ermahnt, ihren Eltern im Herrn zu gehorchen, weil es das Richtige ist.

Eltern wie Tom fällt es sehr leicht, die Bibel aufzuschlagen und dir ein Kapitel oder einen Vers zu zeigen, mit dem sie ihre Denkweise rechtfertigen können. Weil sie die Bibel benutzen, um ihre strengen Ansichten über Frisuren, Kleidung und Musikrichtungen zu verteidigen, ist es schwer, mit ihnen zu diskutieren. Sie können sogar rechtfertigen, warum sie ihre Kinder von anderen Kindern und Einflüssen fernhalten, die ihrem strengen Kodex nicht entsprechen. Sie bewegen sich jedoch auf einem schmalen Grat: Oft lassen sie ihren persönlichen Geschmack in die Diskussion einfließen und missbrauchen die Bibel, um ihren Standpunkt zu unterstützen.

Gott gab uns beispielsweise Epheser 6, 1, um Kindern zu helfen, die Leitung und die Autoritätsposition ihrer Eltern zu respektieren. Dieser Vers war nicht dafür gedacht, dass Eltern ihn benutzen, um ihren Kindern mit der Pistole eins überzuziehen. Eine der Standardmaschen gnadenloser christlicher Eltern besteht darin, die Bibel zu missbrauchen, um ihren Willen durchzusetzen. Ich habe auch schon Ehemänner gesehen, die dasselbe mit einem Vers etwas weiter vorn in Epheser taten, den Gott an die Ehefrauen gerichtet hat. In diesen Versen gibt Gott uns die Richtlinien, wie verheiratete Paare miteinander und mit ihren Kindern umgehen sollten.

In Epheser 5, 22 heißt es: „Ihr Frauen, ordnet euch euren eigenen Männern unter als dem Herrn“ *(Schlachter)*. Dieser Vers ist nicht an die Männer gerichtet. Er beginnt mit: „Ihr Frauen …“ Das hält jedoch viele Männer nicht davon ab, diesen Vers bildlich gesprochen als eine Art Kugelhammer zu benutzen, um ihren Frauen die Unterordnung unter ihre selbstsüchtigen Pläne regelrecht einzuhämmern. In Epheser 5, 22 geht es um Ehefrauen und Gott, nicht um Ehemänner und Ehefrauen. Ein paar Verse später spricht Gott direkt zu den Männern (Vers 25). Er sagt: „Ihr Männer, liebt eure Frauen!, wie auch der Christus die Gemeinde geliebt … hat." Gleichermaßen sollen auch Frauen diesen Vers nicht benutzen, um ihre Männer daran zu erinnern, wie weit sie hinter diesem Maßstab zurückbleiben. Diese Verse sind keine Waffen, und sie als solche zu benutzen, verfehlt den Sinn auf der ganzen Linie.

Wenn Väter wie Tom wirklich einen Vers suchen, in dem es um ihre Beziehung zu ihren Kindern geht, finden sie ihn nur ein paar Sätze nach Epheser 6, 1. In Epheser 6, 4 heißt es: „Und ihr Väter, reizt eure Kinder nicht zum Zorn, sondern zieht sie auf in der Zucht und Ermahnung des Herrn!" Das griechische Wort, das hier mit „zum Zorn reizen" übersetzt wurde, bedeutet wörtlich, *„jemanden über die Maßen ärgern"*.[2] Eltern wie Tom können sich des Vergehens schuldig machen, ihre Kinder über die Maßen zu ärgern, indem sie *persönliche* Angelegenheiten zu *geistlichen* Angelegenheiten machen. Das kann alles, was er und seine Frau vielleicht tun, um sie „in der Zucht und Ermahnung des Herrn aufzuziehen", untergraben. (An dieser Stelle ist es Zeit für einen theologischen Abgleich: Beachte, dass es in Epheser 6, 4 heißt, wir sollen unsere Kinder in der Zucht und Ermahnung des *Herrn* aufziehen, den wir auch als Jesus kennen, der voller *Gnade* und *Wahrheit* ist.)

Der Apostel Paulus ermahnt die Väter erneut in Kolosser 3, 21, wo er sagt: „Ihr Väter, erbittert eure Kinder nicht, damit sie nicht scheu werden" *(Luther)*. Das Wort, das hier mit „erbittern" übersetzt wurde, bedeutet wörtlich *„jemanden zornig machen"*.[3] Paulus spricht hier davon, dass man Kindern nicht unnötig auf die Nerven gehen und nichts tun soll, das sie verärgert. Denk einmal darüber nach: Was hat Christus getan, um dich zu provozieren oder dich „über die Maßen zu ärgern"? Nenne mir nur eine Tat Gottes, die dich zum Streiten ermuntert oder bewirkt hat, dass du dich über ihn ärgerst.

So wirkt Gott nicht. Er ist ein gnädiger Vater, der seine Kinder schätzt und sie so behandelt, dass sie an sein Herz und in die ewige Sicherheit und Geborgenheit seiner Arme gezogen werden.

Das andere Extrem

Regeln, die nicht durch Gnade gemäßigt werden, blockieren unsere Beziehung zu unseren Kindern und führen zu Rebellion. Andererseits resultieren auch Beziehungen ohne Regeln nicht in Gnade. Genau genommen ist das die ideale Methode, um verbitterte Kinder aufzuziehen. Das erinnert mich an ein Ehepaar, das ich einmal kennengelernt habe, Dave und Connie. Ich predigte eines Sonntags in ihrer Gemeinde. Meine Botschaft an diesem Morgen war dieselbe wie in diesem Buch, es ging um auf Gnade gegründete Familien. Nachdem ich zwei Gottesdienste abgehalten hatte, bei denen auch Dave und Connie anwesend waren, sollten sie dafür sorgen, dass ich ein Mittagessen bekam und mich dann wieder im Hotel absetzen. Statt mich in ein Restaurant zu fahren, luden sie mich in der Annahme, die entspannende Atmosphäre einer privaten Umgebung wäre vielleicht angenehmer für mich, zu sich nach Hause ein. Dave sagte, Connie sei eine fantastische Köchin, und außerdem hätte ich dann auch die Möglichkeit, ihre Kinder kennenzulernen. Ich hielt das für eine großartige Idee, auch deshalb weil ich das Essen in Restaurants langsam leid war.

Connies Ruf als gute Köchin war wirklich begründet und ich freute mich, die Bekanntschaft ihrer Kinder im Alter von achtzehn, fünfzehn und dreizehn – Junge, Mädchen, Junge – zu machen. Dann kam noch ein vierter Jugendlicher hinzu, der Freund ihrer Tochter. Während Connie kochte und Dave ihr zur Hand ging, unterhielt ich mich mit ihren Kindern und erfuhr einiges über ihre Interessen. Es stellte sich heraus, dass der achtzehnjährige Junge ein Musiker war. Wir gingen in sein Zimmer, wo er mir eine Menge Gitarren, Verstärker und Bühnenzubehör zeigte. Wie bei den meisten Teenagern zierten Poster die Wände, einschließlich dreien, die aussahen, als gehörten sie in die Bademodenausgabe eines Sportmagazins.

Ich kam nicht dazu, Zeit mit dem Dreizehnjährigen zu verbringen. Ich wünschte, ich hätte es tun können, aber ich hörte einen Wortwechsel zwischen ihm und seinem älteren Bruder. Sie gerieten in einen Streit, der in wüste Beschimpfungen und den Gebrauch bestimmter Ausdrücke ausartete, die bei einem Film automatisch zu einer Altersbeschränkung geführt hätten.

Nachdem es den Kindern nach dem Mittagessen erlaubt worden war, vom Tisch aufzustehen, unterhielt ich mich noch eine Zeit lang mit meinen Gastgebern, bevor Dave seine Schlüssel nahm, um mich ins Hotel zurückzufahren. Als wir durch das Wohnzimmer gingen, warf ich einen Blick auf den Fernseher, um den aktuellen Stand des Footballspiels zu erfahren. Da sah ich, dass Daves und Connies fünfzehnjährige Tochter mit ihrem Freund auf der Couch lag. Sie lagen nicht nur einfach nebeneinander und sahen sich das Spiel an. Sie lagen aufeinander und waren heftig am Knutschen, mitten im Wohnzimmer. Dave sagte nichts und tat nichts.

Auf dem Weg zu meinem Hotel sagte Dave mir, wie sehr er mit meiner Botschaft über die auf Gnade gegründete Erziehung übereinstimmte. „Das haben Connie und ich uns von Anfang an fest vorgenommen", sagte er.

„Wirklich?", dachte ich und fragte mich, ob ich etwas sagen oder lieber ruhig sein sollte. Schließlich wollte ich ein Gast sein, der „auf Gnade gegründet" war. Doch was ich in diesem Haus gesehen hatte, war eine Familie, die unbedingt die wahre Dimension der Gnade erfahren musste. Mir war klar, dass es alles andere als gnädig wäre, ruhig zu bleiben. Ich beschloss, mich behutsam vorzuwagen und einige der Dinge, die ich gesehen hatte, anzusprechen, die der Definition von Gnade im Lichte von „Gnade und Wahrheit" widersprachen.

„Dave, du und Connie habt euch heute gut um mich gekümmert. Ich bin euch sehr dankbar. Und ich bin froh, dass ihr mit meiner Botschaft übereinstimmt. Gnade ist lebenswichtig für starke Familien und sie spielt eine entscheidende Rolle dabei, Kinder aufzuziehen, die auf die Zukunft vorbereitet sind. Kann ich dir einige persönliche Fragen darüber stellen, wie du und Connie Gnade definiert?"

Nachdem er eingewilligt hatte, ging ich auf die anzüglichen Poster, die Beschimpfungen und die sexuell aufgeladene „Halbzeitpause" seiner Tochter und ihres Freundes ein.

David erwiderte, dass er und Connie mit ihren Jungen über die Poster und ihre Streitereien und Beschimpfungen gesprochen und sich auch mit ihrer Tochter über die Stufe der körperlichen Nähe zu ihrem Freund unterhalten hätten. Aber das war auch alles. Sie „redeten" nur. Sie glaubten, ihre bedingungslose Liebe und Annahme würden letzten Endes den Sieg davontragen. Dave sagte, er wolle ihnen nicht nur Gnade gewähren, sondern auch dafür sorgen, dass ihnen die Gnade zuteilwürde, die Gott ihnen auch dann anbietet, wenn sie schlechte Entscheidungen treffen.

Nachdem er diese Aussage gemacht hatte, erreichten wir das Hotel und unsere Unterhaltung wurde unterbrochen. Dave hatte an diesem Nachmittag noch einige Dinge zu erledigen, ebenso wie ich. Ich beendete das Gespräch, indem ich ihn darauf hinwies, dass Wahrheit und Gnade untrennbar miteinander verknüpft sind. „Es geht nicht nur darum, für die Wahrheit einzustehen", sagte ich, „sondern auch darum, für die Wahrheit zu leben. Das bedeutet, dass ein Verhalten, das für Gott ganz eindeutig nicht akzeptabel ist, nicht gebilligt oder toleriert werden sollte. Gnade darf nicht herabgesetzt werden, indem man sie sich zunutze macht. Ich glaube, das versuchte Paulus im ersten Teil von Römer 6 zu verdeutlichen. Vielleicht möchtest du diesen Abschnitt nachlesen."

„Danke", sagte er. „Das sollte ich wohl tun." Sobald Dave das gesagt hatte, war mir klar, dass er nicht wirklich *verstand,* was ich sagte. Das war wirklich ein Jammer, denn eine Familie, die auf Gnade gegründet ist, könnte ein derartiges Verhalten, wie seine Kinder es zeigten, niemals stillschweigend und tatenlos billigen.

Billige Gnade

Indem Dave seinen Kindern erlaubte, ihr Verhalten fortzusetzen, setzte er die Gnade herab. Ich habe keine Ahnung, ob er anschließend Römer 6 las oder nicht, aber wenn er es tat, konnte er sehen, dass

Paulus uns nicht nur sagt, dass wir das nicht tun sollten, sondern auch warum:

> *Was sollen wir nun sagen? Sollten wir in der Sünde verharren, damit die Gnade zunehme? Auf keinen Fall! Wir, die wir der Sünde gestorben sind, wie werden wir noch in ihr leben?*
>
> Römer 6, 1–2

Paulus wusste, was es bedeutete, darum kämpfen zu müssen, ein heiliges Leben zu führen. Er wusste auch, dass er sich der Liebe Gottes trotz seiner verborgenen Schwächen sicher sein konnte. Paulus verstand die Gnade Gottes – er wusste, dass sie nicht von unseren Verdiensten abhängt. Doch selbst mit all diesem Wissen betrachtete Paulus Gottes Gnade nicht als Freikarte dafür, keine Verantwortung mehr zu übernehmen. Er wusste, dass sein gefallenes Wesen mit Christus am Kreuz gestorben war. Sein Leben gemäß seinem gefallenen Wesen fortzuführen, hätte bedeutet, das Werk, das Christus am Kreuz für ihn vollbracht hatte, mit Füßen zu treten und seine Macht, ihm den Sieg über die Sünde zu geben, zu verleugnen.

Im Gegensatz dazu, was die Toms und Daves dieser Welt denken, senkt Gnade die Maßstäbe in unserem Leben nicht, sie erhöht sie. Sie drängt die Menschen nicht von der Heiligkeit weg, sie drängt sie zu ihr hin. Sie bewirkt nicht, dass sie die Wahrheit verachten; sie treibt sie dazu an, die Wahrheit umso mehr zu ergreifen. Sie ermutigt die Menschen, sich hinsichtlich ihrer Beziehung zu Gott höhere Ziele zu stecken, und hilft ihnen, ihre Träume kühner werden zu lassen. Billige Gnade andererseits hält die Menschen auf einer niedrigen Stufe fest und setzt sie der Gefahr aus, Kummer zu erleiden.

Randy Alcorn sagt in seinem Buch *The Grace and Truth Paradox:* „Das christliche Leben ist weitaus mehr als der richtige Umgang mit Sünde. Eine Verhaltensänderung, die keine Veränderung des Herzens bewirkt, weil sie nicht auf der Grundlage der Gnade Gottes erfolgt, ist selbstgerecht und für Gott ebenso widerwärtig wie die schlimmsten Sünden, über die die Menschen tratschen. Kinder, die mit Wahrheit, aber ohne Gnade aufwachsen, werden von dieser Selbstgerechtigkeit abgestoßen und stattdessen von allem angezogen, was die Welt als Ersatz für Gnade anbietet und so gekonnt vermarktet."[4] Menschen wie Tom mögen vielleicht stolz darauf sein, wie gut sich ihre Kinder benehmen, doch die Strenge, mit der sie dieses Ergebnis erzielen, und der Zusammenhang, den sie zwischen ihrem Verhalten und ihrer Annahme bei Gott herstellen, kann dazu führen, dass sie anderswo nach der Sicherheit, der Bedeutung und der Stärke suchen, die sie brauchen. Es ist der Mangel an Gnade, der bei wohlerzogenen Kindern dazu führt, dass sie ihr Herz von Gott abwenden, wenn sie schließlich zu groß sind, um sich einschüchtern zu lassen, und zu alt, um noch kontrolliert und beherrscht zu werden.

„Ich bin zu der Ansicht gelangt", sagt der Autor Philip Yancey, „dass Gesetzlichkeit, die eine falsche Reinheit verfolgt, ein ausgeklügeltes System ist, um Gnade zu vermeiden. Man kann das Gesetz auswendig können, ohne seinen Sinn jemals ganz zu begreifen."[5] In einer Familie, die auf der Grundlage der Gnade funktioniert, gibt es auch Raum für Regeln und sogar für Strenge, aber die Art und Weise, wie sie präsentiert werden, ist entscheidend dafür, wie sie angenommen werden.

Auf der anderen Seite ist es ebenso widerwärtig für Gott, wenn Eltern die Gnade als Ausrede dafür benutzen, ihre Kinder nicht innerhalb der gottgefälligen Grenzen zu erziehen. Wenn wir die krummen Wege, die unsere Kinder vielleicht einschlagen, billigen, tun wir das nicht aus Gnade, sondern aus Feigheit, Faulheit und Selbstsucht. Zu Hause muss ein Ort sein, wo unsere Kinder vor den Gefahren der Welt beschützt sind, und sie müssen sicher sein, dass sie Eltern haben, die nicht von den Maßstäben Gottes abweichen – auch nicht ihnen zuliebe. Sieh, was dieser Abschnitt in Titus über die Gnade offenbart, die mit Gottgefälligkeit einhergeht:

> *Denn die Gnade Gottes ist erschienen, heilbringend allen Menschen, und unterweist uns, damit wir die Gottlosigkeit und die weltlichen Begierden verleugnen und besonnen und gerecht und gottesfürchtig leben in dem jetzigen Zeitlauf, indem wir die glückselige Hoffnung und Erscheinung der Herrlichkeit unseres großen Gottes und Retters Jesus*

Christus erwarten. Der hat sich selbst für uns gegeben, damit er uns loskaufte von aller Gesetzlosigkeit und sich selbst ein Eigentumsvolk reinigte, das eifrig sei in guten Werken.
Titus 2, 11–14

Hör nicht auf, zu leuchten

Ich erinnere mich noch daran, wie ich einmal eine Wanderung zu einem alten Leuchtturm an der *Chesapeake Bay* unternahm. Der Weg war weiter, als man mir gesagt, und der Tag war heißer, als ich erwartet hatte. Aber ich habe eine Schwäche für Leuchttürme. Ich habe schon viele Meilen zurückgelegt, um eines dieser zeitlosen Symbole der Gnade zu betrachten.

Dieser Leuchtturm an der *Chesapeake Bay* war nur wenige Jahrzehnte, nachdem wir unsere Unabhängigkeit von England erlangt hatten, in Betrieb genommen worden. Mehr als zweihundert Jahre lang hatte dieser Leuchtturm seinen klaren Lichtstrahl ausgesendet, während unsere Nation zum größten Exporteur der Freiheit in der Weltgeschichte wurde.

Leuchttürme geben Matrosen, die sich verirrt haben, neue Hoffnung. Sie sind der ständige Strom der Wahrheit, der in der Dunkelheit leuchtet und den sicheren Weg durch die Nacht markiert. Dabei spielt es keine Rolle, welche Jahreszeit gerade ist oder was die Wettervorhersage angekündigt hat. Diese Leuchtfeuer der Gnade durchdringen die Finsternis und den Nebel, der sie umgibt. Sie entlocken besorgten Kapitänen erleichterte Seufzer und sorgen bei der aufgewühlten Besatzung für Jubel.

So war ich natürlich enttäuscht, dass ich den ganzen Weg zurückgelegt hatte, nur um zu entdecken, dass dieser Leuchtturm mittlerweile nur noch ein normales „Haus“ war. Der schlanke Turm am Rand eines Felsvorsprungs bot niemandem Gnade, sein Hauptlicht war schon vor mehr als einem Jahrzehnt erloschen. Wie ich erfuhr, waren die Wartungskosten zu hoch gewesen.

So wie er jetzt dastand, symbolisierte dieser verdunkelte Turm für mich viele Eltern, die zulassen, dass ihr Licht getrübt wird und ihre

Kinder auf die Felsen prallen. Das ist eine Schande, weil Gott den Eltern den Platz auf dem Hügel zugedacht hat, damit sie für ihre Familie als Licht dienen. Es ist unsere Aufgabe, ein klares Signal auszusenden, das unseren Kindern hilft, sich zurechtzufinden und einen kühlen Kopf zu bewahren. Wir sind da, um sie vor Felsen und seichten Stellen zu warnen und sie von dort wegzulotsen. Wir sind da, um sie sicher in die Mitte des Kanals zurückzuführen, wenn sie vom Kurs abgekommen sind. Wir sind ein beständiger, zuverlässiger *Leuchtturm,* der ihnen den Weg nach Hause zeigt. Wenn wir unser Licht nicht stetig leuchten lassen, haben unsere Kinder keine große Chance, die turbulenten Jahre ihrer Kindheit ohne ernsthafte Konsequenzen zu überstehen.

Wie die Bibel sagt:

> *So soll euer Licht leuchten vor den Menschen, damit sie eure guten Werke sehen und euren Vater, der in den Himmeln ist, verherrlichen.*
>
> Matthäus 5, 16

3

Eine unerschütterliche Liebe

Alle Kinder werden mit dem Bedürfnis geboren, zu lieben und geliebt zu werden, mit dem Bedürfnis, ein bedeutendes Leben zu leben, und dem Bedürfnis, daran zu glauben, dass es sich lohnt, morgen wieder aufzustehen. Sicherheit, Bedeutsamkeit und Stärke, Liebe, Bestimmung und Hoffnung. Das sind die Leitmotive großartiger Romane und Filme und die Inspiration für die besten Lieder, die je gesungen wurden. Das sind die Bestandteile eines Lebens, das seine Erfüllung in dem Gott findet, der diese Bedürfnisse erschaffen hat. Das effektivste Mittel, das Gott erdacht hat, um diese Bedürfnisse im Herzen eines Menschen zu stillen, ist eine Familie, die auf Gnade gegründet ist.

Was Camelot uns lehren kann

Vielleicht hast du die Geschichte von *Camelot* auf einer weiterführenden Schule studiert. Vielleicht hast du das Musical oder eine seiner verfilmten Versionen gesehen. Wir sprechen von König Artus und den Rittern der Tafelrunde. Diese nie vergessene Geschichte aus der britischen Folklore besitzt alle Elemente eines großen Epos: Ein Junge, der durch Zufall König wurde, besteigt den Thron. Er will in das Königreich, das er geerbt hat, ein neues Ideal einführen. Er will die individuellen Rechte und den persönlichen Wert eines jeden Mitglieds seines Reichs erhöhen. Er will, dass alle gleich behandelt werden – vom niedrigsten Bauern bis zu dem Ritter seiner Tafelrunde, der den edelsten Stammbaum vorweisen kann. Er führt die Herrschaft des Rechts ein. Seine Ritter werden die Verfechter dieser neuen Ordnung.

Dann gibt es die Dreiecksbeziehung, die all seine Ideale und Überzeugungen auf die Probe stellt. Da ist Königin Guinevere – seine Frau, Geliebte und Seelenverwandte. Sie schmückt seinen Thron mit ihrer Schönheit und erfüllt sein Herz mit Freude. Und dann ist da Lanzelot, der französische Ritter, der den ganzen Weg durch den Ärmelkanal zurückgelegt hat, um sich König Artus' Tafelrunde anzuschließen. Er ist Artus' Vertrauter, einer seiner Landsmänner und sein engster Freund.

Du kennst die Geschichte. Guinevere verliert ihr Herz an Lanzelot. Die beiden verraten ihren Bund mit König Artus – sie als Ehefrau und er als Freund. Als sie dabei ertappt werden, flieht Lanzelot nach Frankreich, während Guinevere unter Anklage gestellt wird. Der idealistische junge König ist von seinem eigenen System in die Enge getrieben. Einerseits gibt es die Herrschaft des Rechts. Die Königin hat ihren Ehemann betrogen, ihren König verraten und Schande über das Königreich gebracht. Das Gesetz sieht vor, dass sie auf dem Scheiterhaufen verbrannt werden muss. Die Rechtsprechung darf dabei nicht beachten, um wen es sich handelt. Doch Artus liebt seine Frau trotz ihres Verrats immer noch und ist bereit, ihr zu vergeben, ebenso wie er bereit ist, Lanzelot zu vergeben.

Die Geschichte von König Artus und den Rittern der Tafelrunde ist eine Geschichte, die in ihrem Kern von Gnade zeugt, eine großartige Erzählung von Menschen, die nicht bekommen, was sie verdienen. Aber *Camelot* ist eine mit Makeln behaftete Geschichte. König Artus wurde gedemütigt und in seinem ganzen Königreich zur Zielscheibe des Spotts. Die beste Möglichkeit, die sich ihm bot, um seine Ehre wiederherzustellen und die Integrität der Tafelrunde zu erhalten, bestand darin, dem Gericht die Erlaubnis zu erteilen, das Urteil zu vollstrecken. Doch angesichts der Vorstellung, welchen Preis Guineveres Taten von ihr fordern würden – die Flammen, die schrecklichen Qualen, der Tod –, schmerzte sein Herz. Obwohl ihre Untreue ihm das Herz gebrochen hatte, sehnte er sich danach, ihr Barmherzigkeit und bedingungslose Liebe zu zeigen. So wurde er von zwei Tugenden hin- und hergerissen.

Man muss lächeln, wenn man liest, wie Artus anordnet, dass in der Nacht ihrer Hinrichtung die Turmlichter angezündet werden sollen. Er erwartet, dass Sir Lanzelot kommen und sie befreien wird. Er will sicherstellen, dass Lanzelot und seine Armee das Schloss in der Nacht finden können. Man leidet mit ihm, während er von seiner Kammer aus auf den Vollstrecker hinabstarrt, der auf das Signal wartet, um die Flammen zu entzünden, die Artus' Frau verbrennen werden. Und gerade wenn man denkt, es sei zu spät, stürmt Lanzelot mit seinen Soldaten zum Tor herein und bringt Guinevere in Sicherheit.

In den verschiedenen Versionen der Sage, die ich gelesen und gesehen habe, ist dieser Moment immer derselbe. Als er aus dem Fenster seiner Kammer blickt und sieht, wie seine Männer von Lanzelot überwältigt werden, springt König Artus vor Freude in die Luft. Er *und* die Menschen, die ihm nahestehen, sind erleichtert. Diese schuldige Frau, die ihr Schicksal verdient hatte, wurde verschont.

In der Geschichte von *Camelot* geht es nicht um Wiedergutmachung. Es geht um Rettung. Um ungestrafte Sünde. Um das Entkommen des Schuldigen in die Nacht. Aber *Camelot* ist auch die Geschichte unredlicher Liebe und unvollständiger Gnade. Ein König wollte eine Untergebene verschonen. Ein Ehemann wollte nicht sehen, wie seine untreue Frau ihre gerechte Strafe bekam. Doch der Makel der Geschichte besteht darin, dass die Gerechtigkeit unterlaufen wurde.

Die Geschichte von König Artus weist Ähnlichkeiten zu dem auf, was sich zwischen dem König der Könige und dir und mir – seinen untreuen Untergebenen – abspielte, doch es gibt auch einen starken Gegensatz. Wir leben unser selbstsüchtiges Leben und verraten unsere Hingabe an Gott als unseren König. Wir verdienen es, für unsere Verbrechen gegen seine Heiligkeit zu bezahlen. Aufgrund seiner Heiligkeit konnte er nicht zulassen, dass eine Befreiung stattfindet, die die Sünde ungesühnt zurücklässt. Es wurden keine Turmlichter angezündet. Die Wache am Tor wurde verstärkt. Es durfte nichts geschehen, das verhindern würde, dass der Gerechtigkeit Genüge getan wurde. Die Geschichten nehmen eine unterschiedliche Richtung, als der König der Könige beschloss, zu erfüllen, was die Gerechtigkeit erforderte, und uns einen Ausweg zu bieten. In einem Akt reiner Liebe tauschte der König der Könige mit uns die Plätze und bezahlte unsere Strafe mit seinem Leben.

Im Kern der Gnade ist Liebe – eine Liebe, die sich trotz unserer Sünden an uns erfreut und völlig unverdienterweise für uns ist. Diese Liebe strömt direkt aus dem Herzen Gottes. Die Bibel gebraucht „Liebe" sowohl als Synonym für *Gott* als auch zur Beschreibung des Wesens Gottes.

> *Geliebte, lasst uns einander lieben! Denn die Liebe ist aus Gott; und jeder, der liebt, ist aus Gott geboren und erkennt Gott. Wer nicht liebt, hat Gott nicht erkannt, denn Gott ist Liebe. Hierin ist die Liebe Gottes zu uns offenbart worden, dass Gott seinen eingeborenen Sohn in die Welt gesandt hat, damit wir durch ihn leben möchten. Hierin ist die Liebe: Nicht dass wir Gott geliebt haben, sondern dass er uns geliebt und seinen Sohn gesandt hat als eine Sühnung für unsere Sünden. Geliebte, wenn Gott uns so geliebt hat, sind auch wir schuldig, einander zu lieben.*
>
> 1. Johannes 4, 7–11

Was bedeutet „unerschütterliche Liebe"?

Weil wir nach dem Bild Gottes erschaffen wurden,[1] besitzen wir als grundlegendes Wesensmerkmal die unbegrenzte Fähigkeit, zu lieben. Liebe beginnt bei der Empfängnis. Wenn sie festgestellt haben, dass sie schwanger sind, entwickeln die meisten Mütter eine Liebesbeziehung zu dem Baby, das sie in sich tragen. Die meisten Kinder werden von liebevollen Armen empfangen, wenn sie geboren werden.

Doch der *Wunsch,* deine Kinder zu lieben, und sie *tatsächlich* so zu lieben, dass sie selbst eine unerschütterliche Liebe entwickeln, sind zwei verschiedene Dinge. Man müsste lange suchen, um Eltern zu finden, die zugeben, dass sie ihre Kinder nicht lieben. Fast alle Eltern lieben ihre Kinder, und die Kinder sehen deutliche Beweise für diese Liebe. Doch auch wenn du dein Kind liebst und Dinge tust, die ihm deine Liebe zeigen, bewirkt das nicht, dass es eine *unerschütterliche* Liebe spürt.

Lass uns definieren, was ich mit unerschütterlicher Liebe meine. Das ist eine stetige und unveränderliche Liebe, die fest in der Seele der Kinder verankert ist. Es ist eine vollkommene Liebe, der sie nicht entsprechen, wenn ihr Herz unter Beschuss steht. Es ist die Liebe, mit der sie zuversichtlich in ihre Zukunft gehen können.

Wir alle wünschen uns für unsere Kinder eine angenehme Zukunft, aber die Vergangenheit zeigt uns, dass das, was vor uns liegt, sich gerne an dem ausrichtet, was gestern war. Wenn uns die Vergangenheit tatsächlich irgendeinen Hinweis auf die Zukunft gibt, dann wird das Gefühl unserer Kinder, geliebt zu werden, sicher auf die Probe gestellt werden, während sie heranwachsen. Vielleicht müssen sie in einer feindseligen Umgebung bestehen. Die gute Nachricht ist: Wenn wir sie mit einer unerschütterlichen Liebe bewaffnet in die Zukunft schicken, wird ihnen das gut gelingen.

Schwierige Situationen

In welchen Situationen werden sie diese unerschütterliche Liebe am meisten brauchen? Möglicherweise …

- … wenn sie an einem Tisch jemandem gegenübersitzen, dem sie ihr Herz geschenkt haben und der ihnen gerade mitgeteilt hat, dass er sie nicht mehr liebt.
- … wenn sie finanziellen Schiffbruch erleiden.
- … wenn sie die drei schmerzhaften Worte hören: „Sie sind gefeuert!“
- … wenn sie für etwas verantwortlich gemacht werden, das sie nicht getan haben.
- … wenn sie eine weitergeleitete E-Mail lesen und feststellen, dass ein Freund sie hintergangen hat.
- … wenn sie an einem Sarg stehen und die Hand ihres besten Freundes oder eines Nachkommens halten.

- … wenn sie Uniform tragen und einsam auf einem Posten stehen oder weit von der Sicherheit ihrer Heimat entfernt einem gnadenlosen Feind gegenüberstehen.

Das sind Szenarien, in denen du hoffst, dass sie die Möglichkeit haben, ihr Mobiltelefon herauszuholen und dich anzurufen oder sich an ihren Computer zu setzen und dir in einer E-Mail ihr Herz auszuschütten. Aber das geht natürlich nur, wenn sie das tun *können* und wenn du da bist, um den Anruf entgegenzunehmen oder auf die E-Mail zu antworten. Wie ich im ersten Kapitel gesagt habe, sind unsere Kinder Geschenke, die wir in eine Zeit entsenden, die wir noch nicht sehen. Wir müssen sie mit einer solchen Sicherheit in diese Zeit entsenden, dass sie auch dann noch in der Zuversicht ruhen, geliebt zu sein, wenn wir schon lange nicht mehr da sind.

Die geheimnisvolle Zutat

Hier ist das Problem. Um dich geliebt zu *fühlen,* muss es jemanden geben, der dir seine Liebe schenkt. Du und ich lieben unsere Kinder innig. Wenn sie sich eines Tages in einer lieblosen Umgebung wiederfinden, können wir vielleicht mit ihnen in Kontakt treten und sie daran erinnern, wie viel uns an ihnen liegt. Aber was ist, wenn wir tot sind? Das wird letztendlich der Fall sein, wie du weißt. Sie können keine wirkliche Liebe von jemandem spüren, der in ihrem Leben nicht mehr existiert, wenn auch die Erinnerung an unsere Liebe sie *trösten* und vielleicht sogar inspirieren kann. Doch es wird nur schwer möglich sein, dass diese Liebe sie *aufrechterhält* – insbesondere, wenn sie ein gebrochenes Herz haben oder misshandelt werden. Sie müssen wissen, dass die Person, die sie liebt, lebendig und wohlauf ist und an ihrem Leben Anteil nimmt. Ich verstehe all die romantisierten Vorstellungen, an die die Menschen sich klammern. Sie glauben, dass die geliebten Menschen, die bereits gestorben sind, irgendwie vom Himmel heruntersehen und auf sie aufpassen. Das mag sich gut anfühlen, doch es gibt keine biblische Grundlage, die diese Annahme unterstützt.

Diese Sentimentalität spielt sowieso keine Rolle. Wir können unseren Kindern eine Liebe geben, die stetig, unerschütterlich und immer vorhanden ist, ob wir nun da sind oder nicht, und damit meine ich die grenzenlose Liebe Gottes. Diese Liebe kann ihnen auf eine ganz spezielle und auf allgemeine Weise vermittelt werden. Auf spezielle Weise erfahren sie diese Liebe, wenn sie die Liebe Gottes in ihrem Herzen empfangen, indem sie auf die Hoffnung vertrauen, die das Evangelium uns gibt. Dadurch gelangt nicht nur die Liebe Gottes in ihr Herz, sondern auch sein Heiliger Geist, der dann zu einem ständigen Gast in ihrem Leben wird.

Bedenke jedoch, dass viele Kinder, die Gott ihr Herz geben, nicht mit einer unerschütterlichen Liebe in die Zukunft gehen. Vielleicht findet diese Art von Liebe letztendlich durch ihr persönliches Wachstum und ihre Reife einen Platz in ihrem Herzen, aber bei viel zu vielen von ihnen ist das erst im fortgeschrittenen Alter der Fall. Sie versäumen die Wohltaten dieser Liebe für den größten Teil ihres Erwachsenenlebens.

Deshalb ist es wichtig, dass wir, solange unsere Kinder noch unter unserem Dach leben, unseren Beitrag dazu leisten, dass diese reife und unerschütterliche Liebe fest in ihnen verankert ist, wenn sie in ihr Erwachsenenleben eintreten. Diese „allgemeine" Liebe hat ihren Ursprung darin, dass Eltern ihre Kinder so lieben, wie sie selbst von Gott geliebt werden. Das ist Gnade.

Nicht jede Art von Liebe entsteht auf dieselbe Weise

Bevor wir nun weitergehen, müssen wir definieren, was das Wort „Liebe" bedeutet. Wie ich bereits erwähnt habe, dürfte es dir schwerfallen, Eltern zu finden, die ihr Kind nicht innig lieben. Dennoch sind sich viele Kinder dieser Liebe nicht sicher, wenn sie ins Erwachsenenleben eintreten. Nicht etwa weil ihre Eltern sie nicht geliebt haben, sondern weil die Liebe, die sie von ihnen empfangen haben, unvollständig war.

Manchmal ist unsere Liebe unvollständig, weil unsere Kinder das Gefühl haben, ständig darum wetteifern zu müssen. Wir sagen ihnen, dass wir sie lieben, und dann beobachten sie, wie wir in Bezug auf unser Berufsleben, unsere Freunde oder unsere Freizeitbeschäftigungen Entscheidungen treffen, die zur Folge haben, dass wir nicht mehr in der Lage sind, die Zeit in sie zu investieren, die Liebe erfordern würde. Ich hörte einmal von einem Sohn, der das Gefühl hatte, sein Vater behandle seine Jagdhunde besser als seine Kinder. Im Wesentlichen wurde der Vater folgendermaßen beschrieben:

- Wenn er von der Arbeit nach Hause kam, ging er von seinem Auto immer direkt zu den Hundegehegen, um seine Hunde zu begrüßen und sie zu streicheln. Wenn er jedoch das Haus betrat, bekam man nur selten einen Gruß von ihm zu hören.

- Es war nicht ungewöhnlich für ihn, dass er Leckereien für seine Hunde mit nach Hause brachte. Wenn er mit ihnen sprach, lagen immer große Freundlichkeit und Begeisterung in seiner Stimme. Seine Kinder konnten sich nicht daran erinnern, dass er einmal streng mit seinen Hunden sprach. Was seine Kinder betraf, hatte er selten die Zeit, mit ihnen ein Eis essen zu gehen, doch er fand immer Zeit, sie zu kritisieren.

- An den Wochenenden verbrachte er mehr Zeit mit seinen Jagdhunden als mit seinen Kindern. Es war nicht so, dass seine Kinder nicht mit ihm auf die Jagd gehen wollten, er lud sie nur nie dazu ein.

- Manchmal kam es ihnen so vor, als würde er seine Hunde sogar besser ernähren als seine eigenen Kinder.

Manchmal kann es passieren, dass die Kinder den Beruf der Eltern als Konkurrenz betrachten. Wenn sie aufgrund der Berufstätigkeit der Eltern zu kurz kommen, kann das bewirken, dass sie mit einer Liebe in die Zukunft gehen, die unvollständig und unsicher ist. Wir alle haben einen Beruf, der uns viel abverlangt. Es wird immer so sein, dass wir mehr Zeit dafür aufwenden müssen, unseren Lebensunterhalt zu bestreiten, als uns für irgendetwas anderes bleibt. Das bringt ein Beruf einfach mit sich und Kinder verstehen das. Aber Kinder bemerken es auch, wenn wir bewusste Entscheidungen treffen, mit denen wir ihnen etwas nehmen, das sie dringend brauchen, um unsere beruflichen Chancen zu verbessern. Was wir ihnen damit vermitteln, lässt die Liebe, die sie spüren, unsicher werden. Sie stellen nicht infrage, dass wir sie lieben, sie haben einfach das Gefühl, dass wir andere Dinge *mehr* lieben. Wir reden über Dinge, die unserem Ego guttun, wir sorgen dafür, dass unser Gehalt höher ausfällt oder unser Lebensstil angenehmer wird. Vielleicht erklären wir ihnen, dass wir so viel arbeiten *müssen,* um die ganzen Rechnungen zu bezahlen, aber gleichzeitig sehen sie, wie wir bewusst schlechte finanzielle Entscheidungen treffen, was sie zu den Leidtragenden der Konsequenzen macht.

Manchmal ist unsere Liebe unvollständig, weil unsere Kinder das Gefühl haben, sie müssten sie sich verdienen. Sie finden heraus, dass wir sie loben und stolz auf sie sind, wenn sie Dinge tun, die uns gut dastehen lassen oder uns die elterlichen Aufgaben erleichtern. Solche Kinder müssen viele Schuldgefühle verarbeiten, bevor sie Annahme finden können.

Ich kenne ein Mädchen, das jetzt eine junge Mutter ist. Als sie noch klein war, hatte sie immer das Gefühl, dass die Liebe der Erwachsenen in ihrer Familie einen Preis hatte. Sogar die Liebe ihrer Großmutter musste sie sich verdienen. Sie erinnert sich noch daran, wie ihre Großmutter sie von der Zeit an, als sie fünf Jahre alt war, bis zum Ende ihrer Teenagerzeit ständig darauf aufmerksam machte, dass sie den ihr gesteckten Maßstäben nie gerecht wurde. Wenn sie beispielsweise zu ihrem wöchentlichen Besuch zu ihrer Großmutter kam, begrüßten sie sich mit einer Umarmung. Doch die Umarmung ihrer Großmutter bestand darin, dass sie ihre Hände auf die Taille des Mädchens legte und an ihrer Haut zupfte. „Du wirst hier ein bisschen stämmig, Liebling. Du musst aufpassen, wie viel du isst."

Das nahm sich die junge Frau sehr zu Herzen. Als sie ungefähr dreizehn Jahre alt war, wurde ihr Leben von Bulimie beherrscht. Nachdem sie einen hunderttausend Dollar teuren Aufenthalt in einer Rehabilitationsklinik hinter sich gebracht und ein künstliches Gebiss erhalten hat, glaubt diese junge Mutter jetzt, ihre Probleme endlich unter Kontrolle zu haben. Sie wird zwar nie das Gefühl haben, sie vollständig gemeistert zu haben, und bis zu ihrem Todestag wird die Bulimie ein ungebetener Gast bei jeder Mahlzeit sein, aber immerhin sieht sie jetzt einigermaßen gesund aus. Heute versucht sie, es bei ihren eigenen Kindern besser zu machen, als die Erwachsenen es in ihrem Leben getan haben.

Es ist einfach, die Art und Weise, wie wir unsere Kinder lieben, damit zu rechtfertigen, wie unsere Eltern uns geliebt haben. Es gibt heute viele Eltern, die glauben, sie könnten ihren Kindern nicht die unerschütterliche Liebe geben, die ich hier beschreibe, weil ihre Eltern darin versagt haben, dasselbe für sie zu tun. Sind wir deshalb entschuldigt? Jeder vernünftig denkende Mensch würde das verneinen. Das ist zwar eine Erklärung, aber keine Entschuldigung.

Die Definition der *Liebe*

Wir können den Teufelskreis unvollkommener Liebe durchbrechen, wenn wir genau verstehen, was Liebe ist und was sie erfordert. Lass mich dir deshalb eine Definition von Liebe vorschlagen, die dein Leben radikal verändern kann. Diese Definition von Liebe kann dir dabei helfen, im Umgang mit deinen Kindern das Richtige zu tun. Sie hilft dir, schwierige Entscheidungen zu treffen, und ermutigt dich, wenn es dir schwerfällt, Liebe zu geben. Hier ist meine Definition:

Liebe ist die Ausrichtung meines Willens
auf deine Bedürfnisse und das, was dir guttut,
was es mich auch kosten mag.

Lass uns die drei Teile betrachten:

1. Liebe ist die Ausrichtung meines Willens …

In anderen Worten, es wird dir nicht immer leichtfallen, in Liebe zu handeln. Vielleicht musst du Mut fassen, deine Ängste in ihre Schranken weisen und deine Gefühle in Schach halten. Wenn wir jemanden lieben, bedeutet das, dass wir unsere Entscheidungen auf der Grundlage des Bundes treffen, den wir mit ihm haben.

2. … auf deine Bedürfnisse und das, was dir guttut …

Nicht auf „*meine* Bedürfnisse und das, was mir guttut". Die Liebe setzt unsere Bedürfnisse an die zweite Stelle unserer Prioritätenliste – hinter das, was dem Menschen, den wir zu lieben berufen sind, guttut. Es tut unseren Kindern nicht gut, wenn wir ihnen alles geben, was sie wollen, wenn wir ihnen das Leben leicht machen, wenn wir uns auf ihre Seite stellen, obwohl sie eindeutig im Unrecht sind, oder sie die Konsequenzen ihrer Sünden nicht tragen lassen. Es tut ihnen nicht gut, falschen Ängsten, die sie gebunden halten, Raum zu geben, all ihre Schlachten zu schlagen oder jedes Mal, wenn sie eine falsche Entscheidung getroffen haben, zu ihrer Rettung herbeizueilen. Liebe bedeutet, ihre *tatsächlichen* Bedürfnisse zu stillen, nicht ihre selbstsüchtigen Bedürfnisse.

3. … was es mich auch kosten mag.

Wer in der Lage ist, anderen unerschütterliche Liebe zu erweisen, weiß, dass es oft unbequem und manchmal auch schmerzhaft ist, jemanden zu lieben. Deine Kinder zu lieben, kostet dich Geld, Zeit und Schlaf. Es kann eine Mutter Jahrzehnte kosten, in denen sie sich eigentlich auf ihre berufliche Laufbahn konzentrieren wollte. Es kann sie ihre Figur kosten. Es kann einen Vater eine Beförderung kosten. Es kann bedeuten, dass du auf verschiedene Annehmlichkeiten wie einen teuren Urlaub verzichten musst. Es bedeutet definitiv, deinen Stolz hinunterzuschlucken und häufig um Vergebung zu bitten.

Vor vielen Jahren ließ ich mir von einer jungen Frau namens Peggy die Haare schneiden. Sie war Mitte zwanzig und unverheiratet, lebte jedoch mit ihrem Freund zusammen. Sie lenkte unsere Unterhaltung immer wieder auf geistliche Themen. Es war offensichtlich, dass ihre Unsicherheit und ihre fehlerhafte Auffassung von Liebe, die oft mit Unsicherheit einhergeht, sie dazu trieb, Entscheidungen zu treffen, die ihr auf lange Sicht gesehen nicht zum Besten dienten. Trotz alledem war sie stets begierig darauf, über Herzensangelegenheiten zu sprechen.

Dann wurde Peggy schwanger. Sie war begeistert von der Aussicht, Mutter zu werden, und sagte mir, dass die Schwangerschaft ihrem Freund möglicherweise den Anstoß dazu geben würde, ihre Beziehung offiziell zu machen und sie zu heiraten. Während ihrer Schwangerschaft sah ich sie etwa alle drei Wochen. Jedes Mal wenn ich mir die Haare schneiden ließ, sprachen wir über das kommende Baby, über Erziehungsmethoden und wie man eine starke Familie aufbaut.

Der große Tag kam. Ich hatte einen Termin bei einer der anderen Friseurinnen. Als ich ankam, telefonierte diese zufällig gerade mit Peggy, die im Krankenhaus lag. Es gab Schwierigkeiten: Das Baby befand sich in Steißlage. Der Arzt wollte das Kind per Kaiserschnitt entbinden, aber Peggy weigerte sich, weil sie keine Narbe zurückbehalten wollte. Ich bat darum, mit ihr sprechen zu dürfen. Sie sagte, ihre größte Sorge sei es, ihre Figur wieder zurückzuerlangen, nachdem das Baby geboren war. Sie hatte nur minimal an Gewicht zugelegt und war sich sicher, dass sie ihre Figur innerhalb kurzer Zeit zurückgewinnen würde. Sie sagte mir jedoch auch, sie sei sich sicher, dass sich ihr Freund von der Narbe abgestoßen fühlen würde. Sie befürchtete, in seinen Augen nicht mehr so attraktiv zu sein. Ich sagte ihr, dass meine Frau *vier* Kinder per Kaiserschnitt zur Welt gebracht hatte und jedes Mal alles wieder gut verheilt war. Ich sagte, die Narbe sei kaum zu sehen. Doch diese Erklärung reichte Peggy nicht. Sie sorgte sich darum, das wenige zu verlieren, was sie hatte – einen schönen Körper.

Ihr kleiner Junge kam in einer schwierigen Geburt mit den Beinen voran zur Welt. Dabei entstand an den Beingelenkpfannen seines Beckens ein großer Schaden. Die ersten achtzehn Monate seines Lebens verbrachte er mit Beinschienen. Seine Verletzungen sind mittlerweile verheilt und er kann ganz normal gehen, aber wenn er eines Tages hört und versteht, was im Kreißsaal wirklich vor sich ging (solche Geheimnisse sind fast unmöglich zu bewahren)[2], wird es sehr schwer für ihn sein, die unerschütterliche Liebe zu spüren, die Eltern ihren Kindern geben sollen. Die Liebe seiner Mutter ist aufrichtig, aber unvollständig. Sie entschied und stellte ihre Bedürfnisse und Interessen vor seine. Unerschütterliche Liebe hat einen Preis, den zu bezahlen sie nicht bereit war.

Wie ich bereits angenommen hatte, drückte sich ihr Freund herum, bis das Baby geboren war, und trennte sich dann von ihr. So viel zum Thema „ein Körper ohne Narben".

Zeige ihnen eine unerschütterliche Liebe

Wie du siehst, reicht es nicht aus, wenn wir unsere Kinder lieben und bestimmte Dinge tun, um ihnen diese Liebe zu vermitteln. Wir müssen sie so lieben, wie Gott uns liebt – wenn sie undankbar sind, wenn sie es nicht verdienen, wenn es unbequem ist, wenn es uns etwas kostet und auch wenn es schmerzt.

Wenn du drei bestimmte Dinge regelmäßig tust, kannst du deinen Kindern das Gefühl der Sicherheit geben und ihre Zweifel ausräumen. Das reduziert ihr Bedürfnis, nach der seichten Liebe zu suchen, die die Welt ihnen bietet, auf ein Minimum. Damit baust du eine authentische Liebe in ihrem Herzen auf, die ihnen noch lange Zeit, nachdem wir diese Welt verlassen haben, dienen wird. Diese Liebe lässt die Schein-Liebe, die Satan ihnen bietet, weitaus weniger verlockend erscheinen.

1. Kinder fühlen sich sicher, wenn sie wissen, dass sie so angenommen werden, wie sie sind

Lass mich das noch konkretisieren, bevor wir näher darauf eingehen. Unsere Kinder können Haltungen entwickeln, die wir keinesfalls akzeptieren müssen. Egoismus, Respektlosigkeit, Betrügereien und andere sündhafte Taten müssen weder gebilligt noch toleriert werden. Das ist genauso wie in unserer Beziehung zu Gott – er liebt uns zwar, wenn wir sündigen, aber er ignoriert unsere Sünde nicht. Ganz im Gegenteil – er nimmt sie zur Kenntnis. In Offenbarung 3, 19 sagt Jesus: „Ich überführe und züchtige alle, die ich liebe." Gott weiß, dass unsere sündhaften Entscheidungen uns zerstören, wenn sie keine Konsequenzen nach sich ziehen. Weil er uns liebt und nicht will, dass das geschieht, sorgt er für Konsequenzen in unserem Leben, die bewirken, dass wir aus unseren Fehlern lernen.

Die Annahme, von der ich spreche, gilt für die Charakterzüge, die Teil der Persönlichkeit unserer Kinder sind. Das sind die einzigartigen Merkmale, die sie zu einem Individuum machen – ihre emotionale, intellektuelle und körperliche DNS. Das sind auch die Merkmale, die in moralischer Hinsicht kein Problem darstellen. Viele Kinder tun Dinge, die uns ärgern, frustrieren oder in Verlegenheit bringen, aber sie sind nicht falsch. Jedes Mal wenn wir solche Dinge hervorheben, sagen wir ihnen damit, dass sie nicht gut genug sind. Das legt in ihnen den Grundstein für Unsicherheit.

Jungen werden oft getadelt, weil sie laut, unordentlich oder aggressiv sind. Mädchen werden oft dafür kritisiert, dass sie zu emotional, pingelig oder übermäßig sensibel sind. Manche Kinder werden dafür kritisiert, dass sie langsam, vergesslich oder neugierig sind oder einfach mit allem herausplatzen, was ihnen gerade in den Sinn kommt. Sie haben eine schwierige Zeit, während sie heranwachsen. Sie haben in bestimmten Fächern in der Schule zu kämpfen und werden oft aufgrund körperlicher Merkmale verspottet, seien es ihre Augen, ihre Nase, ihre Zähne, ihr Hals, ihre Knie, ihre Füße, ihre Stimme, ihre Haare oder ihre Gesichtsfarbe.

Jungen werden dafür kritisiert, Mädchen zu mögen, Mädchen werden dafür kritisiert, Jungen zu mögen. Manche Jungen interessieren sich nicht für Sport. Manche Mädchen spielen nicht gerne Vater-Mutter-Kind. Teenager brauchen mehr Schlaf. Kinder hatten schon immer ihre eigene Ausdrucksweise, ihren ganz eigenen Stil, was Kleidung und Frisur angeht, und einen eigenen Musikgeschmack. Kinder machen schwierige Zeiten durch, in denen sie sich nicht für attraktiv, klug oder interessant halten. Der Schlüssel, um mit alledem zurechtzukommen, besteht darin, dass die Eltern ihren Kindern hinsichtlich ihrer einzigartigen Charakterzüge nichts anderes vermitteln als Annahme. Wenn sie das tun, verspürt ein Kind die Annahme, die Gott jedem von uns in seiner Einzigartigkeit entgegenbringt.

Manche Mädchen wissen, dass ihre Väter sich wünschen, sie wären als Jungen geboren worden. Manche Jungen finden heraus, dass ihre Mütter lieber Mädchen gehabt hätten. Kinder hören es, wenn wir darüber klagen, wie viel Arbeit sie machen, wenn sie noch klein sind. Teenager verdrehen die Augen, wenn wir sagen: „Sie sind Teens – was erwartest du?" Wenn sie uns jedoch sagen hören, dass es eine Ehre für uns ist, sie in unserem Haus zu haben, und dass wir dankbar sind für die Möglichkeit, ihnen alles zu geben, was sie von uns brauchen (sie durch die Gegend zu fahren oder viel Geld für sie auszugeben, beispielsweise), spüren sie eine Annahme, die ihnen das sichere Gefühl vermittelt, geliebt zu werden. Unsere Einstellung sollte nicht sein, dass wir all diese Dinge für sie tun *müssen*, sondern dass wir sie tun *dürfen*.

Ich saß einmal in einem Hotelrestaurant in Portland, Oregon. Es war ein Sonntagmorgen. Mein Flug ging um die Mittagszeit, so hatte ich die Gelegenheit, ein gemütliches Frühstück zu genießen. Das Restaurant bot ein umfangreiches Frühstücksbuffet mit einem ermäßigten Preis für Kinder an.

Da kam eine Mutter mit ihren zwei Kindern herein, einem Kleinkind und einem etwa vierjährigen Jungen. Er fiel mir sofort auf. Sein Gesicht war voller Begeisterung und sein Mund stand nicht eine Sekunde still, während sie das Buffet umrundeten, damit die Mutter sich ein Bild von dem Angebot machen konnte. Sie trug das Kleinkind auf dem Arm, während der Junge neben ihr herging. Er sah die Früchte, die verschiedenen Müslisorten, die Pfannkuchen und Waffeln und schließlich die Station, wo der Chefkoch nach den Wünschen der Gäste Omeletts zubereitete. Dann sah ich, wie ihm fast die Augen herausfielen, als er die Tabletts voller „Frühstücksdesserts" erblickte – Heidelbeermuffins, Bärentatzen und verschiedene Plunderstückchen. Die kurze Zeit, in der ich diesen begeisterten Jungen dabei beobachten konnte, wie er das Frühstücksbuffet erkundete, wurde schnell zum Höhepunkt meines Morgens. Ich sah einen von Gott erschaffenen Jungen, der jeden Augenblick in vollen Zügen genoss. Er war restlos begeistert von seiner Umgebung. Er sah aus, als würde er den Himmel auf Erden erleben.

Die Tischdame begleitete die Mutter und ihre zwei Kinder an den Tisch direkt gegenüber von meinem. Die Serviererin füllte ihre Wassergläser und fragte, ob sie Kaffee für die Mutter oder Fruchtsaft für die Kinder bringen dürfe. Dann erkundigte sie sich, ob sie sich am Frühstücksbuffet bedienen wollten.

„Mein Mann wird in ein paar Minuten herunterkommen", antwortete die Mutter. „Wir werden uns am Buffet bedienen. Sie können eine Schüssel Cornflakes und etwas Milch für meinen Sohn bringen."

„Mama, nein! Ich will auch ans Buffet gehen!", rief der Junge sofort. Es war offensichtlich, dass der Junge sich bereits einen Plan zurechtgelegt hatte, was er sich alles vom Buffet holen wollte.

„Du kannst das nicht alles essen. Das meiste davon besteht nur aus Zucker. Vergiss es", sagte die Mutter barsch.

„Aber Mama, ich *mag* diese Sachen, das ist es, was ich *gehofft* hatte. Bitte!", flehte er.

„Vergiss es! Du wirst nicht ans Buffet gehen, also sei jetzt still." Sie drehte dem Jungen den Rücken zu und begann, sich um ihr Kleinkind zu kümmern.

„Es würde nur eineinhalb Dollar mehr kosten als die Cornflakes, wenn er sich am Buffet bedient", bot die Serviererin an. Sie sah, wie begierig der Junge darauf war.

„Nein, danke. Er braucht all das Essen nicht." Der Blick, den sie der Serviererin zuwarf, brachte deutlich zum Ausdruck, dass diese damit entlassen war.

Während die Mutter sich mit ihrem Baby beschäftigte, beobachtete ich, wie sich der kleine Junge, der voller Begeisterung gewesen war, still in sich zurückzog. Dann kamen die Tränen. Seine Vorfreude und seine Begeisterung waren zu groß gewesen. Ich zollte dem Jungen meine Anerkennung. Er schrie nicht laut herum. Er diskutierte nicht und machte kein Theater. Er saß einfach da und litt still.

Da erschien sein Vater mit der Zeitung unter dem Arm, schätzte die Situation ab, setzte sich und fragte den Jungen, warum er weinte.

„Ich wollte vom Buffet essen, aber Mama will das nicht."

Er wandte sich an seine Frau. „Was ist los? Warum kann er nicht vom Buffet essen?"

Sie nannte ihm dieselben praktischen Argumente hinsichtlich gesunder Ernährung, wie einige Minuten zuvor ihrem Jungen.

„Aber sieh mal, wir sind im Urlaub", sagte der Vater. „Er hatte noch nie die Gelegenheit, von einem Buffet zu essen. Und es kostet auch nicht viel mehr. Das können wir uns leicht leisten. Und bei der Verschwendung, die heutzutage herrscht, werden sie das, was wir nicht essen, wahrscheinlich sowieso wegwerfen."

Es folgte eine kurze Diskussion, bevor die Mutter nachgab. Sofort fand der kleine, begeisterte Junge seine Fassung wieder. Innerhalb einer Minute waren Vater und Sohn auf dem Weg zum Buffet.

Es machte mir große Freude zu sehen, wie dieser kleine Junge von Station zu Station ging, um von allem ein bisschen zu bekommen. Er sah, dass die Leute ihre Bagels toasteten, und so tat er es auch. Er reichte kaum bis zum Toaster hinauf, aber einer älteren Dame bereitete es Vergnügen, ihm zu helfen. Er bekam Pfannkuchen und Waffeln und türmte Sirup und Schlagsahne darauf. Es gefiel mir sehr, wie er sich in die Schlange bei den Omeletts einreihte, wartete, bis er dran war, und dann dem Chefkoch sagte, was er wollte – ein bisschen von allem. Seine letzten Gänge führten ihn zu den Desserts. Ich sage Gänge, weil er dort zweimal hinging. Als er fertig war, hatte er jeweils eines von allen angebotenen Desserts auf seinem Teller.

In der Zwischenzeit fütterte seine Mutter das Baby und sein Vater hatte auf dem Tisch einen Platz gefunden, wo er seine Sonntagszeitung ausbreiten konnte. Als der Junge alles hatte, auf das er sich gefreut hatte, begann er, sein festliches Frühstück zu verspeisen. Ich genoss es in vollen Zügen, diesen kleinen Jungen dabei zu beobachten, wie er dieses seltene Vergnügen erleben durfte.

In diesem Moment hatte die Mutter ihr Baby vollends versorgt und warf einen prüfenden Blick auf die verschiedenen Teller vor ihrem Sohn.

Und dann legte sie los.

„Warum hast du dir Pfannkuchen *und* Waffeln geholt? Und was ist mit all der Schlagsahne? Du wirst dir bloß die Kleider damit schmutzig machen. Und was ist das auf deinem Bagel? Frischkäse? Das hast du noch nie gegessen. Weißt du überhaupt, was du dir da draufgetan hast?"

Sie zog die Aufmerksamkeit ihres Mannes auf sich. „Sieh dir das alles an. Er hat sogar ein Omelett."

Erneut wandte sie sich dem Jungen zu. „Warum um alles in der Welt hast du dir ein Omelett geholt?", verlangte sie zu wissen. „Du kannst das doch niemals alles essen." Dann deutete sie auf die Desserts. „Du bekommst eines dieser Desserts, nicht was weiß ich wie viele. Such dir *das* aus, das du willst, die anderen bringe ich zurück. Und warum brauchst du überhaupt ein Dessert? Das ist ein Frühstück, um Gottes willen!"

Während sie über ihn herfiel, sah ich, wie der Junge seine Fassung verlor. Diesmal drückte sein Gesicht eine Mischung aus Hilf- und Hoffnungslosigkeit aus. Er versuchte, alles auf den verschiedenen Tellern zu essen, doch seine Mutter erinnerte ihn mehrmals daran, wie dumm er gewesen war, sich so viel Essen zu holen. Wie angekündigt nahm sie ihm bis auf eines alle Desserts weg und schimpfte dann mit ihrem Mann, weil er ihr nicht zuhörte. Nachdem sie mit ihrer Herablassung und ihren Schuldzuweisungen allen anderen ihre Mahlzeit gründlich verdorben hatte, stand sie auf und ging selbst zum Buffet. Ich saß da und beobachtete den kleinen Jungen, der langsam seine Waffeln aß, während Sahne aus seinen Mundwinkeln quoll und Tränen über sein kindliches Gesicht strömten. Als seine Mutter zurückkam, war alle Freude aus ihm gewichen.

Ich kann fast hören, was einige jetzt sagen werden.

„Verschwendung."

„Ernährung."

„Zucker."

„Kinder können nicht alles haben, was sie wollen."

„Und vergiss nicht, Tim, sie hatte ein kleines Baby. Sie war müde. Du weißt nicht, wie sich der Junge früher an diesem Morgen benommen hat. Vielleicht hat er sie an den Rand des Wahnsinns getrieben. Und es hört sich nicht so an, als sei ihr Mann eine große Hilfe."

Ich habe all das im Lauf der Jahre immer wieder gehört. Ich bin mir durchaus bewusst, wie strenge, sachliche Eltern alles, was sie tun, moralisch rechtfertigen.

Meine Fragen dazu lauten: War es das wert? Ist das die Art und Weise, wie Gott uns behandelt? Reizt er uns mit guten Dingen, beleidigt uns dann, wenn wir begeistert davon sind, und tadelt uns, wenn wir versuchen, sie zu genießen? Er ist ein Gott der Gnade, der den Kindern von Israel ein Land verhieß, das von „Milch und Honig überfließt". David bezeichnete ihn als Hirten, der uns auf grünen Auen weidet und uns zum frischen Wasser führt. Wenn du ein junges, verwundbares Schaf wärest, wären saftige Wiesen und ruhige Bäche wie ein Buffet für dich.

Letztendlich wird dieser kleine Junge aufwachsen und zu einem jungen Mann werden, der eigene Wege geht. Ich bezweifle nicht, dass er sich von seiner Mutter geliebt fühlt, aber wenn sie ihr Verhalten nicht ändert, hat er wenig Chancen, sein Zuhause mit einer unerschütterlichen Liebe zu verlassen – mit der Liebe, die in seinem Herzen fest verankert hat, dass sich seine Eltern so an ihm freuen, wie er ist.

Unsere Tochter Karis war ein sehr unruhiges Kind. Sie ließ sich leicht ablenken und ihr Hauptinteresse in ihren ersten Jahren galt immer dem, was um sie herum vor sich ging. Im Kindergarten zog sie regelmäßig die Schuhe aus. Sie mochte es, wenn ihre Füße frei beweglich waren, statt in Schuhe hineingezwängt zu sein. Ihre Kindergärtnerin bemerkte, dass sie selten Schuhe trug, wenn es für ihre Gruppe an der Zeit war, zum Mittagessen oder in die Pause zu gehen. Karis hatte Glück, Frau Civiliar als Kindergärtnerin zu haben, weil sie Karis' Vorliebe, ihre Schuhe auszuziehen, nicht als Schwäche sah. Sie nahm es nicht persönlich. Sie betrachtete unsere Tochter lediglich als eines dieser unruhigen kleinen Kinder, die ihre Schuhe auszogen, weil sie sich in ihrem ersten Vorschuljahr so einfach wohler fühlten.

Kürzlich bekam Karis, die jetzt verheiratet ist, ihr erstes Kind – ein Mädchen. Sie machte mit ihrem Baby einen Besuch in ihrer damaligen Grundschule, wo Frau Civiliar nach wie vor die Kindergartengruppe unterrichtete. Ihre frühere Kindergärtnerin war entzückt von Karis' neuem Baby. Sie sagte: „Karis, weißt du, was mir von dir am deutlichsten in Erinnerung geblieben ist? Wie du immer deine Schuhe ausgezogen hast und ich und die ganze Gruppe dir dabei helfen mussten, sie zu suchen. Das hat mir immer großen Spaß gemacht."

„Das hat mir immer großen Spaß gemacht." Das ist der Grund, warum Frau Civiliar so eine wunderbare Kindergärtnerin ist. Sie weiß, was ein Problem ist und was nicht. Sie betrachtet solche Dinge nicht als Schwäche, sondern einfach als Facetten eines einzigartigen und besonderen Kindes. Sie sieht sie, wie Gott sie sieht. Ich kenne Familien, wo Karis' Gewohnheit, sich ihrer Schuhe zu entledigen, als *schwerwiegendes* Problem angesehen worden wäre:

„Du musst ordentlicher werden."

„Wie kannst du nur so etwas Wichtiges wie deine Schuhe vergessen?"

„Das ist völlig unverantwortlich!"

„Ich will nicht mehr sehen, dass du deine Schuhe ausziehst, bevor es Abend ist."

Derartige Ansichten spiegeln nicht das von Gnade erfüllte Herz Gottes wider. Wenn es um kleine Jungen geht, die Buffets lieben, und kleine Mädchen, die im Kindergarten ohne Schuhe besser zurechtkommen, stellt sich viel eher die Frage: „Was macht das für einen Unterschied?"

Die von Gnade geleitete Antwort lautet: „Keinen!" Eine von Gnade geleitete Einstellung ist: „Na, dann los!" oder „Ich mag das!" Ich weiß, dass es Gelegenheiten gibt, wo man Kindern sagen muss, dass sie nicht vom Buffet essen können oder ihre Schuhe anbehalten müssen, aber das sollte nicht willkürlich erfolgen. Das sollte man nur tun, wenn es *die einzige Möglichkeit* oder *in Gottes Augen* sinnvoll ist. Andernfalls ergibt es keinen Sinn – vor allem dann nicht, wenn du versuchst, dein Kind so zu behandeln, wie Gott uns behandelt. Kinder, die in Familien aufwachsen, in denen amoralische Streitpunkte auf die Ebene eines *großen* Problems erhoben werden, dürfen die Annahme, die sie eine sichere Liebe verspüren lässt, nicht erfahren. Stattdessen sind sie einem Trommelfeuer pingeliger Kritik ausgesetzt und werden herabgesetzt, weil sie neugierig, ängstlich, begeistert, hilflos, sorglos oder zerstreut sind.

Im Leben Jesu gab es eine Begebenheit, wo Kinder an einem öffentlichen Ort versuchten, zu ihm zu gelangen. Sie waren laut und aufdringlich, wie Kinder eben sind, und die Erwachsenen taten ihr Bestes, um sie zu verjagen. Jesus sah, was vor sich ging, und gebot den Eltern und anderen Erwachsenen, die Kinder nicht zurückzuhalten.

Er sagte:

> *Lasst die Kinder, und wehrt ihnen nicht, zu mir zu kommen! Denn solchen gehört das Reich der Himmel.*
>
> Matthäus 19, 14

Wenn wir unsere Kinder so annehmen, wie sie sind, spiegelt das die Liebe wider, die Gott für sie hat. Das ist die Liebe, die sie für den Rest ihres Lebens durch gute und schlechte Zeiten tragen wird.

2. Kinder fühlen sich sicher, wenn sie wissen, dass sie einer Familie angehören, deren Mitglieder einander Liebe und Achtung entgegenbringen

Familien, deren Mitglieder einander Achtung entgegenbringen.

Das mag dir wie ein Hirngespinst erscheinen, aber Menschen, die ihre Familienmitglieder mit den Augen der Gnade betrachten, können das ohne Weiteres tun. Familien, deren Mitglieder einander achten, sehen die Zeit, die Gaben, die Einzigartigkeit und die Träume der anderen als Geschenke an, die geschätzt und unterstützt werden müssen. Auch in solchen Familien gibt es Rivalität unter den Geschwistern. Auch in solchen Familien gibt es gelegentlich Auseinandersetzungen und Enttäuschungen, aber die meiste Zeit haben die Kinder dieser Familien das starke Gefühl, in einer sicheren Umgebung zu sein, in der sie geliebt werden. Alle Kinder sind wichtig, und ebenso sind es ihre Meinungen und ihre Sorgen. Ihre Zeit, ihre Vorstellungen, ihr Raum und ihre Verletzbarkeit werden respektiert. Diese Familien machen es sich täglich aufs Neue zum Ziel, jeden Tag zu einem Eckstein zu machen, der auf den des vorherigen Tages aufbaut.

Wenn Kinder sehen, dass ihre Eltern respektvoll miteinander umgehen, ist die Wahrscheinlichkeit sehr groß, dass sie diese Umgangsform von ihnen übernehmen. Ich habe sogar schon Ehepaare gesehen, die nach ihrer Scheidung herausfanden, wie man einander mit Liebe und Achtung begegnet, obwohl sich ihre Ehe nicht auf die erhoffte Weise entwickelt hat. Familien, deren Mitglieder einander achten, können vergeben, sind zur Tugendhaftigkeit entschlossen und messen jedem Einzelnen von ihnen einen hohen Wert bei.

> *Wer in seiner Lauterkeit als Gerechter lebt – glücklich seine Kinder nach ihm!*
>
> Sprüche 20, 7

Die Bibel erinnert uns daran, dass der Stellenwert, den wir unserem Ruf beimessen, und die Priorität, die es für uns hat, den Menschen, die uns nahestehen, mit Achtung zu begegnen, im späteren Leben unserer Kinder als Segen zu ihnen zurückfließen werden.

Jeder hat einen Lieblingsvers in der Bibel. Einer meiner steht im letzten Teil des Römerbriefs. Paulus führt seine eindringliche Lehre über die Gnade Gottes zu einem Höhepunkt. Er spricht davon, wie uns die Gnade Gottes in unserem persönlichen Kampf gegen die Sünde hilft (siehe Röm. 7, 7–25), wie wir durch die Kraft des Geistes Gottes ein siegreiches Leben führen können (siehe Röm. 8, 1–17), und von der zukünftigen Herrlichkeit, die die Menschen erwartet, die der Gnade Gottes teilhaftig geworden sind (siehe Röm. 8, 18–27). Dann scheint es, als könnte er nicht mehr an sich halten, und er sprudelt über mit einer herrlichen Ermutigung für

Menschen, die die von Gnade erfüllte Liebe Gottes empfangen haben. Die folgenden Verse erinnern uns an die unerschütterliche Liebe, die jene Menschen erwartet, die zugelassen haben, dass Christus ihr Leben verändert.

> *Was sollen wir nun hierzu sagen? Wenn Gott für uns ist, wer ist gegen uns? Er, der doch seinen eigenen Sohn nicht verschont, sondern ihn für uns alle hingegeben hat – wie wird er uns mit ihm nicht auch alles schenken? … Aber in diesem allen sind wir mehr als Überwinder durch den, der uns geliebt hat. Denn ich bin überzeugt, dass weder Tod noch Leben, weder Engel noch Gewalten, weder Gegenwärtiges noch Zukünftiges, noch Mächte, weder Höhe noch Tiefe, noch irgendein anderes Geschöpf uns wird scheiden können von der Liebe Gottes, die in Christus Jesus ist, unserem Herrn.*
>
> Römer 8, 31–32+37–39

Kinder, die in einer Familie aufwachsen, deren Leben von gegenseitiger Achtung geprägt ist, tragen tief in ihrem Herzen eine unerschütterliche Liebe.

3. *Kinder spüren unerschütterliche Liebe, wenn sie regelmäßige und großzügige Gesten der Zuneigung erfahren*

Stell dir einmal Folgendes vor: Es juckt dich mitten auf dem Rücken. Du kannst die Stelle mit deinem Arm nicht erreichen, es sei denn, du bist ein Schlangenmensch. Du suchst nach der Kante einer Wand oder einer Tür, an der du dich reiben kannst, um dir etwas Erleichterung zu verschaffen. Dann kommt ein Familienmitglied vorbei, vielleicht dein Ehepartner oder eines deiner Kinder. Sie beobachten dein Dilemma. Dann finden ein paar Finger die entsprechende Stelle auf deinem Rücken und gleich atmest du erleichtert auf.

Warum fühlt es sich immer besser an, wenn dir jemand, den du liebst, den Rücken kratzt, als wenn du es selbst tust? Ich will dich in ein Geheimnis einweihen. Gott hat unsere Haut ganz eng mit unserer Seele verknüpft. Irgendwie hielt er es für angebracht, unsere äußere

Hülle zu einem der größten Instrumente zu machen, um das Gefühl unerschütterlicher Liebe zu vermitteln.

Wir wurden so erschaffen, dass wir auf Zuneigung reagieren. Mit einigen wenigen Ausnahmen sind Kinder besonders empfänglich für vielsagende, sanfte Berührungen. Die Umarmungen und Küsse, die sie von dem Moment ihrer Geburt an von ihren Eltern bekommen, schaffen ein Reservoir an Sicherheit in ihrem Herzen. Beide Geschlechter brauchen das von beiden Eltern. Für Söhne und Töchter ist es gut, wenn sie viel Zeit auf dem Schoß ihrer Mütter *und* Väter verbringen. Sie schlafen nachts besser, wenn ihre Eltern am Abend nochmals in ihr Zimmer kommen, ihnen sagen, wie sehr sie sie lieben, für sie beten und ihnen einen Gutenachtkuss geben.

Diese elterliche Liebe sollte nicht aufhören, wenn die Kinder ins Teenageralter kommen. Sicher sind stämmige Jungen und heranreifende Mädchen zu groß, um sie auf den Schoß zu nehmen. Außerdem macht es sie vielleicht verlegen, wenn du ihnen vor ihren Freunden deine Zuneigung zeigst. Manche von ihnen durchlaufen vielleicht sogar eine Phase, in der sie sich abwenden, wenn du versuchst, sie zu umarmen oder zu küssen, aber dennoch brauchen sie aussagekräftige Berührungen. Das kann eine Hand auf ihrer Schulter sein, ein neckischer Knuff auf den Arm oder ein spielerisches Handgemenge im Pool. Sie brauchen immer noch Berührungen, und tief in ihrem Inneren sehnen sie sich danach. Sie wollen sicher sein, dass andere sich nicht schämen oder davor fürchten, sie zu berühren. Berührungen sind ein entscheidendes Geschenk, das sie zu der Zeit in ihrem Leben brauchen, in der sie sich unattraktiv und unberührbar fühlen.

Ist bei dir zu Hause einmal eine berühmte Persönlichkeit zu Besuch gekommen, als du noch ein Kind warst? Nun stell dir einmal vor, wie es für ein Kind sein muss, im Hintergrund zu stehen, wenn, sagen wir, Michael Jordan vorbeikommt. Der berühmteste Basketballspieler der Welt ist nicht gekommen, um das Kind zu besuchen, und das Kind geht davon aus, dass es für einen derart berühmten Menschen unsichtbar ist. Hätte es nicht enorme Auswirkungen, wenn der gefeierte Star von all den anwesenden Personen ausgerechnet das Kind zu sich riefe, es auf seinen Schoß setzte und zum Zentrum der Aufmerksamkeit machte?

Genau das tat Jesus nach einem langen, anstrengenden Tag. Auf dem Weg nach Kapernaum hatten Jesu Jünger darüber gestritten, wer von ihnen im Reich Gottes der Größte sein würde. Sie übernachteten in einem Haus, und nachdem sie sich gesetzt hatten, fragte Jesus, worüber sie gestritten hätten. Als sie es ihm sagten, beschloss er, ihnen zu zeigen, wer im Reich des Himmels wirklich der Größte ist. Sieh, wie Markus die Begebenheit erzählt:

> *Und er nahm ein Kind, stellte es in die Mitte, **schloss es in die Arme** und sagte zu ihnen: Wer in meinem Namen ein Kind aufnimmt **wie dieses**, nimmt mich auf ...*
>
> Markus 9, 36–37 *(Zürcher)*

Beachte, dass er das Kind in seine Arme schloss. Das war zweifellos eines der glücklichsten Kinder aller Zeiten. Es durfte tatsächlich auf Gottes Schoß sitzen und Gottes Arme um sich spüren. Jesus liebt Kinder. Sie repräsentieren die Einstellung des Himmels. Dieses Kind zeigte sofortigen Gehorsam und war einfach froh, geliebt zu werden. Es interessierte sich nicht dafür, welcher Jünger den größten Stuhl bekommen würde, wenn er in den Himmel kam. Es genoss die sanfte Berührung seines Retters direkt hier auf der Erde.

Jesus sagte, wenn wir ein Kind aufnehmen, wie er es tat, zeigen wir damit nicht nur dem Kind unsere Liebe, sondern auch Gott, der das Kind erschaffen hat. Er sagte: „Wer ... ein Kind aufnimmt *wie dieses* ...“ Was meinte er mit „wie dieses“? Er könnte damit *diesen bestimmten* Jungen gemeint haben, den er zu sich holte, aber wenn das tatsächlich der Fall gewesen wäre, wären Mädchen, Kinder anderer Altersstufen und mit anderen körperlichen Merkmalen ausgeschlossen gewesen. Als er sagte „wie dieses“, meinte er damit höchstwahrscheinlich, „wie ich dieses aufnehme“, also die liebevolle und warmherzige Art, mit der er den Jungen hielt.

Jesus wusste, welche Kraft die Zuneigung hat, wenn es darum geht, jemandem unerschütterliche Liebe zu vermitteln. Wenn wir unseren Söhnen und Töchtern gesunde, aussagekräftige Berührungen schenken, wird es ihnen als Erwachsenen leichtfallen, Zuneigung zu geben und zu empfangen. Darüber hinaus hilft es ihnen, ein Gespür für vorgetäuschte Zuneigung zu entwickeln und das Vermächtnis der Liebe, das sie von dir erhalten haben, an die nächste Generation deines Stammbaums weiterzugeben.

Schwierig, aber nicht unmöglich

Wenn sich alle Eltern, die nicht alles richtig machen, in einer Reihe aufstellen würden und du das Gefühl hast, dich ebenfalls einreihen zu müssen, müsstest du dich in dieser Reihe hinter mich stellen. Wir alle machen Fehler. Vielleicht machen wir keine Szenen wie die Mutter am Buffet, aber wir haben unseren Kindern schon öfter, als uns lieb ist, ihre Freude verdorben, obwohl gar keine Notwendigkeit dafür bestand. Wir haben Nichtigkeiten in Krisen verwandelt. Wir haben aus Mücken Elefanten gemacht. Wir haben einen Pfeil auf ihr Herz abgeschossen, einfach weil wir die Möglichkeit dazu hatten.

Eine der Hauptbeschäftigungen Gottes ist Vergebung. Er liebt es, den Schwamm zu nehmen und all die Striche auf der Tafel auszulöschen, mit denen unsere Fehler dokumentiert wurden. Natürlich muss er Blut benutzen statt Wasser, um unsere Sünden wegzuwaschen. Und, ja, das Blut stammt von seinem einzigen, kostbaren Sohn, aber all das war es ihm wert, weil *du* es ihm wert warst. Gott liebt dich mehr, als du dir jemals vorstellen kannst. Er liebt dich genau so, wie du bist. Er will, dass du deine Stellung in seinem „Zuhause", wo anderen Achtung entgegengebracht wird, genießt. Er will seine Arme um dich legen und dich nah an sein Herz ziehen.

Wenn du so bist wie ich, musst du ihn sagen hören: „Es ist in Ordnung. Ich vergebe dir. Ich werde dir dabei helfen, dich von den Fehlern zu erholen, die du bei deinen Kindern gemacht hast." Bitte ihn, dir zu vergeben. Bitte ihn, dir dabei zu helfen, die dringenden inneren Bedürfnisse deines Kindes zu stillen. Sage ihm, wie sehr du deinem Kind nicht nur Liebe schenken willst, sondern eine unerschütterliche Liebe, die es sein ganzes Leben lang begleiten wird. Er vergibt dir. Er ist Vergebung.

Noch etwas: Vielleicht musst du auch deine Kinder um Vergebung bitten. Du musst ihnen sagen, dass du weißt, dass du Fehler gemacht hast, dass du sie verletzt und ihnen manchmal ihre Freude verdorben hast. Sei konkret. Auch wenn du über etwas sprechen musst, das Jahre zurückliegt, lass sie wissen, dass du weißt, dass du unrecht hattest. Das macht dich in ihren Augen nicht geringer. Ganz im Gegenteil. In deiner demütigen Reue wirst du ihnen etwas zeigen, was sie unbedingt brauchen, wenn sie unerschütterliche Liebe haben sollen – Gnade.

> *Vor allen Dingen aber habt untereinander eine anhaltende Liebe! Denn die Liebe bedeckt eine Menge von Sünden. Seid gastfrei gegeneinander ohne Murren! Wie jeder eine Gnadengabe empfangen hat, so dient damit einander als gute Verwalter der verschiedenartigen Gnade Gottes!*
>
> 1. Petrus 4, 8–10

Und sei nicht überrascht, wenn du von dem dringenden Bedürfnis überwältigt wirst, deinen Kindern jeden Tag Annahme, Zugehörigkeit und Zuneigung zu zeigen. Das sind drei Geschenke, die sehr lange anhalten werden … noch lange Zeit, nachdem du diese Welt verlassen hast.

4

Eine bedeutende Bestimmung

Von Zeit zu Zeit entschlüpft der Hintertür Hollywoods eine Geschichte, die die Lehre der besten Sonntagsschullektion und die Inspiration der redegewandtesten Predigt übertrifft. *October Sky* war ein solcher Film.

Man schrieb das Jahr 1957 in der Bergbaustadt Coalwood, West Virginia. Der Schauplatz erklärte bereits das Dilemma. Aus dem Kohlebergwerk Coalwoods hoben sich die letzten Schwaden schwarzen Staubs, bevor es für immer geschlossen würde. Die Zeche, die in Coalwood Generationen von Familien am Leben erhalten hatte, war nahezu erschöpft. Die Eigentümer der Mine versuchten, für weniger Kohle mehr Geld zu bekommen. Die Gewerkschaft kämpfte darum, das wenige zu behalten, das sie hatte. Zwischen den Fronten stand der Projektvorarbeiter, der versuchte, beide Seiten davon abzuhalten, aufzugeben oder einander zu zerstören. Coalwood brauchte ein Zeichen der Gnade.

Coalwood war eine Stadt, die von einem schwarzen Loch im Boden beherrscht wurde. Es galt als selbstverständlich, dass die jungen Männer, die dort aufwuchsen, einmal in der Zeche arbeiten würden. Von den jungen Mädchen wurde erwartet, dass sie einen dieser Bergarbeiter heirateten und seine Söhne aufzogen, die eines Tages in seine Fußstapfen treten würden. Die Zeche zog die Menschen an wie ein Magnet und nur wenige der jungen Männer glaubten daran, dass sie eine Chance hatten, dem Leben als Bergarbeiter zu entkommen.

Doch an einem Herbstabend tauchte am Oktoberhimmel etwas auf, das die Menschen von Coalwood veranlasste, ihren Blick vom

Boden abzuwenden und das Objekt zu begutachten. Die Sowjetunion hatte ihren ersten Satelliten ins All geschossen. Das Rennen um die Atmosphäre außerhalb der Schwerkraft der Erde hatte begonnen. Während eines der dunkelsten Kapitel des Kalten Krieges drohte ein sowjetischer Satellit namens *Sputnik*, den Kampf um die politische und militärische Vorherrschaft für die Russen zu entscheiden. Man ging davon aus, dass derjenige, der vom Weltraum Besitz ergriff, letztendlich auch die Welt beherrschen würde.

In der Bevölkerung der Stadt löste der um die fünfundzwanzigtausend Meilen entfernte Lichtstreifen am Himmel ein Gefühl der Bedrückung und der Niederlage aus. Jahrzehntelang waren diese Menschen darauf programmiert worden, in engen Grenzen zu denken. Die Arbeit in der Zeche, bei der sie Dunkelheit und Gefahr ausgesetzt waren, hatte ihre Fähigkeit, zu träumen erschöpft. Das Wort „Hoffnung" hatte für sie nur selten eine wirkliche Bedeutung.

Am Rand dieser zusammengedrängten Menschengruppe stand im Schatten der kräftigen Bergarbeiter ein kleiner Junge, für den der *Sputnik* die Gelegenheit war, auf die er gewartet hatte. Homer Hickam hatte gesehen, was die Arbeit in der Zeche aus einem Mann machen konnte. Er hatte beobachtet, wie sein Vater zunehmend unter seiner Staublunge litt. Er hatte ihre negativen Auswirkungen auf Ehen und Familien gesehen. Homers Vater war einer dieser Vorarbeiter, der versuchte, die Stadt am Leben zu erhalten. Sein Vater war ein zielstrebiger Mann, dessen Leben von diesem schwarzen Loch bestimmt wurde.

Die Zeche hatte seinen Vater in einen gnadenlosen, zornigen Mann verwandelt – und ihn blind gemacht. Er sah nicht, wie sehr sein Junge litt. Er war nicht in der Lage, über seine kurzsichtige Zukunftsperspektive hinauszusehen und zu erkennen, welches Potenzial in seinem Sohn steckte. Homer war klar, dass sein Vater annahm, er würde ihm eines Tages in die Tiefen der Erde hinab folgen. Der junge Mann wusste, dass von ihm erwartet wurde, zugunsten des fossilen Brennstoffs, der die Stadt beherrschte, all seine Träume aufzugeben. Es wurde sogar davon gesprochen, dass er möglicherweise die Stellung seines Vaters als Zechenleiter übernehmen würde. Aber

Homer wollte von alledem nichts wissen. Der Grund dafür lag weder in seiner Verachtung für die Zeche noch in mangelndem Respekt für seinen Vater. Er glaubte einfach daran, für etwas anderes bestimmt zu sein – für etwas Strategisches.

Homer Hickam wollte nach den Sternen greifen und konnte zwei seiner Freunde und einen unbeliebten Bücherwurm aus der Schule dafür gewinnen, ihn in seinen Plänen zu unterstützen. Die vier Jungen wurden geradezu besessen davon, so viel wie irgend möglich über Raketentechnik zu lernen. Mithilfe ihrer begrenzten Ressourcen und ihres enormen Einfallsreichtums verwandelten sie eine nahe gelegene Schlackenhalde in eine Startrampe für ihre Raketenserie. Ermutigt von einem ihrer Highschoollehrer nahmen sie sogar an einem landesweit ausgeschriebenen Wissenschaftswettbewerb teil. Homer hegte große Bewunderung für die NASA-Legende Dr. Wernher von Braun, der für ihn eine Quelle der Inspiration war. Und obwohl sie einen Fehlschlag nach dem anderen erlitten, hielt der Wunsch des Quartetts, etwas Großes zu schaffen, sie davon ab, aufzugeben.

Doch Homers Träume, in den unbekannten Weltraum vorzudringen, vergrößerte die Distanz zwischen ihm und seinem Vater noch mehr. Ihr Verhältnis war zunehmend gespannt. Die Enttäuschung seines Vaters traf ihn zutiefst und dessen mangelnde Anteilnahme an seinen Raketenstarten, die sogar dann noch anhielt, als die Stadt sie zu einer öffentlichen Angelegenheit erklärte, brach Homer das Herz. Homer sehnte sich nach der Gnade, die Träume unterstützt und Potenzial freisetzt.

October Sky findet bei seinem Publikum großen Anklang, weil der Film von dem Schmerz handelt, den viele Kinder auf der Suche nach ihrer Bestimmung erleiden. Im Herzen eines jeden Kindes steckt die tiefe Sehnsucht, einen Unterschied zu machen. Gott hat sie so erschaffen, dass sie mehr tun wollen, als einen Stuhl zu wärmen. Sie wurden nicht geboren, um sich nahtlos überall einzufügen oder anonyme Gesichter in der Menge zu sein. Das ist der Grund, warum tyrannische Regierungen so wenig Unterstützung von der Bevölkerung erhalten. Gott hat uns nicht dafür erschaffen, unser

Potenzial zu ignorieren oder unsere Träume aufzugeben. Er wollte, dass wir frei sind und unser Potenzial ungezwungen entfalten können. Despoten, die andere unterdrücken, beleidigen Gott, weil sie sich weigern, ein Umfeld zu schaffen, in dem vorhandenes Potenzial Wurzeln schlagen und wachsen kann.

Auch in tyrannischen Familien wird vorhandenes Potenzial lahmgelegt. Dasselbe gilt für Familien, die sehr beschäftigt, gleichgültig oder faul sind. Unsere Kinder haben etwas Besseres verdient. Gott hat uns zu Verwaltern der Gaben und Fähigkeiten unserer Kinder bestimmt. Ebenso wie Gott uns die Möglichkeit gegeben hat, unsere Kinder mit einer unerschütterlichen Liebe auszustatten, hat er uns auch die Möglichkeit gegeben, sie mit dem Bewusstsein um ihre Bestimmung in die Zukunft zu schicken.

Gott und der Zufall

Gott ist ein Gott der Besonnenheit. Er experimentiert nicht herum. Seine Schöpfung war kein Zufallsergebnis. Von dem Augenblick an, in dem er sagte: „Es werde Licht!", hat er demonstriert, dass er an einem großen Plan arbeitet. Er sandte uns seinen Sohn mit einer klar definierten Bestimmung. Die Bibel sagt:

> *Darum spricht er, als er in die Welt kommt: „Schlachtopfer und Opfergabe hast du nicht gewollt, einen Leib aber hast du mir bereitet; an Brandopfern und Sündopfern hast du kein Wohlgefallen gefunden. Da sprach ich: Siehe, ich komme – in der Buchrolle steht von mir geschrieben –, um deinen Willen, o Gott, zu tun."*
>
> Hebräer 10, 5–7

Einer der Höhepunkte seines Plans war erreicht, als er sagte: „Es ist vollbracht!" (Joh. 19, 30). Das veranschaulicht nicht nur die überwältigende Zielstrebigkeit, mit der Gott seine Beziehung zur Menschheit verfolgt, sondern zeigt auch, was er zu investieren bereit ist, um diese Beziehung aufzubauen. Er war an jedem Aspekt der menschlichen Geschichte beteiligt und hat ein ganzes Buch der Bibel darauf verwendet, uns seine Absichten und Pläne für die Zukunft zu erläutern.[1]

Die ganze Geschichte hindurch hat Gott Menschen mit einer einzigartigen Bestimmung als Partner gebraucht, um seinen großen Plan zu verwirklichen. Da wir nach seinem Bild erschaffen wurden,[2] haben wir das nagende Bedürfnis, von Bedeutung zu sein. Wir besitzen Zielstrebigkeit, weil wir eines seiner Kunstwerke sind. Er wollte, dass wir Ziele entwickeln und verwirklichen. Obwohl viele Menschen zu diesem Prozess beitragen können, sind es die Eltern, die in dieser Hinsicht den größten Einfluss auf ihr Kind haben. Wir sind (in den meisten Fällen) diejenigen, die die grundlegenden Anlagen für ihre DNS gespendet haben. Wir haben die Namensrechte. Wir investieren die meiste Zeit und das meiste Geld in das, was unseren Kindern guttut. Damit sind wir am besten dafür qualifiziert, die grenzenlose Kreativität, die Gott in ihr Leben gelegt hat, zu fördern. Gleichzeitig verschafft uns das jedoch auch die Möglichkeit, unseren Einfluss negativ geltend zu machen und somit das größte Hemmnis dabei zu sein, dass unsere Kinder das Gefühl entwickeln, eine bedeutsame Bestimmung zu haben.

Warum sind wir hier?

Vor einigen Jahren arbeitete ich in einer Firma, in deren Kantine ein Bild der Milchstraße an der Wand hing. Nur ein kleines Stück rechts unterhalb der Mitte dieses Teleskopfotos von Millionen Sternen war ein kleiner Kasten abgebildet, in dem ein Pfeil auf einen Staubfleck zeigte. Darunter stand geschrieben: „Du bist hier."

Genau so fühlen wir uns manchmal. Wir stecken mitten in der riesigen Weite des Lebens fest und wünschen uns, wir könnten unseren Aufenthaltsort ein wenig besser bestimmen. Die Kraft der unerschütterlichen Liebe sagt dir, wo du bist. Du bist im Mittelpunkt der Gnade Gottes, umgeben von einer liebevollen Familie, die dich achtet und respektiert. Deine Familienmitglieder vermitteln dir diese Liebe durch vielsagende Berührungen, ermutigende Worte und aufopfernde Taten.

Die positiven Auswirkungen dieser unerschütterlichen Liebe erreichen ihren Höhepunkt, wenn wir die uralte Frage beantworten können, die die Philosophen schon seit Anbeginn der Zeit beschäftigt: „Warum bin ich hier?" Wenn wir eine Bestimmung haben, kennen wir die Antwort.

So oder so

Interessant ist: Wenn es uns nicht gelingt, dem Bedürfnis unserer Kinder nach einer bedeutenden Bestimmung zu entsprechen, bedeutet das nicht unbedingt, dass sie ein nutzloses und unproduktives Leben führen. Zwar lässt unser Versäumnis, dieses Bewusstsein in ihnen zu fördern, sie in den meisten Fällen mit der unguten Vorahnung in die Zukunft gehen, bedeutungslos zu sein. Darüber hinaus sind sie auch weitaus anfälliger für die Täuschungen Satans.

Doch es gibt auch Ausnahmen, wie beispielsweise Homer Hickam. Er verfolgte seine Träume trotz der ablehnenden Haltung seines Vaters. Am Ende erwarb er die notwendigen Abschlüsse und arbeitete in dem Team der NASA, das im Rahmen des Space-Shuttle-Programms Dutzende von Astronauten in den Weltraum schickte. Einer der Faktoren, die ihn antrieben, war die Tatsache, dass sein Vater letztendlich eine andere Einstellung zu seiner Begeisterung für das Weltall gewann. Viele Kinder, die eine entsetzliche Kindheit erlebt haben, sind als Erwachsene letzten Endes trotzdem in der Lage, einen wertvollen Beitrag für die Gesellschaft zu leisten. Andere jedoch haben nie das *Gefühl*, einen Unterschied zu machen oder die *Erlaubnis* zu haben, ihre großen Ziele verwirklicht zu sehen. Es ist eine traurige Tatsache, dass Kinder ohne das bewusste und von Gnade geprägte Engagement ihrer Eltern, ihr Potenzial zu entdecken und zu entfalten, leicht mit einer angeknacksten Wahrnehmung ihrer Bestimmung ins Erwachsenenleben eintreten. Lass mich hierfür einige Beispiele aufführen:

1. Unterentwickelte Wahrnehmung der Bestimmung

Wenn wir nicht die Gnade besitzen, unsere Kinder als junge Menschen mit wunderbaren Gaben zu sehen, haben viele Kinder keine klare Wahrnehmung ihrer Bestimmung, wenn sie ins Erwachsenenleben eintreten. Manchmal ist ihre Wahrnehmung unterentwickelt und entspricht nicht einmal annähernd ihren Fähigkeiten. Das sind die Kinder, die verschiedene Bereiche ausprobiert haben – Sport, Wissenschaft, Theater, die Gemeinde –, bis sie etwas fanden, das sich für sie richtig anfühlte. Sie suchten Bestätigung bei ihren Eltern, doch diese waren zu beschäftigt oder hatten kein Interesse daran. Oft werden solche Kinder zu Erwachsenen, die nur selten das Gefühl haben, den Erwartungen ihrer Eltern zu entsprechen. Ungeachtet des Beitrags, den sie zur Gesellschaft leisten, werden diese Kinder mit dem Gefühl alt, in ihrem Leben nie einen großen Unterschied gemacht zu haben.

2. Bestimmung in der Rache

Wenn Eltern darin versagen, in ihren Kindern das Gefühl zu fördern, eine Bestimmung zu haben, schlagen viele dieser Kinder einen Weg ein, der darauf abzielt, mit ihren Eltern abzurechnen. Was sie dann antreibt, sind Gedanken wie: „Ich werde es euch schon zeigen!" oder: „Da habt ihr es!" Das geschieht vor allem dann, wenn ihre Eltern bewusst darauf hingewirkt haben, die Entwicklung der Wahrnehmung der Bestimmung in ihren Kindern zu unterlaufen. Solche Eltern sagen ihren Kindern beispielsweise, dass sie zu dumm, zu unkoordiniert, zu hoch aufgeschossen seien, um in einem bestimmten Beruf erfolgreich zu sein.

3. Das Gefühl der Bestimmungslosigkeit

Manche junge Menschen werden von ihren Eltern dazu beordert, Ziele zu verfolgen, die ihr Potenzial nicht einmal annähernd antasten. Aus Homer Hickam wäre ein guter Grubenarbeiter geworden, doch das wäre dasselbe gewesen, wie wenn er mit einem Kampfflugzeug Pflanzenschutzmittel versprüht hätte. (Ich will den Beruf des Grubenarbeiters in keiner Weise herabsetzen. Ich wurde im Westen Pennsylvanias geboren und mein Großvater war ebenfalls Grubenarbeiter. Das ist ein ehrenwerter Beruf, der einen enormen Beitrag zum Allgemeinwohl leistet, doch er erfordert weder eine umfangreiche Ausbildung noch fortgeschrittene mathematische

Kenntnisse oder viel Kreativität.) Es gab viele Männer in Homer Hickams Stadt, denen man beibringen konnte, Kohle zu fördern, aber es gab vermutlich nur einen Mann in Coalwood, der lernen konnte, wie man Männer und Frauen in den Weltraum befördert. Vielen jungen Menschen gelingt es nie, ihren Platz zu finden, weil ihre Eltern nicht bereit sind, sie bei der Verfolgung ihrer Pläne zu unterstützen.

In seinem Buch *Raising a Modern-Day Knight* fasst Robert Lewis seine Argumente für die Förderung eines „überragenden Beweggrundes" im Leben deines Kindes zusammen. Er erklärt hierzu die traurige Tatsache des Gefühls der Bestimmungslosigkeit und sagt: „Nichts macht einem Mann mehr zu schaffen als das Gefühl, unbedeutsam zu sein. Die Erkenntnis, dass unsere größten Anstrengungen und unsere heroischen Taten bedeutungslos waren, gibt uns eine fürchterlich bittere Pille zu schlucken."[3]

Das wirft die Frage auf, wie viele Tore nie geschossen wurden, wie viele neue Produkte nie erfunden wurden, wie viele Lieder nie geschrieben und wie viele Wahlen nie gewonnen wurden. Nicht angetastetes Potenzial ist ein Verbrechen an der Menschheit, eine Beleidigung Gottes und eine Schande für den Einzelnen. Wir können dafür sorgen, dass das bei unseren Kindern nie der Fall sein wird und wir uns dessen nie schuldig machen werden.

Zurück nach Hollywood

Glenn Holland war Lehrer, doch er übte diesen Beruf nur widerstrebend aus. Er hatte den Posten als Orchesterleiter an einer örtlichen Highschool nur angenommen, um seine Rechnungen bezahlen zu können, während er sein „Opus" schrieb. Er brüstete sich damit, ein Komponist zu sein, und wünschte sich, er könne den Tag an seinem Stutzflügel verbringen und die verschiedenen Sätze seiner Sinfonie komponieren. Doch Komponisten, die an ihrem Erstlingswerk arbeiten, haben es schwer, etwas zu essen auf den Tisch zu bekommen, was schließlich dazu führte, dass er eine Klasse unkonzentrierter und undisziplinierter Musiker unterrichtete. Der Hollywood-Film *Mr. Holland's Opus*[4] ist eine erfundene Geschichte, die zum Inhalt hat, was in der Realität passiert, wenn Lehrer ihren Beruf ernst nehmen. Der Film ist ein Lobgesang auf die Kraft der Einflussnahme auf das Potenzial des Menschen. Glenn Holland, gespielt von Richard Dreyfuss, erkennt nicht, welche tragende Rolle ihm zugedacht worden ist, bis er aufhört, seine Schüler als Mittel zu betrachten, um sein Gehalt zu bekommen, und sie stattdessen als Individuen sieht, die sich danach sehnen, auf wahre Größe vorbereitet zu werden.

Ziemlich am Anfang des Films gibt es eine Szene, in der wir mit einem Mädchen namens Gertrude Lang bekannt gemacht werden. Sie ist eine unscheinbare Schülerin, die sich damit abmüht, das Klarinettespielen zu lernen. Mr. Holland erklärt sich bereit, ihr Einzelunterricht zu erteilen, doch als sie keine Fortschritte macht, wird er ärgerlich und ungeduldig mit ihr. Auch wenn sie sich noch so sehr anstrengt, bringt sie nichts als eine Reihe quietschender Töne hervor. Als er den Unterricht abrupt beendet, betrachtet sie das als Resümee ihres musikalischen Talents und beschließt, den Versuch aufzugeben, ein derart herausforderndes Instrument spielen zu wollen. Aber ihre Resignation ist von Tränen begleitet. Sie hatte gehofft, etwas finden zu können – wenigstens eine Sache –, in der sie gut sein konnte.

Als Mr. Holland sie fragt, warum sie weint, erzählt Gertrude ihm, wie schmerzhaft es für sie ist, in einer Familie voller Ehrgeizlinge ein durchschnittliches Mädchen zu sein. „Meine Schwester hat ein Stipendium für die Juilliard Ballettschule bekommen", sagt sie. „Mein Bruder hat ein Football-Stipendium an der *University of Notre Dame,* meine Mutter hat auf der Landesausstellung schon so oft das blaue Band für ihre Aquarelle gewonnen, dass sie in dieser Kategorie keinen Wettbewerb mehr durchführen, und mein Vater hat eine wunderschöne Stimme."[4] Als Glenn Holland schließlich erkennt, was schon die ganze Zeit da war – ein menschliches Wesen, das sich danach sehnt, sein Potenzial zu entfalten –, beschließt er, alle Mühe darauf zu verwenden, dieses Mädchen in eine versierte Klarinettistin zu verwandeln. Am Tag ihres Schulabschlusses hat Gertrude ihre Fertigkeiten weit genug entwickelt, um bei der Orchesteraufführung für die Eltern ein kurzes Solo zu spielen.

Mr. Holland's Opus ist nicht nur eine Geschichte über den Einfluss eines Lehrers, der Film ist auch eine Veranschaulichung der möglichen Einflussnahme von Eltern. Die Lehrer unserer Kinder spielen eine große und strategisch wichtige Rolle in ihrem Leben. Dennoch ist ihre Effektivität weitaus abhängiger von unserem Einfluss, als wir zugeben wollen. Wenn es um das Leben als Ganzes geht, ist es wichtiger, dass wir unseren Kindern dabei helfen, ihr Potenzial auszuschöpfen, als darauf hinzuarbeiten, dass unsere eigenen Träume verwirklicht werden. Viele Eltern sind nicht bereit, dieses Opfer zu bringen, aber diejenigen, die es tun, stellen oft fest, dass sie am Ende einen viel größeren Gewinn daraus schöpfen.

Das ist die Botschaft dieses Films. In der Schlussszene des Filmes ist Mr. Holland aufgrund von Budgetkürzungen im musischen Bereich gezwungen, in den Ruhestand zu gehen. Als er ein letztes Mal über den Korridor geht, bereit, die Schule zu verlassen, in der er sein ganzes Leben lang unterrichtet hat, hört er in der Aula einen Tumult. Als er hineingeht, sieht er, dass sich dort Tausende von Schülern, Kollegen und Absolventen versammelt haben, um ihm für den Beitrag zu danken, den er zu ihrem Leben geleistet hat. Ohne sein Wissen hat seine Frau Kopien seines *Opus* angefertigt. Das Orchester, das sich für dieses Konzert zusammengetan hat, besteht aus früheren und derzeitigen Bandmitgliedern, die sein Werk bis zur Perfektion einstudiert haben.

In der letzten Minute vor dem Konzert verschafft sich eine seiner früheren Schülerinnen, die jetzt Gouverneurin des Staates ist, ihren großen Auftritt: Gertrude Lang. Sie betritt das Podium, um Mr. Holland für all die aufopferungsvollen Jahre ihren Tribut zu zollen, überreicht ihm einen Dirigentenstab und nimmt dann ihren Platz bei den Klarinettisten ein. Das ist der Moment, in dem Glenn Holland, von seinen Emotionen überwältigt, den Taktstock erhebt und das Orchester bei der ersten öffentlichen Aufführung des *Opus* dirigiert, an dem er seit dem Beginn seiner beruflichen Laufbahn als Orchesterlehrer gearbeitet hat. Die Sinfonie, die er in seinem Herzen gespürt, jedoch nur in seinem Kopf gehört hat, erreicht jetzt das Gehör der Menschen, denen er sein ganzes Leben lang gedient hat.

Diese bewegende Geschichte beinhaltet viele interessante Gesichtspunkte, doch einer von ihnen ist entscheidend für unsere Frage, wie wir unseren Kindern das Gefühl vermitteln, eine bedeutende Bestimmung zu haben: Es sind nicht so sehr die besonderen Fertigkeiten, die unsere Kinder mit unserer Unterstützung entwickeln, die ihre zukünftige Größe garantieren, als vielmehr das, was sie aufgrund dieser Fertigkeiten erreichen können. Es ist zweifelhaft, dass Gertrude Lang aufgrund ihrer Fähigkeiten als Klarinettistin zur Gouverneurin des Staates wurde, doch es war das Gefühl, in diesem Bereich etwas erreichen zu können, das sie zu anderen Leistungen anspornte, wie beispielsweise zu einer Führungspersönlichkeit zu werden. Genauso verhält es sich mit dem, was wir in das Leben unserer Kinder investieren.

Stufen des Potenzials

Unsere Kinder wurden mit dem Bedürfnis geboren, eine Bestimmung in ihrem Leben zu finden, und es gibt verschiedene Stufen, auf denen diese Bestimmung begründet werden muss.

1. Eine allgemeine Bestimmung

Es gibt einige grundlegende Dinge, die unsere Kinder befähigen, in der größeren Familie der Menschheit eine strategisch wichtige Rolle zu spielen. Wenn wir sie lehren, anderen einen größeren Wert beizumessen als sich selbst, befähigen wir sie, sich um die schwachen und entrechteten Menschen zu kümmern, denen sie jeden Tag begegnen. Die Bibel sagt: „… (dass ihr) nichts aus Eigennutz oder eitler Ruhmsucht tut, sondern dass in der Demut einer den anderen höher achtet als sich selbst; ein jeder sehe nicht auf das Seine, sondern ein jeder auch auf das der anderen!" (Phil. 2, 3–4). Wenn wir ihnen zeigen, welchen Nutzen harte Arbeit bringt, werden sie sie eher als lebenslangen Stützpfeiler denn als tägliche Verpflichtung betrachten. Der Apostel Paulus sagt: „Wir ermahnen euch aber, Brüder … eure Ehre dareinzusetzen, still zu sein und eure eigenen Geschäfte zu tun und mit euren Händen zu arbeiten, so wie wir euch geboten haben, damit ihr anständig wandelt gegen die draußen und niemanden nötig habt" (1. Thes. 4, 10–12).

Eine der größten allgemeinen Bestimmungen, die du deinen Kindern vermitteln kannst, ist das Ziel, *der Weisheit nachzujagen.* Es ist eher selten der Fall, dass Menschen schon in jungen Jahren Weisheit erlangen, doch wenn wir Eltern es als unsere Aufgabe betrachten, unsere Kinder zu lehren, wie sie bloßes Wissen in praktische Wahrheit und Einsicht umwandeln, können wir diesen Prozess möglicherweise beschleunigen. Das ist die Definition von Weisheit – Wissen verbunden mit der Fähigkeit, dieses Wissen effektiv einzusetzen. Die Voraussetzung, die man erfüllen muss, um der Weisheit nachjagen zu können, ist Gottesfurcht. Gottesfurcht allein schenkt dir keine Weisheit, aber sie gibt dir den Schlüssel zu dem Weg, der zur Weisheit führt.[5] Der Wissenschaftler Allan Bloom hat sich eingehend mit dieser Thematik beschäftigt. Lies sorgfältig, was er sagt:

> *Väter und Mütter kommen einfach nicht mehr auf den Gedanken, dass sie für ihre Kinder kein höheres Ziel anstreben können, als dass sie weise werden – so weise wie Priester, Propheten oder Philosophen. Spezialisierte Kompetenz und Erfolg sind alles, was sie [die meisten Väter und Mütter] im Sinn haben.*[6]

Die Welt schöner zu verlassen, als man sie angetroffen hat, die Entschlossenheit, ein Leben lang zu lernen; darauf zu achten, dass man aus seiner Lebenserfahrung lernt, damit man für andere wertvoller ist, und die Entscheidung, so vielen Menschen wie möglich zu helfen, ihr Potenzial zu entdecken, sind allgemeine Bestimmungen, die du jedem deiner Kinder ins Herz legen solltest. Wenn sie mit diesen Eigenschaften als Teil ihrer Persönlichkeit ins Erwachsenenleben eintreten, fühlen sie sich bedeutend. Es ist übrigens gar nicht so schwer, dieses Gefühl der allgemeinen Bestimmung in deinen Kindern zu fördern. Mache es einfach zum festen Bestandteil deines eigenen Lebens. Kinder nehmen das, was ihnen vorgelebt wird, weitaus besser an als das, was ihnen gesagt wird. Unser guter Rat landet nur dann einen Treffer, wenn er mit unserem Beispiel übereinstimmt. Wenn unsere Kinder diese wunderbaren Eigenschaften bei uns sehen, wird es ihnen viel leichter fallen, sie anzunehmen.

2. Eine besondere Bestimmung

Gott hat jedem von uns besondere Fähigkeiten und Fertigkeiten geschenkt. Manchmal sind diese offensichtlich. Vielleicht hast du ein musikalisches Wunderkind oder den nächsten Tiger Woods. Ohne dass man sie erst groß darauf hinweisen müsste, merken solche Kinder, dass Gott ihnen eine komplexe und hoch entwickelte Fertigkeit verliehen hat. Diese Kinder stellen für Eltern eine Herausforderung dar. Weil sie in einer Sache so gut sind, lässt man leicht zu, dass sie andere Dinge vernachlässigen. Das ist ein Fehler. Eines der schlimmsten Dinge, die wir unseren Kindern antun können, ist, sie als eindimensionale Menschen in ihr Erwachsensein zu schicken. Die Anerkennung, die sie im Bereich ihrer Fähigkeiten erhalten, können die Ablehnung, auf die sie in anderen entscheidenden Bereichen ihres Lebens stoßen, die nie gefördert wurden, nicht wettmachen. Viele außergewöhnliche Athleten und Unterhaltungskünstler befinden sich in diesem Dilemma.

Höchstwahrscheinlich wirst du dich nicht mit dem erfreulichen Problem befassen müssen, ein Wunderkind großzuziehen. Die Standardherausforderung von Eltern, die auf Gnade gegründet sind, besteht darin, ihren Kinder zu helfen, ihre Fähigkeiten in den allgemeinen Bereichen ihres Lebens so zu entwickeln, dass sie zurechtkommen, und sie im Bereich ihrer Begabung mit größter Disziplin zu fördern. Wenn wir es uns zum Ziel machen, herauszufinden, wo ihr Talent liegt, und dann alles andere um dieses Talent herum aufzubauen, werden wir es unseren Kindern ermöglichen, als Teil ihres Lebens das Bewusstsein um eine bedeutende Bestimmung zu genießen.

3. Eine Bestimmung auf Beziehungsebene

Gott hat uns Menschen nicht dazu bestimmt, als Einsiedler zu leben – abgetrennt von anderen Menschen und den Orten, die sie umgeben. Ein Gefühl der bedeutenden Bestimmung setzt brauchbare Kenntnisse voraus, die dazu beitragen, dass Beziehungen sich vertiefen. Kluge Eltern lehren ihre Kinder, zu lieben, offen zu sein, engen Freunden gegenüber aufrichtig zu sein, anderen die Stirn zu bieten und zu vergeben. Dem muss jedoch hinzugefügt werden, dass der Aufbau eines starken Bestimmungsbewusstseins in deinen Kindern unweigerlich dazu führen wird, dass manche Menschen sie *nicht mögen.* Menschen, die sich ihrer Bestimmung bewusst sind, lösen in jenen, die sich keine großen Gedanken über ihr Leben machen wollen, Ärger, ja, sogar Wut aus.

Darüber hinaus wird ein Gefühl für ihre Bestimmung auf Beziehungsebene, die auf absoluten moralischen Grundsätzen basiert, für Menschen, die moralische Fragen so beantworten wollen, wie es ihnen in jedem Moment beliebt, eine Bedrohung darstellen. Wir müssen unsere Kinder davor warnen, dass sich manche Menschen von ihrer schlechtesten Seite zeigen, wenn jemand in ihrem Umfeld ein zielgerichtetes Leben führt. Dabei sollten wir ihnen klarmachen, dass die Vorteile, die es mit sich bringt, wenn man Menschen richtig behandelt, fast immer schwerer wiegen als die Reaktionen, die man womöglich bekommt.

Wie der Autor Reuben Welch sagt: „Als ich begann, die Menschen zu lieben, mich um die Menschen zu kümmern und engere Beziehungen zu ihnen zu pflegen, entdeckte ich, dass ich mehr Freude, mehr Leben, mehr Tränen, mehr Lachen, mehr Bedeutung und viel mehr Spaß hatte als je zuvor."[7]

4. Eine geistliche Bestimmung

Es ist erstaunlich, wie viele Eltern jahrzehntelang immense Mühe darauf verwenden, ein Gefühl für die allgemeine Bestimmung, die besondere Bestimmung und die Bestimmung auf Beziehungsebene im Leben ihrer Kinder zu fördern, dabei jedoch die geistliche Dimension völlig außer Acht lassen. Es ist gerade so, als wüssten sie nicht, dass es sie überhaupt gibt.

Manche tun es auch nicht.

Die Unkenntnis ihrer Existenz befreit sie jedoch nicht von ihrer Verantwortung, sich damit zu befassen, und die Verleugnung ihrer

Existenz lässt sie nicht auf magische Weise einfach verschwinden. Die geistliche Dimension des menschlichen Herzens ist ebenso real und maßgeblich wie die körperliche, die intellektuelle und die emotionale Dimension. Vernünftige Eltern würden nicht einmal daran denken, ihrem Kind Nahrung vorzuenthalten. Kinder haben körperliche Bedürfnisse, die täglich gestillt werden müssen, damit sie überleben können. Vernünftige Eltern würden nicht einmal daran denken, ihrem Kind Wissen und Bildung vorzuenthalten. Kinder denken. Wenn sie ungebildet bleiben, können sie ihr Potenzial nicht entfalten. Vernünftige Eltern würden nicht einmal daran denken, ihren Kindern Ermutigung, Freundlichkeit und Zuneigung vorzuenthalten. Kinder sind emotional, sie können weinen und lachen und fühlen. Ihre Emotionen brauchen tägliche Fürsorge, um ausgewogen zu bleiben.

Auf dieselbe Weise *sind* Kinder geistlich. Ihre geistliche Dimension ist genauso real wie jede der drei anderen Dimensionen. Dennoch bewirken manche Eltern aufgrund ihrer Unkenntnis oder der Verleugnung der Existenz dieser Ebene, dass ihre Kinder in geistlicher Hinsicht hungern, ungebildet bleiben und emotional ungesund sind.

Der legendäre Künstler Bob Dylan kann gut mit Worten umgehen. Wenn er an ein Mikrofon tritt, lässt er nicht nur eine der ursprünglichsten Stimmen des Rock 'n' Roll ertönen, sondern singt auch Lieder voller Pathos, Poesie und Kraft. Er fasste das, worauf ich hinaus will, in einem Lied zusammen, das er für sein Album *Slow Train Coming* schrieb.[8] Jeder Vers besteht aus einer Litanei von Möglichkeiten, die alle zum selben Schluss führen. Lass mich dir ein Beispiel geben:

Vielleicht bist du Botschafter Englands oder Frankreichs.
Vielleicht spielst du gern; vielleicht tanzt du gern.
Vielleicht bist du der Weltmeister im Schwergewicht.
Vielleicht bist du prominent mit einer langen Perlenkette,
aber du wirst jemandem dienen müssen.
Ja, du wirst jemandem dienen müssen.
Es mag der Teufel sein oder der Herr,
aber du wirst jemandem dienen müssen.

Wir müssen sicherstellen, dass wir verstehen, worauf es Dylan ankommt. Deine Kinder haben zwei Wahlmöglichkeiten, und *nur* zwei. Sie können ihr Leben dem Herrn geben oder es *nicht* dem Herrn geben. Doch wenn sie es nicht tun, geben sie diesen Bereich automatisch in die Hände der Mächte des Bösen. Neutralität ist keine Wahlmöglichkeit. Niemand ist der Kapitän seines Lebensschiffs oder der Herr seines Schicksals. Das ist eine der poetischen Lügen, der zu lange Glauben geschenkt wurde. Eltern, die ihre Kinder mit Gnade großziehen wollen, müssen davon ausgehen, dass ihre Kinder geistlich *sind*.

Hier ist der Haken: Viele Eltern, die nicht infrage stellen, dass ihre Kinder eine geistliche Dimension haben, glauben, das sei etwas, das ihr Kind selbst herausfinden müsse. Das war auch der Fall bei John Walker Lindh – „Johnny Jihad". Wie du dich vielleicht erinnerst, wurde John in den frühen Tagen des Afghanistankrieges, der den Anschlägen des 11. September 2001 folgte, aufgegriffen, als er auf der Seite der Taliban kämpfte. Der junge, intellektuell begabte Mann, wuchs in Marin County, Kalifornien auf. Ich stelle nicht infrage, dass seine Eltern ihn liebten, aber wie wir schon an früherer Stelle festgestellt haben, ist die Liebe mancher Eltern unvollständig. Im Fall von John Walker Lindhs *geistlicher* Bestimmung scheint das zuzutreffen.

Einer seiner Elternteile war einer Form des Katholizismus zugeneigt, der andere einer Ausprägung des Buddhismus. Sie unterstützten Johns intellektuelle und zwischenmenschliche Bemühungen. Was jedoch seine dringenden inneren Bedürfnisse nach einem Gefühl wahrer Bestimmung sowie nach Liebe und Hoffnung betraf, wurde er sich selbst überlassen. Das Ergebnis war tragisch. John Walker Lindh sehnte sich nach einer bedeutenden geistlichen Bestimmung. Der radikale Islam füllte die Leere in ihm aus und bot ihm eine Antwort auf die Frage, wonach sein Herz sich sehnte.

Am 11. September verübten die Terroristen Anschläge auf das *World Trade Center* und das Pentagon. Kurz nach diesem entsetzlichen Ereignis schickten wir unsere Truppen nach Afghanistan, um das Zentrum des terroristischen Netzwerks, das für die Anschläge verantwortlich war, zu zerstören. Wir erwarteten nicht, auf einen fehlgeleiteten Teenager aus Marin County zu stoßen, der auf der Seite der Taliban kämpfte. Als unsere Streitkräfte John Walker Lindh gefangen nahmen, war er ein lebendiges Beispiel dafür, wo es hinführen kann, wenn Eltern die geistliche Bestimmung ihrer Kinder vernachlässigen. Von seiner Zeit bei den Taliban und seiner Ausbildung im Lager von Osama Bin Laden hatte er innerlich wie äußerlich tiefe Narben zurückbehalten. Das ist der Fall, weil in geistlicher Hinsicht jeder *irgendjemandem* dienen muss. Das mag der Teufel sein oder der Herr oder, wie es in John Lindhs Fall war, der islamische *Dschihad.* Für den größten Teil seines restlichen Lebens wird er in der Zelle eines Staatsgefängnisses über seine Entscheidung nachdenken können. Was für eine Schande. Das hätte nicht so enden müssen.

Es wurden schon ganze Bücher darüber geschrieben, wie man die Wahrnehmung der geistlichen Bestimmung fördert. Der Zweck dieses Buchs besteht nicht darin, dieses Thema auszuschöpfen, sondern darin, es zu einer Priorität zu machen. Gott liebt unsere Kinder aufs Innigste. Er will eine bedeutende, ewige Beziehung zu ihnen haben. Er will, dass diese Beziehung sie befähigt, ein Leben zu führen, das in geistlicher Hinsicht Spuren hinterlässt. Lass mich dir ein paar Verse zeigen, in denen einige der hierfür nötigen Rahmenbedingungen beschrieben werden:

> *Man hat dir mitgeteilt, Mensch, was gut ist. Und was fordert der Herr von dir, als Recht zu üben und Güte zu lieben und bescheiden zu gehen mit deinem Gott?*
>
> Micha 6, 8

In einer Welt, die so sehr nach Gnade dürstet, machen Menschen, die gerecht handeln, die Barmherzigkeit lieben und demütig sind, einen großen Unterschied. Das sind die Menschen, die jeden Tag mit einem Bewusstsein um ihre bedeutende Bestimmung aufwachen.

> *Ihr seid das Salz der Erde … Ihr seid das Licht der Welt … So soll euer Licht leuchten vor den Menschen, damit sie eure guten Werke sehen und euren Vater, der in den Himmeln ist, verherrlichen.*
>
> Matthäus 5, 13–14+16

Gnade ist wie die Würze unserer Nahrung. Fade Mahlzeiten werden wohlschmeckend, wenn wir die richtige Menge Gewürze darüberstreuen. Gott will unsere Kinder so in die Zukunft schicken, dass sie ihren Mitmenschen diese Spur der Gnade entgegenbringen können. Er will, dass sie das Salz der *Erde* sind. In anderen Worten, Gott will, dass wir dafür sorgen, dass unsere Kinder ihr Zuhause mit einem klaren Bewusstsein um ihre geistliche Bestimmung verlassen, damit sie an jedem Ort der Welt, wo auch immer sie landen mögen, in der Lage sind, das zu geben, was dort gebraucht wird.

Gnade ist wie Licht in der Finsternis. Es ist erstaunlich, wie viel wohler wir uns in der Dunkelheit fühlen, wenn wir nur gerade genug Licht haben, um etwas zu sehen. Kinder, die Gottes Gnade ausstrahlen, stimmen die Menschen um sie herum milde. Und ebenso wie dazu, Salz zu sein, hat Gott sie dazu berufen, das Licht zu sein, das die ganze *Welt* erhellt. Das können sie auch sein. Wir müssen nur ein Gefühl für ihre bedeutende geistliche Bestimmung in ihrem Herzen wecken.

Einen der größten Beweise dafür, dass Gott uns Zielstrebigkeit verliehen hat, können wir in Jesu Gleichnis von den anvertrauten Talenten nachlesen. In dieser Geschichte spricht Jesus über drei Männer, die von ihrem Herrn jeweils einen unterschiedlichen Geldbetrag bekamen und beauftragt wurden, ihn gut zu verwalten. Das ist der Schlüssel der Geschichte. *Keinem* der Knechte gehörte das Geld. Es gehörte ihrem Herrn. Sie bekamen es lediglich anvertraut und wurden gebeten, es sorgfältig zu verwalten.

Derjenige, dem der geringste Geldbetrag gegeben wurde, tat nichts damit. Weder investierte er es noch handelte er damit – er brachte es nicht einmal zu einer Bank, wo es zumindest Zinsen eingebracht hätte. Er vergrub die ihm anvertrauten Talente. Als sein Herr zurückkam, wurde er sehr wütend auf diesen Knecht, der nichts vorzuweisen hatte. Die Konsequenzen seiner mangelnden Bereitschaft, das Potenzial, das ihm gegeben worden war, zu nutzen, waren schwerwiegend.

Die beiden anderen Knechte hatten jeweils einen unterschiedlichen Geldbetrag erhalten. Beiden gelang es mit Fleiß und Geschick, den ihnen anvertrauten Betrag zu verdoppeln. Sie konnten ihrem Herrn weitaus mehr zurückgeben, als er ihnen ursprünglich überlassen hatte. Sieh, was der Herr zu ihnen sagt:

> *Recht so, du guter und treuer Knecht! Über weniges warst du treu, über vieles werde ich dich setzen; geh hinein in die Freude deines Herrn.*
>
> Matthäus 25, 21

Fördere die Wahrnehmung einer bedeutenden Bestimmung in deinem Kind

Unser zielorientierter Gott hat das innere Bedürfnis nach Bedeutung in jedes unserer Kinder hineingelegt. Sie wurden damit geboren und sehnen sich danach, dass sich in ihrem Leben etwas entwickelt, das ihm Bedeutung verleiht. Lass mich dieses Kapitel beenden, indem ich dir drei Dinge nenne, mit denen du dazu beitragen kannst, diese Wahrnehmung in deinem Kind zu fördern.

1. Kinder fühlen sich bedeutend, wenn sie regelmäßig Bestätigung bekommen

Mit Ermutigung und Zuversicht verhält es sich wie mit Ursache und Wirkung. Kinder, die zur richtigen Zeit wohlplatzierte Bestätigung von ihren Eltern erhalten, neigen eher dazu, die Aussagen der Bibel über ihren inneren Wert als Wahrheit anzuerkennen. David hat einen ganzen Psalm darauf verwendet, die Wahrhaftigkeit dieses Wertes hervorzuheben. Er sagt in Psalm 139:

> *Ich preise dich darüber, dass ich auf eine erstaunliche, ausgezeichnete Weise gemacht bin. Wunderbar sind deine Werke, und meine Seele erkennt es sehr wohl.*
>
> Psalm 139, 14

Wenn wir unsere Kinder bestätigen, erkennen wir diese Wahrheit an. Wir bestätigen ihren Wert auf positive Weise und bringen unsere

Hingabe an sie als unsere Kinder zum Ausdruck. Das müssen wir in allen Dimensionen tun, die wir oben erwähnt haben – in der körperlichen, der intellektuellen, der emotionalen und der geistlichen Dimension. Kinder, die in einer Umgebung aufwachsen, in der sie angemessen gelobt werden, bauen einen soliden Widerstand gegen die Beleidigungen und Herabsetzungen auf, mit denen sie von der Gesellschaft häufig bombardiert werden.

Es kann jedoch leicht passieren, dass wir die Grenze überschreiten und sie ungerechtfertigt loben. Das tun wir, wenn wir ihnen für etwas Beifall zollen, für das sie nicht verantwortlich sind, oder den Beitrag, den sie zu etwas geleistet haben, überbewerten. Eltern, die einen Rückwärtssalto vollführen, nur weil ihr kleines Kind auf dem Spielplatz die Rutsche hinuntergerutscht ist, meinen es sicher gut, aber sie setzen ihr Kind damit möglicherweise der Gefahr aus, dass es irgendwann frustriert wird.

Ich erinnere mich an ein Elternpaar, das während seiner Mittagspause mit ihrem Sohn spielte. Sie hatten ihn von seiner Tagesstätte abgeholt und versuchten offensichtlich, ihm in den fünfzehn Minuten, die sie mit ihm verbringen konnten, so viele Komplimente wie möglich zu machen. Vielleicht fühlten sie sich schuldig. Ich weiß es nicht. Der Vater kletterte mit seinem Sohn unter dem Arm die Leiter der Rutschbahn hinauf, setzte ihn auf die Schräge und schob ihn an. Unten landete er in den wartenden Armen seiner Mutter. Das war sehr nett. Doch angesichts des Theaters, das sie bei jeder Rutschpartie veranstalteten, fragte ich mich, ob sie ihr Kind nicht mit unverdientem Lob überhäuften.

Während der Vater klatschend und pfeifend oben auf der Leiter stand, hob die Mutter den kleinen Jungen auf ihren Arm und sagte Dinge wie: „Du kannst von allen Kindern im Park am besten rutschen. Ich kenne niemanden, der das so gut kann wie du. Ich bin so stolz darauf, wie mutig du bist. Du bist der mutigste Junge, den ich kenne." So ging es immer weiter. Ich bezweifle nicht, dass dem Jungen gefiel, was er hörte, aber nichts davon entsprach der Wahrheit. Er rutschte nicht selbst, er war ein Objekt der Schwerkraft. Sein Vater setzte ihn oben auf einen steilen, glatten, glänzenden Metallhügel und schob ihn über die Kante. Unter diesen Voraussetzungen würde *jeder* bis zum Fuß des Hügels hinunterrutschen. Der kleine Junge war auch nicht mutig. Er hatte gar keine andere Wahl, als am Ende der Schräge anzukommen.

Vielleicht erscheint dir dieses Beispiel unbedeutend, aber derart plumpe und ungerechtfertigte Komplimente können einem Kind großen Kummer bereiten, wenn es mit anderen Kindern zusammen ist, die es wirklich verdienen, gelobt zu werden. Darüber hinaus gerät es in einen inneren Konflikt, wenn es von objektiveren Personen in seiner Kindheit (wie Lehrern, Trainern und Freunden) weitaus weniger schmeichelhaft beurteilt wird. Eltern, die ihre Kinder mit ungerechtfertigtem Lob überhäufen, werden oft ärgerlich wegen anderer Menschen, die ihre Kinder richtig beurteilen.

Wenn die Eltern dieses Jungen beispielsweise gesagt hätten: „Hey, mir gefällt der Ausdruck in deinen Augen, wenn du die Rutsche hinuntersaust. Du siehst so begeistert aus“ oder: „Ich liebe es, mit dir zu spielen. Es macht mir Spaß, zu sehen, wie du über die Rutsche fegst“, hätten sie zutreffende Beobachtungen in Worte gefasst. Sie hätten seinen Mut bestätigen können, wenn er die Leiter nur widerstrebend hinaufgeklettert wäre, aber sie taten es auch so. Darüber hinaus gaben sie ihm gar nicht erst die Möglichkeit dazu, obwohl er es versuchen wollte. Sie befürchteten, er könnte fallen (auf dieses Problem werden wir im nächsten Kapitel eingehen).

Deine Bestätigung ist dann angebracht, wenn du siehst, dass deine Kinder etwas richtig machen, oder wenn sie Dinge tun, von denen du weißt, dass sie nicht einfach für sie sind. Richtige Bestätigung bedeutet, ihnen Beifall zu spenden, wenn sie ein Unrecht aus der Welt schaffen oder aus einer Grube herausklettern, die sie sich selbst gegraben haben (wie eine schlechte Note, die sie wieder ausgleichen). Deine Bestätigung dankt ihnen dafür, dass sie ihre moralischen Grundsätze ausleben und bereit sind, für ihre Überzeugungen einzustehen.

Auf der anderen Seite gibt es auch Dinge, die unsere Bestätigung zunichtemachen. Wenn wir unsere Kinder als Last ansehen und ihnen sagen, wie schwer sie uns das Leben machen oder sie daran erinnern, wie wenig Freiheit wir haben, seit sie da sind, bringen wir damit zum Ausdruck: „Du bist nicht viel wert. Du bist mir nicht wichtig genug."

Unsere Fähigkeit, das Gefühl einer bedeutenden Bestimmung in ihnen zu wecken, wird auch dann untergraben, wenn wir in all die negativen Kommentare über Teenager einstimmen. Wenn wir ihre ganze Altersgruppe oder sie persönlich lächerlich machen, verspotten oder beleidigen, vermitteln wir ihnen damit, dass sie grundsätzlich nicht in Ordnung sind – und das in einer Zeit, in der sie das ohnehin von sich denken. Teenager neigen dazu, sich ihrer selbst übermäßig bewusst zu sein. Wenn wir diese Flamme noch anfachen, können wir ihnen damit Eindrücke vermitteln, die ihr Gefühl, bedeutend zu sein, möglicherweise für den Rest ihres Lebens erschüttern. Zu viele Eltern teilen ihren Kindern unwissentlich mit, dass sie sich von der Phase, die sie gerade durchlaufen, genervt und belästigt fühlen.

Die Teenagerjahre gehören zu den aufregendsten Jahren der Erziehung. Wenn sich die Eltern vor dieser Entwicklungsphase fürchten, hat das zur Folge, dass ihre Kinder zögern, ihnen zu vertrauen und sich an sie zu wenden, wenn sie verwirrt sind oder wenn sie eine große Last mit sich herumtragen. Das ist auch die Zeit, in der die Eltern ihren Bemühungen, in ihren Kindern die Wahrnehmung einer allgemeinen, einer besonderen, einer auf Beziehungen ausgerichteten und einer geistlichen Bestimmung zu wecken, den letzten Schliff geben sollten. (Mach dir keine Sorgen, wenn du das Gefühl hast, es bereits vermasselt zu haben – weiter hinten in diesem Kapitel werden wir sehen, dass es nie zu spät ist.) Sie müssen wissen, dass sie Eltern haben, auf die sie zählen können. Das bewirkt Wunder, wenn es darum geht, in ihnen das Gefühl der Bedeutsamkeit zu fördern, das sie für ihre Zukunft brauchen.

2. Kinder fühlen sich bedeutend, wenn sie wissen, dass sie unsere Aufmerksamkeit haben

Jesus achtete auf Kinder. Er war dafür bekannt, dass er über all die Erwachsenen, die sich um ihn drängten, hinwegsah, um einem

Kind, das ganz am Rand der Menge stand, seine Aufmerksamkeit zu schenken. Das lesen wir in Matthäus 18. Doch er richtet seine Aufmerksamkeit nicht nur auf das Kind, sondern warnt auch die Erwachsenen, die nicht ernsthaft auf die Bedürfnisse der Kinder achten. Sieh, was er sagt:

> *... und wenn jemand ein solches Kind aufnehmen wird in meinem Namen, nimmt er mich auf. Wenn aber jemand einem dieser Kleinen, die an mich glauben, Anlass zur Sünde gibt, für den wäre es besser, dass ein Mühlstein an seinen Hals gehängt und er in die Tiefe des Meeres versenkt würde ... Seht zu, dass ihr nicht eines dieser Kleinen verachtet! Denn ich sage euch, dass ihre Engel in den Himmeln allezeit das Angesicht meines Vaters schauen, der in den Himmeln ist.*
>
> Matthäus 18, 5–6+10

Wenn Gott es für wichtig hält, dass die Engel im Himmel auf jede Kleinigkeit im Leben unserer Kinder achten, wie viel mehr wird er es dann von ihren Eltern erwarten? Wir müssen die Vorlieben und Abneigungen unserer Kinder kennen, wir müssen wissen, wer ihre Freunde und Gegner sind und welche großen und kleinen Dinge in ihrem Leben die wichtigste Rolle spielen.

Vor Jahren versuchte ich, einen großen Konflikt zu schlichten, der sich zwischen einem fünfzehnjährigen Mädchen und ihrem Vater entwickelt hatte. Ihm war plötzlich bewusst geworden, dass seine Tochter zu einer schönen jungen Frau geworden war. Es gab nur ein Problem: Er mochte ihren Geschmack nicht, was ihre Kleidung, ihre Musik und ihre Freundinnen anbetraf, und ging davon aus, dass es nur noch eine Frage der Zeit sein würde, bis die ersten Jungen anriefen. Als er versuchte, ihr Leben mehr nach seinem Willen zu formen, wollte sie nichts davon wissen. Ihr Hauptargument war, dass sie während ihrer Kindheit und Jugend nicht das Gefühl gehabt hatte, ihm besonders wichtig zu sein. Ihre Interessen waren nicht seine Interessen, ihre Sorgen waren nicht seine Sorgen. Sein plötzliches Verlangen, größeren Anteil an ihrem Leben zu nehmen, führte dazu, dass sie ihn als unwillkommenen Eindringling betrachtete. Ein interessanter Wortwechsel, der eines Tages in meinem

Büro stattfand, offenbarte das eigentliche Problem. Während die beiden in meiner Anwesenheit diskutierten, erkannte ich, warum der Vater es so schwer hatte, an seine Tochter heranzukommen. Die Diskussion lief in etwa folgendermaßen ab:

Tochter: „Erinnerst du dich noch an letzten Sommer, als du zur Gemeinde kamst, um mich von dem Camp abzuholen?"

Vater: „Ja, was ist damit?"

Tochter: „Erinnerst du dich auch noch an den Streit, den wir hatten?"

Vater: „Nein, welcher Streit?"

Tochter: „Wegen Sasha!"

Vater: „Ach das?! Du kannst darauf wetten, dass ich mich *daran* erinnere. Du warst mir gegenüber so respektlos." [An dieser Stelle wandte sich der Vater mir zu, um mich über einige Details zu informieren. Er hatte über eine Stunde auf dem Gemeindeparkplatz gewartet, weil die Busse Verspätung hatten, und als sie schließlich ankamen, herrschte ein schrecklicher Tumult – Hunderte von Kindern, Hunderte von Eltern.]

Ich: „Was war nun also mit Sasha?"

Vater: „Nun, ich machte meine Tochter ausfindig, sammelte ihr Zeug zusammen und trug ihr Gepäck und ihren Schlafsack zum Wagen …"

Tochter: [unterbricht ihn] „… und auf dem Weg dorthin hast du mir die ganze Zeit erzählt, wie eilig du es hast."

Vater: „Wie auch immer, plötzlich sagt sie etwas wie: ‚Oh, Sasha! Ich darf Sasha nicht vergessen' und rannte zurück zu der Gruppe. Ich wartete also fünf Minuten lang am Auto und sie rannte immer noch durch die Menge und suchte diese Sasha. Ich ging zu ihr. Sie hatte einen panischen Ausdruck auf dem Gesicht. Also trat ich an ein paar Jugendleiter heran und fragte sie, ob sie ein Mädchen namens Sasha gesehen hätten. Sie sahen mich nur verwirrt an und waren keine Hilfe. Nach einer Weile hatte sich die Gruppe ein wenig aufgelöst. Viele Eltern waren bereits mit ihren Kindern abgefahren. Ich nahm an, dass Sashas Eltern sie bereits abgeholt hatten oder dass sie woanders mitgefahren war."

Tochter: „Und dann hast du verlangt, dass wir ins Auto steigen und nach Hause fahren."

Vater: „Ja, das stimmt! Wir waren schließlich lange genug da. Du hast dieses Mädchen weder in der Menge gefunden noch als du den ganzen Weg zu den Büros der Jugendleiter abgesucht hast. Du bist sogar hinter den Bussen hergerannt, als sie vom Parkplatz fuhren – als ob sie losfahren würden, wenn noch Kinder darin sind! Du hast dich wie eine Verrückte aufgeführt. Ich hatte schließlich nicht den ganzen Tag Zeit!" [Er sah wieder mich an.] Auf dem ganzen Heimweg sprach sie kein Wort und zu Hause lief sie den ganzen Abend mit einer Jammermiene herum. Ich dachte: „Wirklich toll, was dieses Camp bewirkt hat."

Tochter: „Und du wunderst dich also, warum ich nicht will, dass du in meinem Leben herumwühlst?"

Er schien verdutzt von dieser Frage, die aus heiterem Himmel kam.

Tochter: „Sasha ist ein gutes Beispiel. Du weißt nicht einmal, wer sie ist."

Vater: „Soll ich vielleicht die Namen all deiner Freundinnen kennen?"

Tochter: „Das ist es ja, Papa, diesen einen Namen *solltest* du kennen. Sasha ist kein Mädchen. Sie ist eine *Puppe!* Sie ist die Puppe, mit der ich jede Nacht geschlafen hatte, seit ich ein Baby war. Ich trug sie während meiner ganzen Kindheit im Haus herum. Ich habe ihren Namen wahrscheinlich tausendmal in deiner Hörweite gesagt. Ich habe sie mit ins Camp genommen, damit sie mir nachts Gesellschaft leisten konnte, so wie sie es getan hat, seit ich klein war. Ich habe sie unter den Gurt meines Schlafsacks geschoben, aber irgendwie ist sie herausgerutscht. Ich hatte sie verloren, Papa, und versuchte verzweifelt, sie wiederzufinden, aber du hattest keine Ahnung, wer sie war und warum ich so aufgebracht war. Das Einzige, was dich interessiert hat, war, nach Hause zu kommen. Wenn ich dir wichtig wäre, dann würdest du dich für die Dinge interessieren, die mir wichtig sind."

Ich: „Hast du die verlorene Puppe jemals wiedergefunden? Ist Sasha letztendlich aufgetaucht?"

Tochter: „Nein. Ich habe sie nicht mehr gesehen, seit ich von dem Camp zurückgekommen und aus dem Bus gestiegen bin."

Es ist schwer, in Menschen, denen wir keine größere Beachtung schenken, ein Gefühl ihrer bedeutenden Bestimmung aufzubauen. Es ist unsere Aufmerksamkeit für die Einzelheiten, die ihnen sagt, wie wichtig sie uns wirklich sind. Unser gütiger Gott ist ein Gott der Details. Er weiß, wie viele Haare auf deinem Kopf sind.[9] Er interessiert sich für uns, weil wir ihn faszinieren. Kinder, die von ihren Eltern dieselbe Behandlung erfahren – dieselbe Behandlung, die ihren Eltern von Gott zuteilwird –, wachsen mit dem Gefühl auf, bedeutend zu sein. Ein tiefes Gefühl der Bedeutsamkeit macht es ihnen viel einfacher, ihre Bestimmung zu finden und sie auszuleben.

3. *Kinder fühlen sich bedeutend, wenn sie gnädig ermahnt werden*

Regeln.

Moralische Richtlinien.

Konsequenzen.

All das sind wesentliche Grundsätze von Familien, die auf Gnade gegründet sind. Kinder, die in ihrem Leben eine klare und verantwortungsvolle Anleitung erfahren, sind weniger anfällig für die Versuchungen der Welt. Natürlich werden sie mit dem Hang zur Selbstsucht geboren und zweifellos werden sie deine moralischen Grenzen auf die Probe stellen. Doch die Verlockung der Sünde verliert viel von ihrer Kraft, wenn ihnen jeden Tag das anziehende Leben in der Gnade vorgelebt wird.

Sicher werden sie kleineren und auch größeren Versuchungen nicht standhalten können. Wenn das geschieht, brauchen sie unsere Resonanz statt unserer Reaktion. Während sie versuchen, ihre Bestimmung zu entdecken, stellt die Sünde eine klare und immer gegenwärtige Gefahr für unsere Kinder dar. Deshalb müssen wir uns mit der gebührenden Sorgfalt darum kümmern, ihr Herz zu beschützen, wenn sie noch kleiner sind, und sie zu lehren, wie sie es selbst tun können, wenn sie älter werden. Das wird ihnen nicht schwerfallen, wenn sie daran gewöhnt sind, dasselbe bei dir zu beobachten. Und wenn sie es einmal nicht schaffen, zeigen ihnen deine gnädig ausgeübte Korrektur und die Konsequenzen ihres Scheiterns den unschätzbaren Wert, den du ihnen beimisst.

Höre, was der Verfasser des Hebräerbriefs über dieses Thema schreibt:

> *Was ihr erduldet, ist zur Züchtigung: Gott behandelt euch als Söhne. Denn ist der ein Sohn, den der Vater nicht züchtigt? … Zudem hatten wir auch unsere leiblichen Väter als Züchtiger und scheuten sie. Sollen wir uns nicht vielmehr dem Vater der Geister unterordnen und leben? … Alle Züchtigung scheint uns zwar für die Gegenwart nicht Freude, sondern Traurigkeit zu sein; nachher aber gibt sie denen, die durch sie geübt sind, die friedvolle Frucht der Gerechtigkeit.*
>
> Hebräer 12, 7+9+11

„… denen, die durch sie *geübt* sind …" Hast du das begriffen? Durch sie *geübt.* Züchtigung ist eines der grundlegenden Mittel, die Gott uns gegeben hat, um unsere Kinder auf wahre Größe vorzubereiten. Wenn du es vermeidest, deine Kinder zu züchtigen, weil es dir unangenehm ist, sagst du damit, dass dir deine eigenen Interessen wichtiger sind als ihre. Eltern, die auf Gnade gegründet sind, wollen sehen, dass die „friedvolle Frucht der Gerechtigkeit" in ihren erwachsenen Kindern gedeiht. Die Zeit, um den Samen dafür auszusäen, ist jetzt, und eine der Möglichkeiten dafür ist beständige und gnädige Ermahnung.

Wichtiger, als du denkst

Viele Eltern sind davon überzeugt, dass sie ihren Kindern völlig egal sind. Vielleicht ist das der Fall, weil wir zu viele Gelegenheiten nicht genutzt haben, um ihnen zu zeigen, wie wichtig sie uns sind. Wir waren zu beschäftigt, als sie unsere Aufmerksamkeit brauchten, wir waren zu streng, wenn sie uns enttäuschten, und wir waren zu skeptisch, wenn sie uns einen kurzen Einblick in ihre Träume gewährten. Sie sehnen sich danach, zu spüren, dass sie eine bedeutende Bestimmung haben, und sie sehnen sich danach, dass wir uns für diese Bestimmung interessieren. Es ist nicht zu spät.

Es ist nie zu spät.

John Hickam fand das heraus. Obwohl er seinen Sohn verspottete und ihm nur widerwillig seine Hilfe dafür anbot, seinem Interesse an Raketen nachzugehen, bedeutete er am Ende alles für seinen Sohn. In einem Gespräch mit Homer kurz nach dessen Rückkehr von St. Louis, wo er in dem Wissenschaftswettbewerb den ersten Platz gewonnen hatte, wurden John die Augen dafür geöffnet, welchen bedeutenden Platz er im Herzen seines Sohnes einnahm.

Homer hatte nicht gewusst, dass sein Vorbild, Wernher von Braun, auf der Preisverleihung in St. Louis zugegen war. Nachdem Homer mit dem ersten Preis ausgezeichnet worden war, wurde er von allen Seiten mit Bewunderung überhäuft. Die Menschen drängten sich um ihn, um ihm die Hand zu schütteln. Eine dieser Hände gehörte Wernher von Braun, doch Homer wusste das nicht, bis jemand auf Dr. von Braun deutete, der gerade in der Menge verschwand. Homers Vater konnte nicht anders, als mit seinem Sohn über diese verpasste Gelegenheit zu sprechen. Sieh, was er sagte.

John Hickam: „Ich habe gehört, dass du deinen großen Helden getroffen hast … und es nicht einmal wusstest.“

Homer Hickam: „Siehst du, ich weiß, dass du und ich in bestimmten Dingen nicht einer Meinung sind. Ich meine, wir haben nicht immer dieselben Ansichten. Aber, Vater, ich bin zu dem Schluss gelangt, dass ich dazu bestimmt bin, in dieser Welt jemand zu sein.

Und das nicht deshalb, weil ich so anders bin als du, sondern weil ich genauso bin wie du. Ich kann ebenso hartherzig und streng sein wie du. Ich hoffe nur, dass ich auch ein so guter Mensch sein kann wie du. Ich meine, Dr. von Braun ist sicher ein großartiger Wissenschaftler. Aber er ist nicht mein Held."[10]

Und als Homer Hickam seinem Vater tief in die Augen blickte, begriff dieser es endlich – *er* war Homers Held, ob er es nun verdiente oder nicht.

Es ist fast unerklärlich, aber es ist wahr. Wir sind wichtiger für unsere Kinder als uns klar ist. Sie wurden mit dem Bedürfnis geboren, einen Unterschied zu machen. Ob zum Guten oder zum Schlechten – wir spielen die größte Rolle dabei, zu bestimmen, welchen Unterschied sie letztendlich machen werden.

> *Wir wissen aber, dass denen, die Gott lieben, alle Dinge zum Guten mitwirken, denen, die nach seinem Vorsatz berufen sind.*
>
> Römer 8, 28

5

Eine starke Hoffnung

Während ich zur Schule fuhr, dachte ich an das letzte Mal, als ich in das Büro eines Schuldirektors zitiert worden war. Das war mehr als dreieinhalb Jahrzehnte her. Damals musste ich nicht hinfahren. Ich ging einfach einige Treppen hinunter und eine Reihe von Korridoren entlang. Wir waren gerade mitten im Gemeinschaftskundeunterricht, als jemand vom Schulsekretariat eine Nachricht hereinbrachte. Nachdem unser Lehrer sie überflogen hatte, sah er mich über den Raum hin an und sagte vor der ganzen Klasse: „Aus irgendeinem Grund würde der Direktor gerne Herrn Kimmel sehen."

Dieses Mal war ich nicht in Schwierigkeiten. Der Direktor informierte mich sehr ernst darüber, dass Dr. Martin Luther King jun. gerade in Memphis erschossen worden war. Etwa ein Drittel unserer Schülerschaft war schwarz und der Direktor sagte, er habe entschieden, die Schüler früher nach Hause zu schicken. Er sagte, er würde die ganze Schule über die Sprechanlage über die Neuigkeiten informieren und das Mikrofon dann an mich weiterreichen. Er wollte, dass einer der Schüler mit der ganzen Schule ein Gebet für Dr. Kings Familie und das Land sprach.

Als der Direktor mir den zweiten Teil seines Plans offenbarte, glaubte ich, er hätte mich mit irgendjemandem verwechselt. Mein Glaube war neu und meine geistlichen Gaben noch unterentwickelt. Ich versuchte, ihm das zu erklären, doch er war schlicht nicht in der Stimmung, über meine Bedenken zu diskutieren.

Es war ein schwarzer Tag, als sich die Wolke der Hoffnungslosigkeit, die über unserem Land geschwebt war, nun bis auf die Straßen herabzusenken schien und die Menschen im ganzen Land veranlasste, in ihrem finsteren Nebel nach irgendeinem Sinn zu suchen. Was für eine turbulente Zeit – die Ermordung Präsident Kennedys, die Antikriegsproteste, die Make-Love-Not-War-Slogans – und jetzt war eine Ikone der Bürgerrechtsbewegung erschossen worden. Eine Stimme, die für einen bedeutenden Prozentsatz unserer Bevölkerung Hoffnung verkörpert hatte, war zum Schweigen gebracht worden. Nachdem ihr gewohntes Leben ein abruptes Ende genommen hatte, fragten sich die Menschen, was los war und was hätte sein können. Die Aufstände, die Plünderungen, die Brände und die Ausgangssperren, die folgten, bildeten die logische Kulisse für diese Zeit der Verzweiflung.

Ein Déjà-vu

Fünfunddreißig Jahre später war ich nun also wiederum auf dem Weg in das Büro eines Schuldirektors. Dieses Mal würde ich mich mit Pastoren, Rabbis, Priestern und Seelsorgern um einen großen Konferenztisch versammeln und versuchen, mit ihnen gemeinsam herauszufinden, warum sich in einer unserer örtlichen Junior Highschools – in derjenigen, die mein jüngster Sohn besuchte –, das Gefühl der Hoffnungslosigkeit ausgebreitet hatte. Zwei Tage zuvor hatte sich eine der dortigen Schülerinnen erhängt. Einige Wochen zuvor hatte sich eine ihrer Mitschülerinnen erhängt. Was den Schmerz noch verstärkte, war die Tatsache, dass sich weniger als ein Jahr davor ein Siebtklässler dieser Schule erschossen hatte – bei ihm zu Hause im Hinterhof, vor den Augen seiner Mutter.

Wenn sich innerhalb von zehn Monaten drei Schüler der Junior Highschool das Leben nehmen, zieht das die Aufmerksamkeit der Öffentlichkeit auf sich. Die geistlichen Leiter unserer Stadt, einschließlich mir, versammelten sich, wurden kurz von dem Direktor informiert, stellten einige Fragen und berieten dann, was wir tun konnten. Meiner Meinung nach hatten einige von ihnen bessere Antworten auf diese Frage als andere, aber es gab einen Punkt, in dem wir uns alle einig waren: Ohne das Gefühl der Hoffnung in ihm zu wecken, war es unmöglich, ein Kind davor zu bewahren, sich selbst zu zerstören.

Grundlegend wichtig

Ohne *Hoffnung* ist *alles* nichts. Hoffnung ist wie der Sauerstoff, den ein Mensch braucht, um zu überleben. Wenn man ihm den Sauerstoff entzieht, wird alles andere unwichtig. Ohne Hoffnung ist es unmöglich, ein *ausgeglichenes* Leben zu führen. Und was noch schlimmer ist: Ohne Hoffnung geben die Menschen zu schnell auf und sterben zu jung.

Was die Kinder von heute quält, ist ein Gefühl der Hoffnungslosigkeit. Das ist die logische Konsequenz einer Elterngeneration, die der Liebe die Beständigkeit und der Wahrheit die Unbedingtheit genommen hat. Vorehelicher Sex, das Zusammenleben ohne Ehe, Scheidungen und häufig wechselnde nicht eheliche Lebenspartner haben zu viele Kinder zu der Überzeugung geführt, dass sie nicht auf Verbindlichkeit zu hoffen brauchen. Ganz gleich, ob es um die körperliche, die emotionale, die intellektuelle oder die geistliche Dimension unseres Lebens geht – unsere Hoffnung bestimmt, was dabei herauskommt. Von unseren drei dringenden inneren Bedürfnissen basieren die ersten beiden auf Hoffnung.

Ich will diesen Punkt anhand eines einfachen Szenarios verdeutlichen. Stell dir beispielsweise einmal vor, ein Mensch ist in einer Situation, in der ihm die Menschen, von denen er umgeben ist, keine Liebe, keine Freundlichkeit und keine Gnade zeigen. Weil sie ihn so behandeln, fällt es ihm ziemlich schwer, ihnen seinerseits Liebe entgegenzubringen. Nehmen wir jedoch einmal an, dass dieser Mensch eine starke Hoffnung in sich trägt. Dann kann ihn diese Hoffnung in der Einsamkeit und der Frustration, die mit einer lieblosen Umgebung einhergehen, stützen und stärken.

Dasselbe gilt für sein Bedürfnis nach einem Gefühl der Bestimmung in seinem Leben. Wenn jemand in einer Situation ist, in der er das Gefühl hat, dass er insgesamt gesehen nicht wirklich einen Unterschied macht, dass ihm seine ganze Ausbildung und seine Begabung nichts nützen, kann er schnell desillusioniert werden. Doch wenn er in seinem Herzen eine starke Hoffnung trägt, kann ihm *diese* Hoffnung durch die Jahre der Unentschlossenheit oder des Mangels an Bedeutung helfen. Ohne diese Hoffnung wäre er das Opfer seiner Umstände – und zwar schnell. Ein gutes Beispiel dafür sind Missionare, die in einem gefährlichen Teil der Welt leben, wo ihrer Botschaft feindselig begegnet wird. Ohne die Hoffnung auf Gott, der sie dort hingeschickt hat, würden die Missionare schnell nach Hause zurückkehren, wo sie sich bedeutender fühlen.

Die Kehrseite des Szenarios ist ebenso wahr. Auch wenn wir innig geliebt werden und uns unserer Bestimmung absolut sicher sind, kann es schnell passieren, dass wir nicht mehr leben wollen, wenn wir keine Hoffnung mehr haben. Das wurde auf schmerzhafte Weise offenbar, als die Selbstmorde der drei Kinder von der Highschool meines Sohnes näher untersucht wurden. Ihre Familien und Freunde liebten sie, sie waren erfolgreich in der Schule und im Sport und in ihrem sozialen Umfeld angesehen. Was ihnen fehlte, war ein Bestandteil, der all der Liebe und dem Gefühl der Bestimmung einen Sinn gab.

Auf Gnade gegründete Eltern – mit Hoffnung erfüllte Kinder

Eltern, die ihre Kinder zu starken, zuversichtlichen und belastbaren Erwachsenen erziehen wollen, müssen begreifen, dass Kinder das grundlegende Bedürfnis nach einer starken Hoffnung haben. Doch diese Tatsache zu verstehen, ist nicht genug. Der Schlüssel ist Gnade, denn Gnade ist ein Nebenprodukt der Hoffnung und Hoffnung ein Nebenprodukt der Gnade. Erinnern wir uns einmal daran, was Gnade ist. Einfach ausgedrückt bedeutet Gnade, etwas zu bekommen, das wir nicht verdienen, aber unbedingt brauchen. Wenn unsere Kinder etwas bekommen, von dem sie wissen, dass es mit hohen Kosten verbunden ist, stärkt das ihre Zuversicht, dass es Dinge im Leben gibt, auf die es sich zu hoffen lohnt. Kinder, die in einer Umgebung aufwachsen, die auf Gnade gegründet ist, haben es leichter, Visionäre zu sein und auf eine bessere Zukunft zu vertrauen.

Letztendlich wollen wir, dass unsere Kinder ihre Hoffnung auf den einzig wahren Gott setzen. Unsere Chance, dass sich diese Hoffnung erfüllt, ist weitaus größer, wenn zwei wichtige Voraussetzungen erfüllt sind. Erstens müssen sie sehen, dass ihre *Eltern* ihre ganze Zuversicht auf den einzig wahren Gott, Jesus Christus, setzen. Wenn wir ihnen sagen, dass wir unsere Hoffnung aus Christus schöpfen, sie aber gleichzeitig sehen, dass es uns an Freude mangelt, dass wir viele Ängste haben und gegenüber Menschen, die Christus nicht kennen, weder besonders freundlich noch geduldig sind, senden wir eine verwirrende Botschaft, die dem Evangelium, von dem wir hoffen, dass sie es annehmen, widerspricht. Zweitens müssen wir Eltern unsere Kinder so behandeln, wie Christus uns behandelt. Wie wir bereits festgestellt haben, ist das Wesen Christi vor allem von seiner unendlichen Gnade geprägt. Eltern, die auf Gnade gegründet sind, können auf übernatürliche Weise Kinder mit einer starken Hoffnung hervorbringen.

Wenn Kinder in einer Umgebung aufwachsen, in der die Gnade im Vordergrund steht, sind die perfekten Voraussetzungen dafür geschaffen, diese zuversichtliche Hoffnung in die tiefsten Winkel ihres Wesens einzupflanzen. Dann lernen die Kinder, dass es Dinge in ihrem Leben gibt, auf die sie vertrauen und auf die sie sich verlassen können. Wenn die Eltern diesen Punkt jedoch vernachlässigen – sei es nun bewusst oder unbewusst –, kann das dazu führen, dass ein Kind *sein Leben lang* mit Hoffnungslosigkeit und dem Gefühl der Unzulänglichkeit zu kämpfen hat.

Zu Beginn dieses Kapitels haben wir über die Hoffnungslosigkeit gesprochen, die der Tod von Dr. Martin Luther King jun. verursacht hat, von den drei Selbstmorden an der Schule meines Sohnes und von der grundlegenden Rolle, die die Hoffnung bei der Fähigkeit eines Kindes spielt, zu lieben und ein Gefühl für seine Bestimmung zu entwickeln. Und dann … liest du, dass *du* dafür verantwortlich sein könntest, dass das Leben deines Kindes völlig durcheinandergeraten ist, und dass du sie vielleicht sogar dabei unterstützt, sich selbst zu zerstören – einfach deshalb, weil dir nicht bewusst ist, welche Bedeutung der Hoffnung zukommt. Das ist traurig, aber wahr. Da sich die meisten Menschen lieber gut fühlen, als Gutes zu tun, ist das die Stelle, wo es so manche womöglich vorziehen, dieses Buch zuzuschlagen. Das ist natürlich dein gutes Recht, aber ich hoffe trotz allem, du bleibst am Ball. Eltern, die erkennen, wie man die Hoffnung von einem grundlegenden Bedürfnis in seinem Leben zu einem Stützpfeiler seiner Seele macht, werden bessere, zufriedenere Menschen und weitaus effektivere Eltern.

Angeborene Hilflosigkeit

Eines der ersten Dinge, die wir verstehen müssen, ist die Rolle, welche die Hilflosigkeit dabei spielt, in unseren Kindern eine starke Hoffnung aufzubauen. Nur wenn unsere Kinder in ihren frühen Jahren lernen, in den Bereichen, in denen sie hilflos sind, darauf zu vertrauen, dass wir ihre persönlichen Bedürfnisse stillen, sind sie später auch in der Lage, auf Gott zu vertrauen.

Kinder sind absolut hilflos, wenn sie geboren werden. Wenn du ein vier Monate altes Kind in einem Kinderstuhl angurtest und es allein lässt, gibt es *nichts,* was es tun kann, um dort herauszukommen. Es sitzt dort fest, bis du es herausholst. Ein Kleinkind, das auf diese Weise wiederholt längere Zeit allein gelassen wird, lernt daraus, dass keine Erleichterung kommt, so sehr es auch darauf hofft. Wenn dieses Kind in seinen frühen Lebensjahren genug derartige Situationen erlebt, könnte es daraus schließen, dass es im Leben nicht viel gibt, auf das es sich zu hoffen lohnt. Dann läuft es Gefahr, den Lügen Satans zu glauben und die Kraft, die Macht oder den Missbrauch, den Satan ihm als Ersatz für wahre Hoffnung anbietet, anzunehmen, was es letztendlich von der Vorstellung abbringt, dass es sich lohnen könnte, auf Gott zu vertrauen. Wenn es den Erwachsenen in seinem Leben nicht vertrauen kann, wenn es hilflos ist, warum sollte es dann annehmen, dass es einem Gott vertrauen kann, den es nicht sehen kann – vor allem dann, wenn ihm dieses *Vertrauen* auf Gott von Eltern gepredigt wird, die ihm in der Zeit seiner Not nicht geholfen haben?

Meiner Überzeugung nach fordern wir es unwissentlich geradezu heraus, dass sich unsere Kinder ihr Leben lang schwertun, Hoffnung zu haben und auf den Herrn zu vertrauen, wenn wir sie in den ersten Jahren ihres Lebens in eine Kinderbetreuung geben, die personell unterbesetzt und entsprechend überlastet ist. Wenn ihre Bedürfnisse, die sie nicht selbst stillen können, lange Zeit unbefriedigt bleiben, kommen die Kinder letztendlich zu dem Schluss, dass das Leben vor allem eines ist: hoffnungslos.

Kinder schöpfen Hoffnung, wenn sie liebevolle Eltern haben, die bereit sind, *Opfer zu bringen,* um die Bedürfnisse ihrer Kinder zu stillen. Neugeborene können sich nicht selbst füttern, ihr Bäuerchen machen, sich die Windeln wechseln oder sich bewegen. Sie können nicht gehen oder reden oder lesen. Sie können nicht aufstehen und nachsehen, was in der Nacht Unheimliches vor sich geht. Ihre ganze Existenz ist abhängig von ihren Mitmenschen. Während dieser Zeit können die Eltern ein solides Fundament für eine starke Hoffnung in ihnen legen. Jede Phase der Kindheit – sei es die Säuglingsphase, die Kleinkindphase, die Grundschulzeit, die Zeit in der weiterführenden Schule bis hin zu ihrem Abschluss – bringt ihre ganz eigenen Probleme mit sich, mit denen Kinder nur schwer oder auch gar nicht zurechtkommen. Sie brauchen eine Mutter oder einen Vater, der ein Auge auf sie hat und ein gutes Zeitgefühl besitzt, um ihnen jeweils das zu vermitteln, was sie als Nächstes brauchen, um zurechtzukommen. Wenn sie Probleme haben, mit denen sie überfordert sind, brauchen sie nicht so sehr gute Ratschläge als vielmehr konkrete Hilfe.

Im Tierreich werden die meisten Jungtiere sehr schnell selbstständig. Nicht so bei den höchsten von Gott erschaffenen Geschöpfen. Er hat dafür gesorgt, dass sie hilflos sind und es zunächst auch bleiben – nicht nur, um ihnen ihr dringendes inneres Bedürfnis nach Stärke und Zulänglichkeit zu zeigen, sondern auch, um uns als Eltern einen perfekten Aktionsrahmen zu geben, innerhalb dessen wir unseren Kindern eine starke und sichere Hoffnung auf Gott vermitteln können. Denk nur einmal daran, wie hilflos sie sind, wenn es um ihr Bedürfnis nach Nahrung, Kleidung und Schutz geht. Wenn wir dafür Sorge tragen, dass sie angemessen gekleidet sind, dass sie ein bequemes Bett haben, in dem sie nachts beruhigt schlafen können, und dass sie sich nie darum kümmern müssen, wo ihre nächste Mahlzeit herkommt, gibt ihnen das die wortlose Bestätigung, dass jemand da ist, der auf sie aufpasst. Sie müssen sich nicht beunruhigen, sich keine Sorgen machen und sich nicht fürchten.

Wir vermitteln unseren Kindern ein starkes Gefühl der Hoffnung, wenn wir unsere eigenen Wünsche zurückstellen, um die Befriedigung ihrer Bedürfnisse zu gewährleisten. Wenn wir nicht über unsere Verhältnisse leben und es vermeiden, uns tief in Schulden zu verstricken, haben wir die Freiheit, für diese körperlichen Bedürfnisse zu sorgen und unsere Kinder vor dem Gefühl der Hilflosigkeit zu bewahren, das mit finanzieller Gebundenheit einhergeht.

Wie ich bereits erwähnt habe, sind Säuglinge völlig hilflos. Wir können darauf hinwirken, dass sie auf den Gott der Hoffnung vertrauen, indem wir eine ausgeglichene und auf Gnade gegründete Umgebung schaffen, die ihre Hilflosigkeit ausgleicht, wenn es um ihr Bedürfnis nach Nahrung geht. Ein Bereich, der in dieser Hinsicht definitiv von Gnade inspiriert sein muss, ist der Zeitplan, nach dem das Kind gefüttert wird.

Die meisten Kinder entwickeln *ganz natürlich* einen vorhersagbaren Essenszeitplan. Mütter und Väter können ein gutes Gespür dafür entwickeln, wann das Kind etwas zu essen braucht. Wenn eine Mutter sorgfältig darauf achtet, wann sich bei ihrem Kind ein Hungergefühl einstellt, und die Essenszeiten am Nachmittag und am Abend darauf abstimmt, kann sie damit die Wahrscheinlichkeit erhöhen, dass es nachts durchschläft. Daran ist nichts verkehrt. Das ist nur gesunder Menschenverstand.

Doch ich habe auch schon beobachtet, dass Eltern, was den Essenszeitplan eines Kindes betrifft, oft eine sehr *harte* Einstellung vertreten. Hier steht generell der enorme Vorteil im Vordergrund, den diese strenge Sichtweise des Fütterns den *Eltern* bringt – vor allem was die Schlafgewohnheiten des Kindes angeht. Aber ohne eine klare Entschlossenheit zur Gnade kann eine strenge und unnachgiebige Einstellung zum Essensplan des Kindes auf lange Sicht weitaus mehr Schaden anrichten, als Nutzen bringen. Im schlimmsten Fall kann diese Einstellung bei dem Kind zu Dehydrierung und Mangelernährung führen. Doch ganz abgesehen davon kann sie auch bewirken, dass die Fähigkeit eines Kindes, darauf zu vertrauen, dass seine Eltern ihm in seiner Hilflosigkeit Schutz bieten, unabsichtlich untergraben wird. Dann kann das Fundament der Hoffnung, das sie in ihrem Kind aufbauen, schwach und brüchig werden.

Das genaue Gegenteil des strengen und rigorosen Essensplans, den solche Eltern offen befürworten, ist dann gegeben, wenn man das Kind immer dann füttert, wenn es danach verlangt, wenn man seinen willkürlichen Launen nachgibt. Schuldgefühle oder die Furcht, einen Fehler zu machen, können zur Folge haben, dass Eltern es versäumen, das tatsächliche Hungergefühl ihres Kindes zu stillen, und dass sie darüber hinaus ihrer Fähigkeit beraubt werden, ein starkes und übernatürliches Gefühl der Hoffnung in seinem Herzen zu fördern. Leider kann es jedoch ebenso zu ernsthaften Problemen führen, wenn solche Eltern den Rat der Befürworter eines strikten Essensplans befolgen und kompromisslos bei ihren Kindern anwenden.

Ich persönlich neige eher dazu, mich auf die Seite der Eltern zu schlagen, die einen vernünftigen Essensplan für ihre Kinder aufstellen. Normalerweise ist es für alle Familienmitglieder besser, wenn das Füttern des Babys eine bestimmte Struktur hat. Diese Methode ist den Philosophien des Fütterns, die zu übermäßiger Anhänglichkeit, übermäßiger Abhängigkeit und übermäßigem Schutz führen, vorzuziehen, doch die Entschlossenheit zur Gnade muss ein fester Bestandteil dabei sein.

Gnade fügt sich in strengere Erziehungsmodelle nicht gut ein. Sie steht Erziehungsplänen, die die Rollen der einzelnen Familienmitglieder auf exakt festgelegte Punkte reduzieren wollen, oft direkt entgegen. Eine auf Gnade gegründete Erziehung ist ein von Herzen kommender Plan, der auf dem täglichen Leben mit Jesus Christus basiert. Deshalb werden Gnade und strenge Erziehungsmethoden nie zusammenpassen.

Der Tanz beginnt

Kinder zu erziehen, ist nicht wie ein Fußmarsch, bei dem sich der rechte und der linke Fuß regelmäßig abwechseln. Es ist ein fließender

Tanz, dessen Rhythmus sich ständig verändert. Es gibt viele Faktoren, die dazu beitragen können, wie beispielsweise:

- die Phasen, die die Kinder durchlaufen;
- die Zyklen, die die Ehe der Eltern durchläuft;
- ein Wohnortwechsel;
- die Veränderung der finanziellen Situation;
- individuelle Rückschläge.

Wenn wir darauf bestehen, unsere Rolle im Leben unserer Kinder auf einen vorhersagbaren Rhythmus zu reduzieren – insbesondere in den Bereichen, in denen sie hilflos sind –, leben wir vielleicht etwas ruhiger und schlafen nachts besser, aber wir verpassen auch die Gelegenheit, unseren Kindern die Fähigkeit zu vermitteln, zu hoffen und zu vertrauen. In starker Hoffnung gegründete Kinder zu erziehen, ist nicht angenehm, aber es ist wichtig. Wenn es uns nicht gelingt, mit Gnade auf den sich verändernden Rhythmus zu reagieren – sowohl unmittelbar als auch langfristig –, geben wir unseren Kindern dadurch möglicherweise das Gefühl, dass wir keine Ahnung haben, was sie beschäftigt. Wenn es um Kindererziehung geht, können Eltern, die auf Gnade gegründet sind, meist besser tanzen als marschieren.

Ich hasse es, mich großzutun, aber Jesus hat gesagt …

Durch sein Beispiel, wie Jesus mit der Hilflosigkeit der Menschen umging, auf die er traf, zeigt er uns ganz klar, wie wir mit der Hilflosigkeit unserer Kinder umgehen sollen. Es wird beispielsweise jeder mit einem körperlichen und geistlichen Hunger- und Durstempfinden geboren. Während der Herr uns erzieht, ist es ihm eine Freude, unsere starken geistlichen Bedürfnisse mit seiner Gnade zu stillen. Seine Gnade kommt immer zur rechten Zeit und ist überaus großzügig bemessen. Höre, wie Jesus das zusammenfasst:

> *Jesus sprach zu ihnen: Ich bin das Brot des Lebens. Wer zu mir kommt, wird* ***nicht*** *hungern, und wer an mich glaubt, wird* ***nie*** *mehr dürsten.*
>
> Johannes 6, 35

Als Jesus auf eine hilflose Frau aus Samaria traf, eine Frau, die in einem jahrelangen Leben in Sünde gefangen war und außerstande war, ihm zu entkommen, sagte er zu ihr:

> *Wenn du die Gabe Gottes kenntest und wüsstest wer es ist, der zu dir spricht: Gib mir zu trinken!, so hättest du ihn gebeten, und er hätte dir lebendiges Wasser gegeben.*
>
> Johannes 4, 10

Als Jesus mit einer winzigen Menge Essen fünftausend Menschen speiste, wurden seine Großzügigkeit und seine Ausgeglichenheit offensichtlich:

> *Jesus aber nahm die Brote, und als er gedankt hatte, teilte er sie denen aus, die da lagerten;* ***ebenso*** *auch von den Fischen,* ***so viel sie wollten.*** *Als sie aber* ***gesättigt*** *waren, spricht er zu seinen Jüngern: Sammelt die übrig gebliebenen Brocken,* ***damit nichts umkomme!***
>
> Johannes 6, 11–12

Gott stellt sich uns zur Seite, wenn wir es *brauchen*, nicht nur dann, wenn es gerade am besten in seinen Plan passt. Die Art und Weise, wie wir auf die Bedürfnisse unserer Kinder eingehen – insbesondere wenn sie außerstande sind, diese Bedürfnisse selbst zu stillen –, gibt ihnen ein lebendiges Beispiel dafür, was Gott ihnen in den viel größeren Dimensionen ihres Lebens geben will.

In Matthäus, Kapitel 6 beendet Jesus gerade seine berühmte Bergpredigt. Diese Botschaft besteht nicht aus wohlklingenden Reimen oder anrührenden Gedichtsstrophen. Schon bei den ersten Worten, die seine göttlichen Lippen verließen, war offensichtlich, dass er Klartext redete. In den Versen 25 bis 34 ging er auf die Ängste seiner Zuhörer ein.

Bedenke, er sprach zu einem ängstlichen Volk. Sie sorgten sich um Dinge wie Essen und Kleidung. Es war nicht so, dass sie kein Essen und keine Kleider hatten, doch zu dieser Zeit konnte sich das schnell ändern. Weil sie in einer Agrarwirtschaft lebten, wussten sie, dass es keine Garantie dafür gab, dass sie immer in der Lage sein würden, für ihre tägliche Nahrung zu sorgen. Hungersnöte, Brände, Unwetter und Plünderungen konnten dazu führen, dass die Versorgung über Nacht knapp wurde. Stoff war weder reichlich vorhanden noch waren Kleider billig. Wirtschaftliche Veränderungen konnten dazu führen, dass sie nur noch Kleider besaßen, die für den Sommer zu dick und für den Winter zu dünn waren.

Jesus gab ihnen in ihrer Hilflosigkeit neue Hoffnung. Zuerst erinnerte er sie daran, dass Tiere und Pflanzen noch viel hilfloser waren als sie und er dennoch großzügig für sie sorgte (siehe Verse 26–30). Dann unterschied er zwischen ihnen (den Menschen, die es besser wissen sollten, als sich um Dinge zu sorgen, die Gott unter Kontrolle hat) und den Heiden (den Menschen, die völlig ahnungslos waren). Da sie einen gnädigen Gott zum Vater hatten – einen Gott, der wusste, dass sie Nahrung und Kleidung brauchten –, sollten sie aufhören, sich zu sorgen (siehe Verse 31–32).

Am Ende gibt Jesus ihnen noch weitere gute Ratschläge. Er sagt: „Trachtet aber zuerst nach dem Reich Gottes und nach seiner Gerechtigkeit! Und dies alles wird euch hinzugefügt werden“ (Vers 33). Das ist ein wunderbares Beispiel für uns Eltern. Gott will die Bedürfnisse seiner Kinder stillen, für deren Erfüllung sie nicht selbst sorgen können, und dasselbe sollen wir für unsere Kinder tun. Dadurch werden sie stark und lernen, dass es Hoffnung gibt.

Kinder machen in ihrem Leben emotionale Krisen durch, in denen sie einfach nicht wissen, was sie tun sollen. Dann brauchen sie uns an ihrer Seite – sie müssen wissen, dass wir sie in der Situation begleiten und ihnen die Hilfe gewähren, die nötig ist, damit sie stärker werden können.

Auch im Bereich ihres geistlichen Lebens sind Kinder hilflos. Sie haben keine Ahnung, wie sie ihren Weg finden, die Wahrheit erkennen oder ewiges Leben haben können. Wenn wir sie in diesem entscheidenden Bereich ihres Lebens allein lassen, können wir sie Satan auch gleich persönlich ausliefern – auf einem silbernen Tablett. Wenn wir uns hinsichtlich ihres geistlichen Lebens passiv verhalten, unterzeichnen wir damit ihren Hinrichtungsbefehl schon im Voraus. Es gibt nur wenige Kinder, die ihren Weg zu Gott allein finden. Sie brauchen begeisterte Eltern, die sie auf den Weg *führen.*

Manchmal ist es gerade diese kleine Hilfestellung, die das Blatt wendet. Vielleicht hast du ein Kind, das in einem bestimmten Bereich seiner schulischen Ausbildung etwas besondere Aufmerksamkeit brauchen könnte, oder vielleicht musst du ihm zeigen, was es tun soll, wenn es weiß, dass es seinem Umfeld nicht gewachsen ist. Vielleicht braucht es auch finanzielle Hilfe, um seinen Traum einer bestimmten Ausbildung oder eines Studiums zu verwirklichen. Es gibt viele Befürworter der These, dass man Kinder in derartigen Situationen sich selbst überlassen sollte, damit sie ihre Probleme allein lösen. Menschen, die diesen Ansatz befürworten, treten mit prahlerischem Gehabe auf und rechtfertigen ihre Meinung mit ihrer persönlichen Darstellung von Erfolg – doch ihnen mangelt es an der höheren Dimension der Gnade.

Man hört Geschichten von Kindern, die ihre Unzulänglichkeit in Mathematik allein überwunden haben, die sich ihrem Widersacher entgegengestellt und ihn letztendlich windelweich geprügelt haben und die jeden Dollar für ihre Collegeausbildung selbst bezahlt haben. Doch jedem Einzelnen, der das geschafft hat, steht eine weitaus größere Mehrheit gegenüber, die einfach aufgegeben hat. Sie haben resigniert und den Versuch aufgegeben, ein bestimmtes Fach in der Schule zu meistern, mussten die Prügel eines Widersachers einstecken oder haben es aufgrund mangelnder Bildung nie geschafft, ihr Potenzial auf dem Arbeitsmarkt auszuschöpfen. Die Eltern, die ihnen hätten helfen können, haben sie stattdessen Hoffnungslosigkeit gelehrt. Mit etwas Gnade in der Form von ein paar Nachhilfestunden in Mathematik, mit einigen Lektionen in Diplomatie oder im Boxen und etwas Geld für geeignete Schulbücher hätten sie das Blatt völlig wenden können. Doch was noch wichtiger ist – in diesen Situationen hätte Gnade die Zuversicht der Kinder gestärkt, dass es Menschen gibt, die über ihren Problemen stehen und auf deren Hilfe sie sich verlassen können. Alles, was sie brauchten, waren Eltern, die ihnen in ihrer Hilflosigkeit zur Seite standen, genauso wie Gott es bei uns tut.

Sie bleiben nicht immer hilflos

Glücklicherweise bleiben Kinder nicht immer hilflos und sind irgendwann alt genug, um sich selbst zu ernähren, sich zurechtzumachen, klar zu kommunizieren und auch für sich selbst einzustehen. Ihr Verstand hat sich so weit entwickelt, dass sie sowohl vom Einzelnen zum Allgemeinen hin als auch umgekehrt denken können.

Wenn wir nicht aufhören, sie in den Bereichen zu kontrollieren, in denen sie gelernt haben, allein zurechtzukommen, machen wir einen großen Fehler. Eltern, die das Leben ihrer Kinder bestimmen und die meisten ihrer Entscheidungen für sie treffen, halten sie davon ab, eigenständiges Denken zu entwickeln. Das kann zur Folge haben, dass ihre Fähigkeit, zu lernen, wie man sich auf Gott verlässt, beeinträchtigt wird. Darüber hinaus könnte dadurch auch ihre Entscheidung, ihre Hoffnung auf Gott zu setzen, ins Wanken geraten, und sie könnten zu der falschen Annahme verleitet werden, es sei Gottes Wille, dass sie hilflos bleiben.

Das ist nicht die Art und Weise, wie unser himmlischer Vater uns erzieht. Er will, dass wir erwachsen werden und die Verantwortung für unsere Entscheidungen und Taten übernehmen. Er will, dass wir an einen Punkt gelangen, an dem wir einen großen Teil unserer Hilflosigkeit hinter uns lassen. Lies, wie er das in seinem Wort ausdrückt:

> *... bis wir alle hingelangen zur Einheit des Glaubens und der Erkenntnis des Sohnes Gottes, zur vollen Mannesreife, zum Maß der vollen Reife Christi. Denn wir sollen nicht mehr Unmündige sein, hin- und hergeworfen und umhergetrieben von jedem Wind der Lehre durch die Betrügerei der Menschen, durch ihre Verschlagenheit zu listig ersonnenem Irrtum. Lasst uns aber die Wahrheit reden in Liebe und in allem hinwachsen zu ihm, der das Haupt ist, Christus.*
>
> Epheser 4, 13–15

Gott sehnt sich danach, zu sehen, dass wir in der Beziehung zu ihm wachsen, damit wir gegen falsche Lehren und listige Betrügereien gefeit sind. Offensichtlich wusste er, wie er uns für immer vor dieser Gefahr bewahren konnte. Er wollte jedoch, dass wir an einen Punkt gelangen, an dem unsere Reife und unsere Fülle in ihm ein Maß erreichen, das es uns ermöglicht, in einer Welt voller falscher Lehren und Betrügereien bestehen zu können, ohne davon auch nur im Geringsten beeinflusst zu werden. Das ist eine Hinlänglichkeit, die unserer Hoffnung auf Gott entspringt – einer guten Hoffnung, die zu ihrer logischen Erfüllung gebracht wird.

Sieh dir beispielsweise einmal die folgende Botschaft aus dem Hebräerbrief an. Der Autor beklagt, dass Menschen in bestimmten Bereichen nicht erwachsen geworden sind:

> *Darüber haben wir viel zu sagen, und es lässt sich schwer darlegen, weil ihr im Hören träge geworden seid. Denn während ihr der Zeit nach Lehrer sein solltet, habt ihr wieder nötig, dass man euch lehre, was die Anfangsgründe der Aussprüche Gottes sind; und ihr seid solche geworden, die Milch nötig haben und nicht feste Speise. Denn jeder, der noch Milch genießt, ist richtiger Rede unkundig, denn er ist ein Unmündiger; die feste Speise aber ist für Erwachsene, die infolge der Gewöhnung geübte Sinne haben zur Unterscheidung des Guten wie auch des Bösen.*
>
> Hebräer 5, 11–14

Es betrübt Gott, dass Menschen, die erwachsene Entscheidungen treffen sollten, immer noch Milch trinken. Er will, dass sie erwachsen werden.

Was würde passieren, wenn Eltern ihre Kinder die ganze Teenagerzeit hindurch weiterhin mit Babynahrung und Milchpulver ernähren würden? Was wäre, wenn sie sie zwingen würden, in Babybettchen zu schlafen, bis sie aufs College gehen? Was könnte trauriger sein? Was könnte für das Kind hoffnungsloser sein? Doch genau das ist es, was manche Eltern, denen es an Gnade mangelt, ihren Kindern antun. Sie sorgen dafür, dass sie hilflos, abhängig und verwundbar bleiben – und das noch lange Zeit, nachdem sie bereits alt genug sind, um in diesen Bereichen ihres Lebens alleine zurechtzukommen.

Es ist alles andere als liebevoll, wenn wir unsere Kinder schwach oder hilflos halten. Genau genommen ist Stärke (und die Tüchtigkeit, die mit ihr einhergeht) eine der natürlichsten Auswirkungen der Liebe. 1. Korinther 13 fasst diesen Punkt gut zusammen. Paulus schließt seinen berühmten poetischen Vortrag mit den Worten:

> *Als ich ein Kind war, redete ich wie ein Kind, dachte wie ein Kind, urteilte wie ein Kind; als ich ein Mann wurde, tat ich weg, was kindlich war.*
>
> 1. Korinther 13, 11

Die Kindheit ist eine Zeit, in der wir dafür sorgen sollten, dass sich die Abhängigkeit unserer Kinder von uns immer mehr auf Gott überträgt, bis sie schließlich völlig unabhängig von uns sind. Wenn sie klein sind, *beschützen* wir sie (weil sie hilflos sind), aber wenn sie älter werden, gehen wir dazu über, sie *vorzubereiten.* Das tun wir beispielsweise, indem wir ihnen mehr Gelegenheiten geben, in ihrem Leben Entscheidungen zu treffen. Dabei müssen wir jedoch davon ausgehen, dass sie einige falsche Entscheidungen treffen werden. Um das zu vermeiden, wollen manche Eltern ihren Kindern nicht die Freiheit geben, selbstständig zu denken.

Das ist ein Fehler. Letztendlich müssen sie auf eigenen Beinen stehen. Gott gibt uns ihre Kindheit (insbesondere die Teenagerzeit), damit sie sich darin üben können, Entscheidungen zu treffen, solange sie noch unter unserem Dach wohnen. Wenn Kinder am Kämpfen sind und falsche Entscheidungen treffen, ist es einfach logisch, dass es besser für sie ist, wenn sie das tun, solange ihnen liebevolle Eltern zur Seite stehen, die ihnen dabei helfen können. Wenn die Eltern ihnen dieses Übungsfeld verweigern, zeigen Kinder oft eine Überreaktion auf ihre neu gewonnene Freiheit, wenn sie aufs College gehen oder in eine eigene Wohnung ziehen. Leider können die Fehler, die sie dann machen, bei ihnen (und anderen) großen Schaden anrichten. Eine auf Gnade basierende Erziehung beinhaltet den klugen Grundsatz, dass man Kindern helfen muss, erwachsen und unabhängig zu werden, *bevor* sie ihre eigenen Wege gehen.

Kinder müssen wissen, dass sie auf einige Herausforderungen treffen werden, die sie nicht bewältigen können. Dann müssen sie durch unser Vorbild ermutigt werden, ihre Hoffnung auf Gott zu setzen. Sie müssen sehen, dass wir uns voller Zuversicht Gott zuwenden, wenn wir Angst haben, wenn wir kraftlos sind, wenn wir nicht mehr weiter wissen oder finanzielle Probleme haben. Sie müssen sehen, dass wir darauf vertrauen, dass er unserer Hilflosigkeit in jeder Situation begegnet.

Bedenke: Als sie noch klein waren, haben sie zu hoffen gelernt, indem sie für die großen und kleinen Dinge in ihrem Leben auf uns – die Instrumente der Gnade Gottes – vertrauten. Noch größere Hoffnung können sie schöpfen, wenn sie aufwachsen und währenddessen beobachten, wie *wir* für die großen und kleinen Dinge in *unserem* Leben auf Gott vertrauen. Wenn sie Probleme haben, bei denen selbst wir, ihre Eltern, ihnen nicht helfen können, macht unser Vorbild es ihnen erheblich leichter, ihre Hoffnung auf den Herrn zu setzen.

Wenn wir nicht bekommen, was wir wollen

Wir haben nun gesehen, dass Gott uns befähigt, das grundlegende Bedürfnis unserer Kinder nach Stärke zu stillen, indem wir ihnen in ihrer Hilflosigkeit mit einer aufopfernden und auf Gnade gegründeten Liebe zur Seite stehen. Als Zweites haben wir gelernt, dass wir ihnen helfen, ihr Bedürfnis nach Stärke zu stillen, wenn wir ihnen Hoffnung geben, indem wir ihnen in den Bereichen ihres Lebens, in denen sie über ihre Hilflosigkeit hinausgewachsen sind, Verantwortung übertragen. Doch es gibt noch einen weiteren Bereich, in dem Gott uns gebrauchen will, um ihre Hoffnung zu stärken, und das sind die Situationen, in denen Gott ihre Probleme auf eine Weise löst, die sie selbst nicht gewählt hätten.

Unsere Kinder könnten beispielsweise körperliche Probleme haben, die sie daran hindern, mit ihren Freunden gleichzuziehen. Manchmal besteht ihre Unzulänglichkeit auf der intellektuellen Ebene. Vielleicht stellen sie fest, dass ihre Leistungen nie besser sind als der Durchschnitt, so sehr sie sich auch anstrengen. Manchmal ist es ein Beziehungsproblem, das sie nicht lösen können. Vielleicht haben sie einen Trainer, einen Lehrer oder einen Vorgesetzten, der ohne vertretbaren Grund einfach beschließt, sie abzuschreiben. Oder vielleicht ist es ein Freund oder eine Freundin, die sich plötzlich nicht mehr für sie interessiert.

In solchen Situationen hoffen sie auf ein körperliches Wunder, eine intellektuelle Erleuchtung oder eine glückliche Wende in der Beziehung, die plötzlich alles in Ordnung bringt. Der Gott, auf den wir vertrauen, geht nicht immer so mit diesen Problemen um, wie wir es erwarten oder erhoffen. Manchmal beantwortet er unsere Bitten mit einem „Nein“ oder „Warte“ oder „Später“. Das tut er, weil er daran arbeitet, uns zu verändern, uns zu stärken und uns näher zu sich zu ziehen. Er hat einen größeren Plan für uns, zu dessen Verwirklichung dieser Rückschlag beiträgt.

Kinder müssen lernen, auf Gottes Liebe zu hoffen, damit sie ihm wegen seines Wesens vertrauen können, während sie diese schmerzhaften Wege ihres Lebens gehen. Für das Kind, das in einer Krise steckt, dienen die Gnade, die es umgibt, die Liebe, die es erfährt, und der Charakter seiner Eltern, die ihm diese Gnade und Liebe erweisen, als eine Art natürliches Sprungbrett, um in Gottes letztendlicher Antwort auf seine Bitten zu ruhen. Das hilft ihm, zu hoffen, wo jeder andere aufgeben würde.

Paulus lernte, dass Gott manchmal unterschiedlich reagiert, wenn er ihn bat, einen „Dorn“ aus seinem Fleisch zu entfernen. Gelehrte der Bibel diskutieren darüber, worum es sich bei diesem Dorn handelte, doch für unser Beispiel genügt es, zu wissen, dass es einfach etwas war, das Paulus unablässig „peinigte“. Wie ein Dorn, der uns irgendwo unter der Oberfläche unserer Haut fortwährend sticht, war dieses Problem anhaltend und schmerzhaft. Paulus wollte, dass Gott es entfernte, doch die Antwort, die er bekam, lautete: „Nein.“ Gott sagte zu ihm: „Meine Gnade genügt dir, denn meine Kraft kommt in Schwachheit zur Vollendung“ (2. Kor. 12, 9).

Das Großartige an Paulus ist, dass die Hoffnung, die er bereits auf Gott *setzte* – das Vertrauen, dass Gott gut, freundlich und gnädig ist –, ihn befähigte, die Tatsache zu akzeptieren, dass er würde lernen müssen, mit diesem „Dorn“ zu leben. Er verwandelte ihn sogar in einen geistlichen Glücksfall. Sieh, was er weiter sagt:

> *Sehr gerne will ich mich nun vielmehr meiner Schwachheiten rühmen, damit die Kraft Christi bei mir wohne. Deshalb habe ich Wohlgefallen an Schwachheiten, an Misshandlungen, an Nöten, an Verfolgungen, an Ängsten um Christi willen; denn wenn ich schwach bin, dann bin ich stark.*
>
> 2. Korinther 12, 9–10

Kinder verfügen nicht über Paulus' jahrelange Erfahrung und hatten auch keine außergewöhnliche Begegnung mit Gott, wie Paulus auf dem Weg nach Damaskus.[1] Aber wenn sie mit Eltern aufwachsen, die auf Gnade gegründet sind, werden diese für sie zu einem Bezugspunkt, der sie inspiriert, zu lernen, wie man Gott inmitten des Schmerzes, der Verwirrung und der Ablehnung vertraut, die sie in der Zukunft sicherlich erwarten.

Paulus gebot der Gemeinde in Rom, dieses Prinzip zu befolgen. Er sagte:

> *Wir … rühmen uns aufgrund der Hoffnung der Herrlichkeit Gottes. Nicht allein aber das, sondern wir rühmen uns auch in den Bedrängnissen, da wir wissen, dass die Bedrängnis Ausharren bewirkt, das Ausharren aber Bewährung, die Bewährung aber Hoffnung;* ***die Hoffnung aber lässt nicht zuschanden werden,*** *denn die Liebe Gottes ist ausgegossen in unsere Herzen durch den Heiligen Geist, der uns gegeben worden ist.*
>
> Römer 5, 2–5

Es ist fast so, als hätte Paulus diese Worte dem Propheten Jesaja aus dem Mund genommen. Als er über die Auswirkungen der Unermüdlichkeit Gottes und sein unbegrenztes Verständnis für die Menschen, die keine Antworten mehr haben, spricht, sagt Jesaja: „Er gibt dem Müden Kraft und dem Ohnmächtigen mehrt er die Stärke. Jünglinge ermüden und ermatten, und junge Männer straucheln und stürzen. Aber die auf den Herrn hoffen, gewinnen neue Kraft; sie heben die Schwingen empor wie die Adler, sie laufen und ermatten nicht, sie gehen und ermüden nicht" (Jes. 40, 29–31).

Eine Checkliste für den Aufbau einer starken Hoffnung

Mit all dem im Hinterkopf, was wir bis jetzt in diesem Kapitel besprochen haben, wollen wir uns jetzt drei Dinge ansehen, die die Fähigkeit unserer Kinder erhöhen, ihr Bedürfnis nach Hoffnung auf übernatürliche Weise zu stillen:

1. *Kinder entwickeln eine starke Hoffnung, wenn sie wissen, dass ihre Eltern ihre von Gott gegebenen Fähigkeiten und Verantwortlichkeiten anerkennen und sie in Stützpfeiler für ihre Zukunft verwandeln.*

Es ist erheblich einfacher für unsere Kinder, sich auf eine hoffnungsvolle Zukunft zu freuen, wenn sie darauf vertrauen, dass wir, solange sie in unserer Obhut sind, alles tun, was in unserer Macht steht, um sie auf die Zukunft vorzubereiten. Der wahrscheinlich beste Vers, der sich mit diesem Punkt befasst, wird jedoch von vielen Eltern falsch angewendet. Ich spreche von Sprüche 22, 6, wo es heißt: „Gewöhne den Knaben an den Weg, den er gehen soll, so wird er nicht davon weichen, wenn er alt wird!" *(Schlachter).*

Manche Eltern deuten diesen Vers so, dass unsere Kinder die moralischen und geistlichen Grundsätze, die ihnen in ihrer Kindheit beigebracht wurden, auch später beibehalten, wenn wir sie in einem christlichen Zuhause aufziehen, sie in die Gemeinde und zur Sonntagsschule bringen, sie auf die Fallstricke der verdorbenen Welt um sie herum hinweisen und sie vielleicht in eine sichere Umgebung schicken (christlicher Kindergarten, christliche Schulen, christliche Freunde). Darüber hinaus halten sie es für notwendig, dass ihre Kinder sich die Zehn Gebote einprägen, ein christliches Sommerlager besuchen und beten, bevor sie zu Bett gehen.

Oberflächlich betrachtet könnten sie damit recht haben. Das Problem ist, dass ich dir jede Menge Beispiele von Kindern nennen kann, die zwar in den eben genannten Rahmenbedingungen aufwuchsen, aber die geistliche Lehre ihrer Jugend ablehnten, als sie älter wurden.

Wenn Eltern sehen, dass das geschieht, fragen sie sich, ob Gott das Versprechen, das er ihnen gab, gebrochen hat. Natürlich hat er das nicht. Schon viele haben über das geschrieben, was ich gerade erklären will, deshalb sind meine Beobachtungen weder besonders noch weltbewegend.[2] Was viel erstaunlicher für mich ist, ist die Tatsache, dass so viele Menschen Sprüche 22, 6 weiterhin falsch anwenden.

Wenn man den Vers aus dem Hebräerbrief aufgliedert, stellt man fest, dass der Teil „gewöhne den Knaben" auf interessante Weise gebraucht wird. Der Ausdruck „gewöhnen" wird in anderen hebräischen Texten benutzt, um eine Methode zu beschreiben, die die Hebammen in früheren Zeiten anwendeten, um bei Neugeborenen den Saugimpuls zu wecken. Gleich nach der Geburt tauchten sie ihren Zeigefinger in den Saft gestampfter Trauben oder Datteln und massierten den Gaumen und das Zahnfleisch des Babys damit. Abgesehen davon, dass das Kind daraufhin zu saugen begann, reinigte dieser Prozess den Mund des Neugeborenen auch von Resten des Fruchtwassers.

In Sprüche 22 sagt der Verfasser damit, dass wir die Kindheit als Gelegenheit benutzen sollten, in diesem Kind einen reinen und gesunden Durst nach dem Leben zu wecken, das Gott einzigartig für dieses Kind erschaffen hat. Nun wunderst du dich vielleicht, wie ich das alles aus den Worten „gewöhne den Knaben …" herausgezogen habe. Das habe ich nicht. Das ergibt sich erst, wenn man „gewöhne den Knaben …" im Zusammenhang mit „an den Weg, den er gehen soll" liest. In manchen Übersetzungen heißt es hier: „Erziehe den Knaben seinem Weg gemäß" *(Elberfelder),* was eine wörtlichere Übersetzung des hebräischen Wortes *dereck* ist. In Psalm 11 kommt dieses Wort auch vor, dort beschreibt es das Spannen eines Bogens. Statt „seinem Weg gemäß" könnte man also auch sagen: „Entsprechend seinen Neigungen."

Wenn du aus dem Ast eines Baumes einen Bogen machst, siehst du dir den Ast zuerst genau an, um seine natürliche „Neigung" festzustellen. Erst dann bindest du ihn mit einer Schnur fest. Wenn du ihn entgegen seiner natürlichen Neigung biegen würdest, würde der Ast brechen. Auf dieselbe Weise sollen wir auch unsere Kinder entsprechend ihrer natürlichen Neigungen aufziehen. Das bedeutet, dass wir ihnen zur Seite stehen und sie gezielt darin unterstützen, das Potenzial ihrer *natürlichen* und *einzigartigen* Gaben und Fertigkeiten voll auszuschöpfen, sodass sie ihnen in der Zukunft als Stützpfeiler dienen.

„Seinem Weg gemäß" bedeutet auch, dass wir unsere Kinder genau genug studieren müssen, um zu erkennen, welche natürlichen Neigungen sie haben, die sie in die falsche Richtung drängen. Vielleicht kämpfen sie mit übermäßiger Furcht, mit Schüchternheit, Eigensinn, Streitlust, Abhängigkeit, Unabhängigkeit, mit ihrem Sexualtrieb oder sie gehen unnötig gefährliche Risiken ein. Wir können ihre Anfälligkeit für Derartiges nicht verschwinden lassen, aber wir müssen sie bei unserer Erziehung berücksichtigen und unsere Kinder lehren, wie sie angemessen damit umgehen.

Ich weiß, das ist ein harter Brocken. Die meisten Eltern, die das hören, sagen: „Wie um alles in der Welt soll ich das machen?" Aber im Grunde ist es gar nicht so schwierig. Es beginnt damit, dass du einen Plan für die persönliche Entwicklung *deiner* Fähigkeiten und Neigungen entwickelst. Dein Vorbild wird deine Kinder viel mehr lehren als jedes deiner Worte. Als Zweites musst du gegenüber den Neigungen deiner Kinder die richtige Einstellung haben. Gott hat deine Kinder einzigartig erschaffen. Er hat wunderbare Gaben, aber auch Schwächen in sie hineingelegt, die es erforderlich machen, dass sie sich auf ihn stützen, um Kraft und Hilfe zu bekommen.

Wir müssen ihnen mit Begeisterung dabei helfen, Möglichkeiten zu schaffen, in denen sie ihre Gaben und Fertigkeiten zum Einsatz bringen können. Das wird uns Gnade abverlangen, weil die Gaben und Fertigkeiten unserer Kinder möglicherweise in den Bereichen unserer natürlichen Schwächen liegen. Wenn du eine unsportliche Mutter bist, aber deine Kinder sehen, dass du alles tust, um sie zum Training, zu Spielen oder zu Wettkämpfen zu fahren, sehen sie Liebe in Aktion. Wenn du es hasst, in Kunstmuseen herumzuwandern, aber deine Töchter sehen, dass du keine Mühe scheust, um sie zu einer Monet-Ausstellung zu fahren, werden sie Gnade spüren.

Derartige Bemühungen geben ihnen große Hoffnung. Sie entspannen sich, weil sie wissen, dass sie von Eltern aufgezogen werden, die ihren inneren Wert erkennen. Sie schöpfen Hoffnung, wenn sie sehen, dass ihre Eltern nicht versuchen, sie zu Miniausgaben ihrer selbst zu machen oder die innere Struktur, die Gott ihnen zugedacht hat, nach ihren Wünschen zu verändern.

Wir brauchen vor allem dann Gnade, wenn wir uns mit den Anfälligkeiten oder Schwächen unserer Kinder befassen. Dann werden unsere Geduld und unsere Vernunft auf die Probe gestellt. Kinder müssen sehen, dass ihre Eltern auf ihre Schwächen eingehen, ohne dabei eine gehässige oder verachtende Haltung einzunehmen. Wenn sie merken, dass ihre Eltern Freude daran haben, Fertigkeiten für das Leben in ihnen zu fördern, die ihre Unzulänglichkeiten ausgleichen, entwickeln sie ein starkes Gefühl der Hoffnung für ihre Zukunft.[3] Dann erkennen sie, dass es jemanden in ihrem Leben gibt, der sie vollkommen liebt und das Beste für sie will.

2. Kinder entwickeln eine starke Hoffnung, wenn ihre Eltern sie dazu anleiten und ermutigen, ein großes geistliches Abenteuer zu leben.

Du willst das vielleicht nicht hören, aber christliche Kinder in *vollkommener Sicherheit aufzuziehen,* gleicht einer Katastrophe. Deine Bemühungen werden einen dürftigen Glauben und kümmerliche Gläubige hervorbringen. Kinder, die in einer Umgebung aufwachsen, deren Schwerpunkt auf Sicherheit liegt, sind auf dem besten Weg, evangelikale Schwächlinge zu werden. Sie werden entweder dazu neigen, gegenüber der Welt übermäßig kritisch zu sein, was sogar so weit gehen kann, dass sie mit den *Menschen* in der Welt nichts mehr zu tun haben wollen – eine Idee, die direkt aus Satans Drehbuch stammt. Oder aber sie nehmen eine völlig naive Haltung gegenüber der Welt an, was sie zu Wachs in Satans Händen macht. Er zerkaut solche Menschen, als wären sie geistliche Chicken McNuggets und verschlingt sie komplett. Wenn sie als junge Erwachsene schließlich mit dem ganzen Druck der Welt „da draußen" konfrontiert werden, wissen nur wenige, wie sie daraus eine Gelegenheit zur geistlichen Einflussnahme machen können.

Ebenso wie die Bezeichnung „Riesenshrimp“ ist auch ein auf Sicherheit basierendes Christentum ein Widerspruch in sich. Ein Leben zu führen, das Jesus Christus vollkommen hingegeben ist, war noch nie der Weg dafür, ein *sicheres* Leben zu führen. Es ist vielleicht der Weg, ein *gutes* Leben zu haben, aber kein sicheres. Jesus ist nicht auf Sicherheit aus, aber er ist immer gut.[4] Im Kern seiner *Güte* (lies: „Gnade“) bietet er uns einen sicheren Zufluchtsort für ein gefährliches Leben. Das ist es, was auch ein Zuhause bietet, das auf Gnade gegründet ist – ein verlässliches Elternpaar und Geschwister, in deren Mitte ein Kind Entscheidungen treffen kann, die sein Leben verändern, wie beispielsweise, wer in seinem Leben herrschen wird.

Diese Familien ruhen in der Zuversicht, dass Gott unsere Kinder liebt. Die beste Zeit, um zu beginnen, diese Zuversicht in unseren Kindern aufzubauen, ist, wenn Gott sie uns als Babys schenkt. Sie müssen in den ersten Jahren ihres Lebens beobachten, wie ihre Eltern inmitten unserer Gesellschaft leben. Wenn deine Kinder älter werden, musst du zulassen, dass sie in geistliche Zwangslagen geraten, damit sie lernen, auf Christus zu vertrauen und ihre Hoffnung auf seine Güte zu stärken.

Es *gibt* Risiken. Wir müssen unser Vertrauen auf einen Gott setzen, der nichts Unerfreuliches in das Leben unserer Kinder bringt, *außer* den Dingen, die er bewusst dazu gebrauchen will, sie zu seinem Bild umzuformen. Diese Gewissheit sollte bei unseren Überlegungen, wie wir die Hoffnung unserer Kinder zu einer starken Hoffnung machen können, vorrangig sein.[5] Das ist es, was der Verfasser des Hebräerbriefs meint, wenn er in Kapitel 11, 1 sagt: „Der Glaube aber ist eine Wirklichkeit dessen, was man hofft, ein Überführtsein von Dingen, die man nicht sieht.“ Zwei Verse später liefert der Verfasser den Beweis, dass wir einen Gott haben, dem wir in unserem täglichen Leben vertrauen können, indem er uns daran erinnert, dass er derselbe Gott ist, der aus dem Nichts das ganze Universum erschaffen hat: „Durch Glauben verstehen wir, dass die Welten durch Gottes Wort bereitet worden sind, so dass das Sichtbare nicht aus Erscheinendem geworden ist“ (Hebr. 11, 3). Es ist interessant, dass der Gott der Schöpfung jedes Mal, wenn er etwas erschaffen hatte, sagte, es sei „gut“.[6] Aber beachte: Er behauptete nie, dass das, was er erschaffen hatte, „sicher“ sei. Verbringe nur einmal eine Nacht auf dem Meer, wenn ein schrecklicher Sturm herrscht – dann wirst du erkennen, wie unsicher das Universum sein kann.

Das Interessante an Hebräer 11, dem berühmten „Glaubenskapitel“, ist, dass hier die Mitglieder der biblischen Ruhmeshalle aufgeführt sind. Hier finden wir einige der am meisten geschätzten Diener, die Gott je hatte:

> *Und was soll ich noch sagen? Denn die Zeit würde mir fehlen, wenn ich erzählen wollte von Gideon, Barak, Simson, Jeftah, David und Samuel und den Propheten, die durch Glauben Königreiche bezwangen, Gerechtigkeit wirkten, Verheißungen erlangten, der Löwen Rachen verstopften, des Feuers Kraft auslöschten, des Schwertes Schärfe entgingen …*
>
> Hebräer 11, 32–34

So viel zum Thema sicheres Christentum. Der Verfasser fährt fort:

> *… aus der Schwachheit Kraft gewannen, im Kampf stark wurden, der Fremden Heere zurücktrieben. Frauen erhielten ihre Toten durch Auferstehung wieder; andere aber wurden gefoltert, da sie die Befreiung nicht annahmen, um eine bessere Auferstehung zu erlangen. Andere aber wurden durch Verhöhnung und Geißelung versucht, dazu durch Fesseln und Gefängnis. Sie wurden gesteinigt, zersägt, starben den Tod durch das Schwert, gingen umher in Schafpelzen, in Ziegenfellen, Mangel leidend, bedrängt, geplagt. Sie, deren die Welt nicht wert war, irrten umher in Wüsten und Gebirgen und Höhlen und den Klüften der Erde. Und diese alle, die durch den Glauben ein Zeugnis erhielten, haben die Verheißung nicht erlangt, da Gott für uns etwas Besseres vorgesehen hat, damit sie nicht ohne uns vollendet werden sollten.*
>
> Hebräer 11, 34–40

All das lässt sicher nicht das Gefühl in dir aufkommen, dass dir das Leben mit Christus dabei hilft, dem Bösen auf der Welt oder den Feuerproben, denen enge Beziehungen immer wieder unterzogen werden, ein Ende zu bereiten. Wer glaubt, die beste Möglichkeit, ein Kind auf geistliche Reife vorzubereiten, bestünde darin, es von der bösen, verdorbenen Welt fernzuhalten oder seine Umgebung in seiner Kindheit so zu beschönigen, dass ihm nur Gutes widerfährt, sodass es nie lernt, mit dem Bösen (oder der Täuschung) umzugehen, beschwört damit für das Kind bestenfalls ein Leben in Mittelmäßigkeit und schlimmstenfalls seine geistliche Zerstörung herauf. Denke nur einmal daran, wie ineffektiv unser Militär wäre, wenn die Soldaten nicht in simulierten Szenarien trainiert würden, die den *tatsächlichen* Herausforderungen entsprechen, auf die sie auf dem Schlachtfeld letztendlich treffen werden. Sie wären Kanonenfutter, wenn wir nicht ein gefährliches, aber wohl durchdachtes Trainingsprogramm aufstellen würden, das sie sorgfältig auf das Tempo vorbereitet, das nötig ist, um im Kampf gegen ihre Feinde zu überleben.

Wenn es darum geht, das dringende innere Bedürfnis unserer Kinder nach Stärke zu stillen, ist die Gefahr jedoch leider groß, dass wir versuchen, eine *Sicherheit garantierende* statt einer *starken* Hoffnung in ihnen aufzubauen. Der Grund dafür ist, dass es in der heutigen Gesellschaft vieles gibt, das für unsere Kinder eine Bedrohung darstellen kann. Wir müssen jedoch bedenken, dass es nichts mit Gnade oder Fürsorge zu tun hat, wenn wir zulassen, dass die Ängste, die uns als Eltern herausfordern, unsere Pläne bestimmen – vor allem, wenn es um unsere Kinder geht. Wenn ich Eltern frage, warum sie ihre Kinder in einer derart hermetisch abgeriegelten Umgebung aufwachsen lassen, bekomme ich oft eine Erklärung wie die folgende zu hören: „Mein Kind ist sehr verwundbar und zerbrechlich [das ist wahr, das sind Kinder], die Welt ist verdorben und schlecht [auch das ist richtig] und Satan ist böse und zerstörerisch [gleichermaßen wahr], *deshalb* haben wir die Entscheidung getroffen, unser Kind zu *schützen*."

Wenn ich diese Standardtrilogie von Begründungen höre, denke ich immer dasselbe: „Ihr habt etwas extrem Wichtiges vergessen, was die Fähigkeit eures Kindes betrifft, eine starke Hoffnung und Zuversicht auf den Herrn zu entwickeln. Es ist wahr – euer Kind ist verwundbar, die Welt ist schlecht und Satan ist zerstörerisch, aber es gibt noch einen weiteren Punkt, der all diese Sorgen übertrumpft. Gott ist mächtig! Er ist stark. Er hatte das erste Wort (‚Ich bin das Alpha') und er wird das letzte Wort haben (‚Ich bin das Omega')."[7]

Wenn wir Sicherheit zur Priorität machen, sagen wir unseren Kinder damit, dass wir Gott für unfähig halten, für seine Kinder zu tun, was er versprochen hat. Gott will ganz offensichtlich, dass wir unsere Kinder mit Bedacht in einer verdorbenen Welt großziehen und dabei sorgfältig darauf achten, dass sie sich nicht mit Problemen herumschlagen müssen, die zu groß für sie sind. Manche Eltern glauben, *jeder* Druck, den die Welt ausübt, sei zu groß für ihre Kinder. Tatsache ist, dass ohne die Kraft Gottes, die in uns wirkt, niemand – weder ein Kind noch ein Erwachsener – der Welt gewachsen ist. Doch wenn wir unsere Zuversicht auf Gottes Kraft setzen statt auf die Sicherheitsnetze, die wir um unsere Kinder herum aufgezogen haben, stellen wir fest, dass auch Kinder lernen können, sich darauf zu verlassen, dass Gottes überwältigende Gegenwart sie sowohl beschützt als auch befähigt, inmitten der Welt zu gedeihen.

Ja, ich behaupte, dass christliche Familien viel besser dran wären, wenn sie ihre Kinder in einer Umgebung aufziehen würden, wo sie geistliche Risiken eingehen müssen, aber damit sage ich nicht, dass sie ihre Kinder verantwortungslos erziehen sollen. Verantwortungslose Familien ziehen ihre Kinder in der Welt auf, ohne ihnen zu zeigen, wie sie sich Gottes Kraft zunutze machen und ein Leben führen können, das sich von der Denkweise der Welt abhebt. Zu viele Eltern halten es für unmöglich, ihre Kinder inmitten einer verdorbenen Welt angemessen zu erziehen. Offensichtlich haben sie der Kirchengeschichte nicht einmal einen oberflächlichen Blick gewidmet. Wenn sie das getan hätten, hätten sie erkannt, dass wir nicht dort hingelangt sind, wo wir heute sind, indem wir hinter den sicheren Linien des geistlichen Kampfes gewirkt haben.

Wenn Menschen, die in auf Sicherheit ausgerichteten, von Furcht gesteuerten christlichen Kreisen leben, das Wort „Risiko" sehen und es sofort mit „verantwortungslos" *assoziieren,* bietet ihnen das die willkommene Möglichkeit, einen Rückzieher zu machen. Sie wissen sehr gut, dass Eltern sehr viel ausgebuffter sein müssen, um ihre Kinder an der vordersten Front der Welt aufzuziehen. Du kannst deine Kinder nicht vor der Tür religiöser Experten oder Lehrer absetzen und dann denken, du hättest deine Pflicht getan. Du kannst sie nicht in evangelikale Klubs oder Jugendprogramme schicken, in denen sie eine Menge Freiübungen machen müssen, und dann denken, sie seien irgendwie vorbereitet. Vielleicht musst du sie selbst über das Schlachtfeld führen. Das ist keine einfachere Form der Erziehung – nur eine bessere. Auf lange Sicht bringt sie geistlich starke und gesunde Kinder hervor.

Kinder in evangelikalen Verstecken zu erziehen und ein geistliches Disneyland zu schaffen, wirkt der Entwicklung einer starken Beziehung zu Christus direkt entgegen. In einem auf Sicherheit gegründeten Christentum geht es nicht um eine Beziehung zu Jesus Christus, sondern, wenn überhaupt, um die Beziehung zu einer westlichen, der Mittelklasse entstammenden Karikatur von Jesus Christus. Diese Möglichkeit bietet sich der Mehrheit der christlichen Eltern auf der ganzen Welt (insbesondere der Dritten Welt) nicht einmal ansatzweise. Dass Kinder behütet erzogen werden, ist ebenso ein Produkt des Wohlstands, wie so manch anderes.

Um es offen zu sagen: Der Grund, warum Eltern sich dafür entscheiden, ihre Kinder in aufs Höchste geschützten geistlichen Enklaven großzuziehen, besteht darin, dass *sie es sich leisten können.* Die Geschichte hat jedoch gezeigt, dass der Heilige Geist Gottes schon immer einen besseren Schutz für unsere Kinder geboten hat, als die Scheckhefte ihrer Eltern es je tun könnten.

Eine geschützte Umgebung lässt nicht zu, dass sich im Charakter des Kindes ein geistliches Antikörpersystem entwickelt. Das bringt eine Generation von Menschen hervor, die *innerhalb* einer geistlich sterilisierten Umgebung bleiben *müssen,* um zu gedeihen. Das sind nette Systeme, aus denen nette Kinder hervorgehen, die nette Kinder heiraten, die in nette Gemeinden gehen und mit netten, gleichgesinnten Freunden herumhängen. In der Zwischenzeit bleiben die verlorenen Menschen in der Welt um sie herum weiterhin in ihrem todgeweihten Zustand. In einer solchen Umgebung gibt es kaum geistliche Abenteuer. Gott ist nett, Jesus wird zu einem Plüschtier, das wir knuddeln, und wir werden bedeutungslos.

Ein Ehepaar, mit dem ich befreundet bin, Wayne und Kit, hat beschlossen, ihre Kinder in der raueren Gegend der Innenstadt von Phoenix großzuziehen. Sie haben ihren Kindern gezeigt, wie sie ihr Zuhause in ein Leuchtfeuer für ihre leidenden Mitmenschen verwandeln können. Nachdem ihre Tochter Heather die Highschool abgeschlossen hatte, schickten ihre Eltern sie auf eine der führenden evangelikalen Universitäten der Vereinigten Staaten – eine Schule, die sich damit brüstet, die nächste Generation von Auslandsmissionaren auszubilden.

Zusammen mit einigen ihrer Mitstudenten hatte sich ihre Tochter dafür gemeldet, während der Frühjahrsferien in einem Waisenhaus auf Haiti zu arbeiten. Sie wollten zu den dortigen Missionaren eine Beziehung aufbauen und im darauffolgenden Sommer dann für längere Zeit wiederkommen, um den Kindern zu dienen. Alles war bestens – bis in der Missionsabteilung dieser Universität ein Anruf einging. Anscheinend hatte die Mutter eines der Teammitglieder die Reisewarnungen des Auswärtigen Amtes für Haiti gelesen. Aufgrund der Unruhen in dieser Region riet das Auswärtige Amt vor der Einreise in dieses politisch instabile Land ab.

Die Mutter der Studentin wollte wissen, ob man in der Schule über die Warnung des Auswärtigen Amtes informiert sei. Der Leiter der Missionsabteilung versicherte ihr, dass man durchaus Kenntnis davon besaß. Er erwähnte auch, dass viele Regionen auf der Welt, die das Evangelium am meisten brauchten, auf dem Radarschirm des Auswärtigen Amtes erschienen. Dann fragte die Mutter, ob die Universität ihr die Sicherheit ihrer Tochter garantieren könne. Er erklärte ihr, dass man seitens der Schule sorgfältig darauf achtete, die notwendigen Sicherheitsvorkehrungen zu treffen, und man jeden Grund zu der Annahme hatte, dass die Studenten während ihrer Missionszeit in Sicherheit waren. „Niemand kann garantieren, dass *nichts* passieren wird“, sagte er. „Es besteht immer Gefahr, wenn wir das Evangelium in die hoffnungslosen Teile der Welt bringen, aber wir vertrauen auf den Herrn, dass er über uns wacht und uns nichts in den Weg stellt." Das war eine gute Antwort – und auch eine biblische Antwort.

Daraufhin sagte die Mutter, sie würde eine gerichtliche Klage gegen die Universität einreichen, wenn ihrer Tochter irgendetwas passierte. Das setzte die Alarmglocken in Gang. Das war der Punkt, an dem diese führende christliche Universität – eine Institution im Hochschulbereich, die sich rühmte, die nächste Generation von Weltmissionaren auszubilden –, beschloss, ihre Rechtsanwälte darüber entscheiden zu lassen, auf wen sie ihr Vertrauen setzen sollten. Die Anwälte, deren Aufgabe es war, das finanzielle Interesse der Universität im Auge zu behalten, glaubten, der Schule wäre besser gedient, wenn sie den Studenten nicht erlauben würde, in eine gefährliche Region wie Haiti zu reisen. Ihre Nachforschungen ergaben, dass ein nahe gelegenes christliches College von den Eltern eines jungen Mannes, der auf einer Auslandsmissionsreise verletzt worden war, verklagt und daraufhin verurteilt worden war. Die Schule stellte sich auf die Seite der Anwälte, der Schwanz wedelte mit dem Hund und die Missionsreise wurde abgesagt.

Meine Frage würde lauten: „Wenn wir in unseren Kindern eine starke Hoffnung aufbauen wollen – eine kraftvolle Zuversicht auf den Gott des *Universums* – warum lassen wir dann nicht ihn entscheiden, wo wir hingehen?" Meine Erfahrung ist, dass Gott unbegrenzte Fähigkeiten besitzt. Deshalb haben wir nie gezögert, selbst in konfliktgeladene Regionen der Welt zu reisen *und* unsere Kinder (ohne unsere Begleitung) an diese Orte zu schicken. Meine Frau und ich haben in Gefahrenherden in Afrika, Israel und Ägypten gearbeitet. Ich ging durch finstere Seitengassen in Indonesien, Papua-Neuguinea und China. Unsere Kinder haben in armen Ländern in ganz Mittelamerika und im alten Europa gedient. Wir haben unserem Sohn sogar erlaubt, während eines seiner ersten Jahre auf der Highschool allein nach Indien zu reisen, um dort zu dienen. Das bedeutet nicht, dass wir nicht unsere Hausaufgaben machen und die notwendigen Vorkehrungen treffen sollten, aber es bedeutet, dass wir darauf vertrauen sollten, dass Gott die Kontrolle besitzt und dass wir wissen, womit wir es zu tun haben.

Ich bin dankbar, dass die frühen Jünger nicht erst ihre Anwälte konsultierten, bevor sie mit ihren Familien und ihren jungen Stellvertretern in die verschiedenen heidnischen Städte gingen, von denen die alten Landkarten übersät waren. Hätten sie gedacht: „Sicherheit geht vor!“, würde es keine Gemeinde geben, keine Erlösung, keine Gnade und keine Hoffnung.

Um die Geschichte zu Ende zu erzählen, Heather kaufte der Missionsabteilung der Schule ihr Ticket schließlich ab und ging *auf eigene Faust* nach Haiti. Da die Schule bereits Kisten mit medizinischem Bedarfsmaterial und Lehrmitteln bereitgestellt hatte, erlaubten sie Heather, diese mitzunehmen. Die zierliche Collegestudentin flog mit vollem Vertrauen auf den Gott, der seinen einzigen Sohn gesandt hatte, um für die Menschen auf Haiti zu sterben, nach Port-au-Prince. Gott gebrauchte sie mächtig. Diese Reise beeindruckte Heather wie noch keine andere zuvor. Im Sommer reiste sie erneut nach Haiti und diente dort auf einer ausgedehnten Missionsreise. Heather ist jetzt verheiratet. Sie und ihr Mann vertrauen unbeirrbar auf Gottes Kraft in ihrem Leben.

Die Vorstellung, die viele christliche Eltern davon haben, wie sie den Glauben ihres Kindes aufbauen können, ähnelt der, ihnen zu Hause auf dem Wohnzimmerteppich das Schwimmen beibringen zu wollen. Sie wollen sie dazu nicht ins Wasser lassen, weil sie dann ertrinken könnten. So lernen diese Kinder nicht, wie man einen starken, kühnen Glauben lebt, sie wissen nur, wie man so tut als ob. Eine weitere Analogie einer traditionellen und risikolosen christlichen Erziehung ist ein mächtiges Schiff, das sorgfältig gebaut und zu Wasser gelassen wurde, jedoch nie den Hafen verlässt. Die junge Besatzung lernt eifrig, wie man segelt, doch sie gleiten nie hinaus aufs offene Wasser, gelangen nie aus der Sichtweite des Ufers und setzen nie die Segel.

Es ist beispielsweise verführerisch, unsere Kinder an Missionsstandorte zu schicken, die gleichzeitig als Ferienort fungieren. Und wenn sie in der näheren Umgebung ihres Wohnortes dienen, worin besteht dann das geistliche Abenteuer, wenn sie mit einem Chor umherziehen und in dem geschützten Rahmen christlicher Schulen und

Jugendgruppen sowie den Sonntagabendgottesdiensten von Gemeinden singen? Die gefährlichsten Orte auf der Welt sind diejenigen, die Christus am meisten brauchen. Dort ist es, wo Abenteuer gelebt, Hoffnung entwickelt und Kraft aufgebaut wird. Es ist oft tatsächlich besser für unsere Kinder, wenn sie ihren Glauben zu den verlorenen und verzweifelten Menschen auf der Straße hinaustragen. In dieser Situation können sie sich den Luxus, mittels geistlichem Autopilot zu fliegen, nicht leisten. Dann müssen sie auf Gott vertrauen, um Erfolg zu haben.

Die Kinder Israels, die während des Exodus aus Ägypten flohen, mussten lernen, ihre Hoffnung auf Jehova, auf Gott, zu setzen. Ihre Feinde waren bedrohlich, zahlreich und mächtig. Aber Gottes Volk lernte, für seinen Sieg auf den Herrn zu vertrauen, als es beobachtete, wie *er* diese mächtigen Feinde überwältigte. Am Ende des Buchs Josua jedoch begann die Generation, die das verheißene Land erobert hatte, sich niederzulassen und die Frucht ihrer Siege zu genießen.

Sieh, wie es ihren Nachkommen erging. Der relative Frieden und die Sicherheit eines eroberten Landes führten bei ihnen zu Selbstzufriedenheit, Mittelmäßigkeit und Gleichgültigkeit. Die ersten Verse des dritten Kapitels im Buch der Richter geben uns eine gewaltige Einsicht, wie wir in unseren Kindern eine starke Hoffnung aufbauen können: „Das sind die Nationen, die der Herr bleiben ließ, um durch sie Israel zu prüfen, alle jene, die all die Kriege um Kanaan nicht kannten – nur damit er die Generationen der Söhne Israel erkenne, indem er sie den Krieg lehrte, und zwar nur die Kriege von damals, die sie nicht kannten“ (Ri. 3, 1–2).

Auf Gnade gegründete Eltern machen es sich nicht zum Ziel, rundum beschützte Kinder aufzuziehen. Stattdessen wollen sie *starke* Kinder aufziehen. Kinder, die in geistlicher Hinsicht zu sehr in Watte gepackt werden, erfahren selten, wie wunderbar und mächtig ihr Gott wirklich ist. Geistliche Sicherheit verursacht geistliche Unfähigkeit. Wenn du starke christliche Kinder aufziehst, lautet die gute Nachricht, dass sie in diesem Prozess auch zunehmend beschützt sind. Sie erfahren Gottes Liebe, sie sehen, wie er wirkt, und sie lernen, wie sie Kraft von ihm beziehen können.

3. Kinder entwickeln eine starke Hoffnung, wenn ihre Eltern ihnen helfen, ihre Kindheit zu einer Folge positiver Errungenschaften zu machen.

Die Chance, dass das innere Bedürfnis unserer Kinder nach einer starken Hoffnung gestillt wird, ist weitaus größer, wenn ihre Eltern einen Plan haben, wie sie sie zu erfolgreichen Erwachsenen machen können. Wir müssen einige grundlegende Prognosen darüber anstellen, was unsere Kinder wahrscheinlich am meisten brauchen werden, um in der Zukunft erfolgreich zu sein, und ihre Kindheit dann dazu nutzen, das in ihrem Leben aufzubauen.

Unsere Kinder müssen lernen, hart zu arbeiten, mit schwierigen Menschen auszukommen, verwirrende Probleme zu lösen, mit Geld umzugehen, Buße zu tun, zu vergeben, gut auf ihren Körper, ihren Verstand und ihren Geist zu achten, eine große Gottesfurcht zu haben, wenig Menschenfurcht zu haben, zur richtigen Zeit zu lachen, zur richtigen Zeit zu weinen und aus den Menschen, die ihnen nahestehen, das Beste herauszuholen. Das passiert nicht durch Zufall. Ihre Kindheit bietet uns Eltern reichlich Zeit dafür, ihnen die Gewissheit zu geben, dass sie alles bekommen haben, was sie brauchen, um zuversichtlich ins Erwachsenenleben eintreten zu können.

Ein gutes Beispiel – und ein guter Anstoß

Gnade spielt eine große Rolle dabei, deine Kinder in Erfolgsmenschen zu verwandeln. Erfolg hat sowohl eine positive als auch eine negative Dimension. Auf der einen Seite sind die meisten Kinder von Natur aus faul, weshalb sie geneigt sind, sich hinsichtlich ihrer persönlichen Entwicklung zu niedrige Ziele zu stecken. Sie gehen ganz selbstverständlich den Weg des geringsten Widerstands.

Wenn diese Kinder als Erwachsene jedoch irgendeine Hoffnung haben wollen, müssen sie ihr Potenzial nutzen, ihre Wünsche in gesunden Schranken halten, ihre Stärken in die richtigen Bahnen lenken und ihren Schwächen mutig ins Gesicht sehen. Es ist viel einfacher für sie, in diesen Bereichen unserem Beispiel zu folgen, als unseren Rat anzunehmen. Sie müssen sehen, dass wir unsere finanziellen Wünsche, unseren Appetit und unsere emotionalen Schwächen in Schranken halten. Wenn unsere Kinder während ihrer Kindheit beobachten, wie wir intellektuell und geistlich wachsen, gehen ihnen diese Ziele viel eher in Fleisch und Blut über.

Unser Vorbild ist eine bedeutende Möglichkeit, unseren Kindern dabei zu helfen, die Entschlossenheit zu persönlichem Erfolg zu entwickeln, aber das ist nicht genug. Der Grund dafür ist der „Charakterzug der Faulheit", den ich vorhin erwähnt habe. Abgesehen davon, dass wir ihnen ein gutes Vorbild sind, müssen wir unsere Kinder täglich lehren, wie sie ihre Neigung zu schwachen Leistungen überwinden können. Eltern, die ihre Kinder mit dem Gefühl der Hoffnung in die Zukunft schicken wollen, müssen die Kunst des „behutsamen Drängens" lernen, indem sie realistische Maßstäbe setzen und ihre Kinder dann sanft in die richtige Richtung dirigieren.

Wenn Eltern ihre Kinder voller guter Absichten in Erfolgsmenschen verwandeln wollen, kann es leicht passieren, dass sie dabei über die Stränge schlagen. Unter anderem kann sich ihr Erfolg negativ auf ihren Charakter auswirken. Betrüger kommen manchmal mit ihrer Masche davon. Eindimensionale Menschen besitzen am Ende oft mehr Geld. Selbstsucht, Gerissenheit und Hinterlist sind oft der schnellere Weg zum Ruhm.

Gnade gibt vor, dass wir die Erfolgsziele unserer Kinder im Rahmen ihrer übergeordneten Rolle als Mitglieder von Gottes erwähltem Volk abstecken. Sie müssen ihre Entschlossenheit zum Erfolg als einen Weg ansehen, der Gott verherrlicht und sie für andere wertvoller macht. Gnade hilft uns, den Erfolg auf seinem rechtmäßigen Platz zu belassen – als Mittel zum Zweck.

Gnade bewahrt uns auch davor, dass wir unsere Kinder unbewusst zu extrem leistungsorientierten Menschen machen. In den allermeisten Fällen fordert eine übermäßig gute Leistung einen Preis, der den Wert dessen, was erreicht wurde, übersteigt. Ob es sich nun um Sport, eine akademische Ausbildung, Unterhaltung, Musik oder auch ihr geistliches Leben dreht, müssen wir Gnade zeigen, indem wir ihnen ein vernünftiges Tempo vorgeben, realistische Ziele setzen und bereit sind, es zu akzeptieren, wenn ihnen etwas zu viel wird.

Vieles, was Eltern ihre Kinder lehren, macht sie nicht zu besseren Menschen, es macht sie nur kompetenter als andere. Ich erinnere mich noch daran, dass ich einmal von einem Vater las, der sich dafür aufopferte, seine Kinder zu Hause zu unterrichten. Sie wurden kolossale Studenten mit ausgezeichneten akademischen Abschlüssen – und hervorragende Buchstabierer. Der Erstgeborene wurde bald der regionale Champion und zeigte bei weiteren Buchstabierwettbewerben so gute Leistungen, dass er sich unter den Besten des ganzen Bundesstaates einreihte. Das nächste Kind folgte seinem Beispiel. Es dauerte nicht lange, bis die Familie dieses Mannes die Buchstabierwettbewerbe auf nationaler Ebene anführte.

Während der Vater daran arbeitete, seinen Kindern diese Fertigkeit zu vermitteln, verlor er irgendwann das übergeordnete Ziel aus den Augen. Wenn sie bei ihren Buchstabierübungen einen Fehler machten, wurde er sehr ärgerlich. Er misshandelte sie körperlich, wenn sie aus einem Wettbewerb ausschieden, und verwandelte das Erlernen einer Fertigkeit in einen Albtraum. Sein Stolz verlangte, seine Kinder im Kreis der Sieger zu sehen – ungeachtet dessen, was ihnen das abverlangte. Für Außenstehende war leicht zu erkennen, dass die Fähigkeit, ein Wort buchstabieren zu können, das kaum jemand benutzt, nicht dazu führt, dass er ein besserer Mensch wird, nur ein besserer Buchstabierer. Sein Missbrauch wurde schließlich so schwerwiegend, dass niemand überrascht war, als plötzlich jemand vom Jugendamt kam und die Kinder mitnahm.

Der beste Geiger in der Stadt, der beste Mathematikschüler im Schulbezirk oder der beste Quarterback der Liga zu sein, macht unsere Kinder nicht unbedingt zu wertvolleren Menschen. Es wird auch ihre Zukunft nicht unbedingt vielversprechender machen. Natürlich ist nichts falsch daran, wenn unsere Kinder diese Meilensteine erreichen, wenn sie Teil der vernünftigen Entwicklung ihrer von Gott gegebenen Gaben sind, doch die meisten Menschen auf der Welt kommen als Zweiter, als Dritter oder mitten in der Menge durchs Ziel. Kinder müssen wissen, dass ihr innerer Wert weder etwas damit zu tun hat, welchen Platz sie im Rennen des Lebens erzielen, noch etwas darüber aussagt, wie viel Hoffnung sie tatsächlich haben.

Lernen, zu verlieren

Es gibt noch einen anderen Bereich, in dem wir unseren Kindern Hoffnung geben können, und zwar indem wir ihnen zeigen, wie sie ihre Niederlagen in Erfolge verwandeln können. Manchmal bedeutet das lediglich, ihnen zu helfen, sich mit dem Ergebnis eines Spiels, mit einer Note oder einer Entscheidung, die nicht in ihrem Sinn ausgefallen ist, auseinanderzusetzen. Zu anderen Zeiten bedeutet es, ihnen bei der anhaltenden Herausforderung, die ihre Schwächen und Unzulänglichkeiten für sie darstellen, zur Seite zu stehen. Wir müssen Geduld üben. Das ist viel einfacher, wenn wir uns auf das langfristige Ziel konzentrieren, eine starke Hoffnung in ihnen aufzubauen. Wir wollen unseren Kindern Grund dafür geben, zu glauben, dass sie trotz ihrer Niederlagen vieles haben, auf das sie sich freuen können.

Manchmal ist ihr Versagen ein Symptom für ein größeres Problem. Wenn Kinder, die immer gut in der Schule waren, plötzlich ein schlechtes Zeugnis nach Hause bringen, sind ihre Probleme höchstwahrscheinlich nicht schulischer Natur. Ihre Hoffnung steigt, wenn du nicht in Panik ausbrichst, sondern ihnen die Gnade zeigst, dich mit dem eigentlichen Problem zu befassen. Wenn wir ihnen in einer Haltung begegnen, die ihnen vermittelt: „Ich bin bei dir, wir stehen das gemeinsam durch", stärken wir ihre Hoffnung. Menschen erleiden Rückschläge, Menschen machen Fehler und Menschen tun manchmal Dinge aus reiner Dummheit. Aber das ist nicht das Ende der Welt für sie, es sieht nur so aus. Wenn wir in einer Haltung der Gnade an ihrem Leben Anteil nehmen, hilft das nicht nur ihnen dabei, diese harten Zeiten durchzustehen – es hilft auch uns, ihre Niederlagen in die besten Lektionen zu verwandeln, die sie je lernen werden.

Backe, backe … Hoffnung

Ich habe in meinem Leben erst zwei Kuchen gebacken. Beide waren für meine Frau und beide waren für ihren Geburtstag. Den ersten backte ich, als sie noch im Teenageralter war und ich versuchte, ihr Herz für mich zu gewinnen. Den zweiten machte ich am Anfang unserer Ehe, bevor ich feststellte, dass ich bei dem Bäcker im Supermarkt einen hätte bestellen und nach meinen Vorgaben hätte dekorieren lassen können. Einer der Gründe, warum ich meine Karriere als Geburtstagskuchen-Bäcker nicht weiter verfolgte, war, dass meine ersten beiden Versuche so kläglich ausfielen. Der erste war platt und der zweite war trocken. Ich nehme an, wenn ich mir wirklich Mühe geben würde, könnte ich durch Übung lernen, wie man einen ganz guten Kuchen backt. Aber das würde erfordern, dass ich mich genau an das Rezept halte. Die Liste der Zutaten und die empfohlenen Mengen sind nicht zufällig angegeben. Wenn man die Vorgaben sorgfältig befolgt, hat man am Ende ein wunderbares Dessert.

Dasselbe gilt, wenn wir im Leben unserer Kinder eine starke Hoffnung aufbauen wollen. Sie brauchen Eltern, die einen *maßgeschneiderten* Plan haben, um ihre einzigartigen, von Gott gegebenen Fähigkeiten in Stützpfeiler zu verwandeln, die sich nicht fürchten, ihnen zu zeigen, wie sie ihr Leben zu einem wunderbaren geistlichen Abenteuer machen können, und die dafür sorgen, dass sowohl ihre Siege als auch ihre Niederlagen in eine Erfolgsserie verwandelt werden.

Fähigkeiten, Abenteuer und Erfolge – das ist das Rezept für eine starke Hoffnung. Und weil es im Supermarkt keine maschinell gefertigte Hoffnung zu kaufen gibt, ist es wahrscheinlich am besten, wenn du lernst, sie dir selbst zu backen. Dein erster Versuch wird vielleicht ein bisschen platt ausfallen und der nächste mag dir vielleicht ein wenig trocken vorkommen, aber wenn du nicht aufgibst, wirst du irgendwann richtig gut darin werden.

> *Irrt euch nicht, Gott lässt sich nicht verspotten! Denn was ein Mensch sät, das wird er auch ernten. Denn wer auf sein Fleisch sät, wird vom Fleisch Verderben ernten; wer aber auf den Geist sät, wird vom Geist ewiges Leben ernten. Lasst uns aber im Gutestun nicht müde werden! Denn zur bestimmten Zeit werden wir ernten, wenn wir nicht ermatten.*
>
> Galater 6, 7–9

6

Gnade zugeteilt

Gnade, die aus dir selbst kommt.

Das ist die Gnade, die du den Tag über in großen Portionen verteilst, wenn du gut ausgeruht und in Spendierlaune bist. Es ist ein hausgemachtes Mitgefühl, das von Familien verströmt wird, deren Kinder leicht zu erziehen sind.

Ich persönlich habe keine Ahnung, wie diese Art von Gnade aussieht.

Gnade hat nichts an sich, das mir einfach so zufliegt. Meine Wertschätzung für dieses wunderbare Geschenk ist eher durch die unzählig vielen Male entstanden, in denen mir selbst Gnade gewährt wurde, als durch die vereinzelten Fälle, in denen ich Gnade walten ließ.

In meinen frühen Jahren waren meine Eltern auf der verzweifelten Suche nach Gottes Gnade. Sie suchten sie in der Gemeinde, doch alles, was man ihnen zeigte, war die Gnade, die zur Erlösung führte. Sie hörten von der Gnade, die ihre Sünden vergab und ihnen garantierte, dass sie nicht in die Hölle kommen würden. Leider vermittelte die Gemeinde meinen Eltern den Eindruck, dass die Gnade, die sie zum Fuß des Kreuzes brachte, auch dort aufhörte. Sobald sie zu der Familie Gottes gehörten, verlagerte sich das Hauptaugenmerk darauf, was sie ihr dafür schuldig waren.

Im Gottesdienst sangen wir lebhaft von der wunderbaren Gnade Jesu. Doch sobald der Pastor die Kanzel betrat, waren wir acht Kimmels in der Hand eines zornigen Gottes. Wir lernten nie, dass Gottes Gnade auch die sanfte Barmherzigkeit war, die uns jeden Tag dabei half, unsere Unzulänglichkeiten zu überwinden. Niemand erklärte uns, dass Gott durch seine rettende Gnade unser Herz umwandeln wollte, damit wir für unsere Mitmenschen zu Botschaftern dieser Gnade werden konnten.

In der anfänglichen Beziehung meiner Familie zu Jesus ging es weniger um seine Liebe zu uns als vielmehr darum, wie enttäuscht er von uns war. Diese Vorstellung führte meine Familie natürlich auf dem direkten Weg in die Gesetzlichkeit.

In gewisser Weise ist Gesetzlichkeit die Religion des faulen Mannes. Sie bedeutet, im Sonntagsanzug in die Gemeinde zu gehen, ohne dass dafür eine Beziehung zu Gott notwendig wäre. Sie erfordert auch nicht viel eigenständiges Denken. Man lernt einfach die Liste der Dinge, die gute Christen tun, auswendig und versucht dann, im Lauf der Woche so viele wie möglich davon abzuhaken. Darüber hinaus studiert man eine noch viel längere Liste von Dingen, die Christen *nicht* tun. Man muss alles dransetzen, sie unbedingt zu vermeiden, während man gleichzeitig jeden meidet, der sie tut.

Meine Eltern gerieten auf die schmale Spur der Gesetzlichkeit und fanden ihre Vorhersagbarkeit recht beruhigend. Unsere Familie war weder geistlich arrogant noch Teil einer elitären Gruppe. Wir gehörten der gemäßigten Gruppe konservativer Christen an – dem Ausgangspunkt der evangelikalen Bewegung.

Dann geschahen zwei Dinge, die alles für mich veränderten. Gott schickte der Gemeinde von schlafwandelnden Gesetzlichen die Sechzigerjahre und er schickte meine Familie in eine andere Gemeinde. Die turbulenten Sechziger versetzten dem gesetzlichen Christentum einen Schlag ins Gesicht, und dieser Schlag kam nicht unerwartet. Die Vertreter der Gesetzlichkeit sahen ihn nicht nur kommen, sondern ließen ihn kommen. Ihr lautstarker Glaube, der den alten Pharisäern nacheiferte, zeigte wenig Liebe und bot der ungläubigen Welt wenig Hoffnung. Die rebellischen Sechziger – dieses berühmte Jahrzehnt, das von Elvis Presley, den Beatles, den Hippies, den Frauenrechtlerinnen, der Antikriegsbewegung und der Forderung nach freier Liebe geprägt war – waren ein Weckruf für die sichere Vorhersagbarkeit gnadenlosen Glaubens. Die Gesellschaft lehnte Gott ebenso schnell ab wie Gottes Volk die Gesellschaft ablehnte.

Glücklicherweise entzündete Gott in Menschen, die sich nicht davor fürchteten, seine Liebe durch ihr Leben leuchten zu lassen, einen neuen Geist. Die *Jesus Movement* der frühen Siebziger entfachte einen neuen Eifer unter Gottes Volk. Gott ließ viele kühne Gemeinden mit couragierten Pastoren entstehen, deren neu gebaute Anbetungszentren seine Gnade mit jedem Detail verkörperten. Doch diese Gemeinden waren immer noch eher die Ausnahme als die Regel – insbesondere wenn es darum ging, Eltern zu helfen, ihre Kinder effektiv zu erziehen. Das persönliche Verhalten blieb die Bewährungsprobe, und diese Entwicklung geistert auch heute noch durch die breite Masse der evangelikalen Kirchen.

Doch zurück zur Geschichte meiner Familie. Meine Brüder, meine Schwester und ich kamen in den Sechzigern in die Teenagerzeit. Unsere Eltern wussten nicht, wie sie mit uns umgehen sollten. Die engstirnigen, dürftigen Regeln, die den Glauben auf eine Liste von Dingen reduzierten, die man tun oder lassen sollte, funktionierten einfach nicht. Während dieser Zeit zogen wir in einen anderen Staat und schlossen uns einer nahe gelegenen evangelikalen Gemeinde an. Zwei Jahre später machte diese Gemeinde einen frischgebackenen Seminarabsolventen zu ihrem Pastor. Dieser junge Mann hatte ein tiefes Verständnis der Gnade Gottes und verkündete diese Botschaft bei jeder sich bietenden Gelegenheit.

Dieser sanfte Gigant der Gnade Gottes gebrauchte seine Pastorenrolle, um unsere Becher mit lebendigem Wasser zu füllen. Jedes Mal, wenn er hinter seinem Rednerpult stand, fütterte er uns mit Schnitten vom Brot des Lebens. Er zeigte den Eltern, wie weise es war, zuzuhören, statt zu belehren, auf die Kinder einzugehen, statt nur zu reagieren, sich zu engagieren, statt sich zurückzuziehen, und zu beten, statt zu verurteilen. Ich kann nicht behaupten, dass meine Eltern alles anwendeten, was sie lernten, aber wir Kinder gaben uns auch nicht gerade große Mühe, es ihnen leicht zu machen. Als wir jedoch schließlich den letzten Monat dieses verworrenen Jahrzehnts von unserem Kalender abrissen, waren wir alle besser dran als an seinem Anfang.

Neue Gnade

Die Gnade lehrte uns, dass Gott die Charakterstärke eines Kindes wichtiger war als die Länge seines Haars. Die Gnade lehrte uns, dass Gott sich weit mehr um das Lied im Herzen eines Kindes sorgte als um die Musik, die aus seiner Stereoanlage kam. Als ich die Highschool abschloss und ins Erwachsenenleben eintrat, spürte ich, wie die Gnade in meinem Herzen wuchs.

Ich wünschte, ich könnte zurückblickend sagen, dass ich mich ein für alle Mal von der Gesetzlichkeit lossagte. Unglücklicherweise war dieses Prinzip schwer zu brechen – so ähnlich wie es Freddie Krueger in dem Horrorfilm *Nightmare on Elm Street – Mörderische Träume* erging. Immer, wenn du denkst, du hättest deinen Peiniger vernichtet, taucht er noch hässlicher und noch unheimlicher als je zuvor wieder auf. Ich hatte oft das Gefühl, bestimmte Dinge tun zu müssen, um mein Ansehen bei Gott zu verbessern. Was für ein Witz. Wie könnte mich ein Gott, der mich bereits unendlich und im höchsten Maß liebt, noch mehr lieben?

Die Gesetzlichkeit plagte mich auch, wenn ich zufällig einen ungetrübten Blick auf meine verborgenen Schwächen erhaschte. Aufgrund einiger Überzeugungen, die ich in meinen frühen Glaubensjahren angenommen hatte, fiel es mir schwer, Gottes Freude und Annahme zu spüren, vor allem, wenn ich fleischliche Begegnungen mit meiner verdorbenen Menschlichkeit hatte. Es dauerte einige Zeit, bis ich Gnade zeigen konnte, wenn ich mit meinen Neigungen, stolz, dickköpfig, lüstern oder ärgerlich zu sein, konfrontiert wurde. Wie eine alte Verletzung, die wieder aufreißt, wenn die geistliche Hingabe abkühlt, sah ich meine Beziehung zu Gott jedes Mal gefährdet, wenn ich in eine der diversen Fallen geriet, die Satan für Dummköpfe aufstellt.

Checklisten und Gesetzlichkeit

Wenn du nun denkst, dass man in einer strengen, gesetzlichen Gemeinde aufgewachsen sein muss, um als Erwachsener in Gesetzlichkeit zu leben, muss ich dir sagen, dass sich viele Menschen – wenn nicht die meisten –, die Christus persönlich kennen, irgendwann einmal für den Weg der Gesetzlichkeit entscheiden. Irgendwie versuchen sie instinktiv, ihre Überzeugungen in eine Checkliste und ihren Glauben in eine Formel zu verwandeln. Es ist auch leicht, Überzeugungen auf Programme und Rituale zu reduzieren, die die wahre Vertrautheit mit Gott ersetzen. Wenn Gott dir Kinder schenkt, gehst du in die Gemeinde, um zu sehen, ob jemand einen vorgefertigten und vorhersehbaren Plan hat, wie man sie zu starken christlichen Kindern machen kann.

Wenn du neu im Glauben bist oder nie ein geeignetes Vorbild hattest, ist es ganz natürlich, wenn du willst, dass dir jemand sagt, was von dir erwartet wird. Es ist viel leichter, sich zurückzulehnen und einem Pastor zuzuhören, der genau vorgibt, wie christliche Eltern mit Unterhaltung, Bildung, Modeerscheinungen und Gemeindeaktivitäten umgehen sollten, statt das „Leben im Glauben" anzunehmen, von dem die Bibel spricht. Tatsächlich können sich Gemeindepastoren als starke Verbündete darin erweisen, großartige Kinder aufzuziehen, solange sie die Grenze zwischen unumstößlichen Fakten und guten Vorschlägen nicht verwischen. Selbst wenn sie sehr darauf achten, diesen Fehler nicht zu machen, entscheiden sich dennoch viele Eltern dafür, ihre Vorschläge zum Gesetz zu machen. Wenn sie das tun, stärkt das jedoch ihr Vertrauen auf eine Checkliste statt auf Gott. Dieser Erziehungsstil frustriert Kinder – insbesondere dann, wenn aus biblischer Sicht nichts falsch daran ist, wie sie handeln oder ihre Persönlichkeit ausleben.

Die Situation für Kinder in christlichen Heimen kann ausgesprochen schlimm werden, wenn der Plan für eine effektive Erziehung eingeschränkt und in seinem Wirkungsbereich begrenzt wird. Wenn dann noch Schuldgefühle ins Spiel kommen, kann es passieren, dass die Gesetzlichkeit über Nacht zum Regenten deiner Familie wird.

Die Vorteile des Ehestands und der Mutterschaft

Es geschahen zwei wunderbare Dinge, die dazu beitrugen, die Gnade zu einem Stützpfeiler in meinem Leben zu machen. Erstens heiratete ich eine schöne junge Frau, die nicht im Schatten der Gesetzlichkeit aufgewachsen war. Darcy kam nicht aus einem gläubigen Elternhaus. Es war erstaunlich, wie viel sie mich darüber lehrte, wie man die bedingungslose Liebe Gottes genießt. Das Zweite, was geschah, war, dass Gott uns Kinder schenkte. Ich arbeitete zwar daran, mir langsam, aber sicher meinen Weg aus der Tyrannei der Gesetzlichkeit zu bahnen, aber was mir letztendlich dabei half, den Sprung in Gottes Arme zu wagen, war die Tatsache, Kinder zu haben.

Eines wusste ich ganz sicher: Ich wollte nicht, dass meine Kinder in einem Zuhause aufwuchsen, wo sie das Gefühl hatten, dass Gottes Wohlgefallen von ihrem Verhalten abhing. Ebenso wenig wollte ich, dass sie glaubten, nicht die Freiheit zu haben, die verschiedenen Facetten ihrer Persönlichkeit auszuleben. Strenge Erziehungsmethoden haben die negative Begleiterscheinung, dass Kinder in geistliche Formen gepresst werden, damit sie wie christliche Kinder aussehen, sich so anhören und so handeln. Daran war ich nicht interessiert. Das steht der Art und Weise, wie Gott in seiner Beziehung zu seiner Schöpfung wirkt, direkt entgegen. Diese Erziehungsmethode beinhaltet nichts, was eine authentische Beziehung zu Gott ermutigt, geschweige denn authentische Kinder. Ich wollte nicht, dass meine Kinder zu Miniausgaben ihrer Eltern wurden.

All das bedeutete jedoch nicht, dass meine Frau und ich unsere Kinder ohne klare moralische Grenzen und geistliche Erwartungen erziehen wollten. Ein Leben ohne Grenzen hat nichts mit Gnade zu tun. Wenn überhaupt ist ein Leben ohne Grenzen eine Abkürzung für Menschen, die ihre Selbstzerstörung beschleunigen wollen. Die Grenzen in unserem Leben markieren die Trennlinie zwischen Erfolg und Versagen. Ebenso wie es Eigentumsgrenzen, Grenzlinien eines Fußballfeldes oder Schranken im Verkehr gibt, wissen wir, dass auch bei einer auf Gnade basierenden Erziehung klare Grenzen für das körperliche, das intellektuelle, das emotionale und das geistliche Leben unserer Kinder notwendig sind. Wir wollten nur keine willkürlichen Grenzen, die auf unbegründeten christlichen Meinungen basierten. Wir wollten uns auf die klaren Grenzen verlassen, welche die Bibel zog, und dann darauf vertrauen, dass Gott uns dabei half, ausgeglichene Entscheidungen zu treffen, wenn wir uns mit den ganz normalen Dingen auseinandersetzen mussten, die auf Eltern eben zukommen.

Mir ist klar, dass viele die Grundprinzipien der auf Gnade basierenden Erziehung kritisieren werden, weil sie den Lehren die Grundlage entzieht, die besagen, man könne wunderbare christliche Kinder erziehen, indem man sie einfach der richtigen Umgebung aussetzt und ihnen die richtigen Informationen einprogrammiert. Das kann man nicht.

Weil eine auf Gnade basierende Erziehung weder Unbedeutendes aufbauscht noch Unwesentliches hervorhebt, wird sie schnell von Menschen kritisiert, die die Effektivität einer christlichen Familie daran messen, wie sie aussieht, wie sie handelt, ob sie in die Gemeinde geht und wie sie sich von allem abhebt, was die „Welt“ ausmacht.

Vielleicht werden sogar Bücher geschrieben, die dem widersprechen, was ich hier vorschlage. Ich sehe die Titel geradezu vor Augen – *Tim Kimmels leichtfertige Gnade* oder *Zu viel Gnade: das Tim-Kimmel-Modell.* Was ich vorschlage, ist alles andere als leichtfertig, und das Letzte, was ich will, ist Kinder aufzuziehen, die die *geistige Haltung* der Welt annehmen. Die Methode der auf Gnade basierenden Erziehung geht nicht davon aus, dass man stabile christliche Kinder heranziehen kann, indem man die einzelnen Punkte irgendeiner Checkliste abhakt. Die auf Gnade basierende Erziehung wirkt von innen nach *außen.* Eine auf Furcht basierende Erziehung wirkt von außen nach *innen.* Deshalb halte ich viele der Maßstäbe einer auf Furcht basierenden Erziehung für ziemlich dumm, und ich glaube sogar, dass sie sich zerstörerisch auf die Beziehung unserer Kinder zu Gott auswirken (beispielsweise, wenn es darum geht, wie viele Verse sie auswendig gelernt haben, wie konservativ sie sich kleiden, dass sie nur christliche Musik hören usw.).

Was die oberflächlichen und willkürlichen Maßstäbe hinsichtlich ihrer Kleidung und ihres Stils betrifft, bin ich nicht besonders besorgt darüber, wie Kinder äußerlich aussehen, und ich glaube auch nicht, dass Gott so besorgt über solche Dinge ist, wie die Menschen glauben.

Er sorgt sich mehr um das Herz unserer Kinder. Ich habe im Lauf der Jahre gelernt: Wenn ihr Herz mit Gott im Einklang ist, kann man es Gott überlassen, zu veranschlagen, wie sie äußerlich aussehen sollen. Wenn sie mit Christus ein Leben voller Freude leben und sein Geist sie nicht dazu bewegt, ihr Aussehen zu ändern, dann weiß ich nicht, warum wir sie damit quälen sollten. Wenn unsere Kinder größer werden und in ihrer Beziehung zu Christus reifen, werden sie alles, was noch nicht in Ordnung ist, viel eher verändern, wenn Gottes Heiliger Geist sie dazu anregt, als wenn ihre Eltern sie dazu zwingen.

Als Darcy und ich die Möglichkeiten abschätzten, die sich uns für die Erziehung unserer Kinder boten, suchten wir nach einer Methode, die die einzigartigen Persönlichkeiten unserer Kinder, ihr zerbrechliches Wesen, die verdorbene Welt, von der sie umgeben waren, und die individuellen Pilgerreisen, auf die Gott sie schicken würde, berücksichtigte. Wir wollten, dass unsere Methode von unserem Vertrauen auf Gott inspiriert wurde, statt von unseren Sorgen über die verdrehte Welt, in der wir unsere Kinder aufzogen. Das soll nicht heißen, dass wir uns keine Sorgen machten. Natürlich machten wir uns Sorgen, doch diese wurden von der unbegrenzten Macht Gottes, jedes Problem zu überwinden, in den Schatten gestellt. Der Erfolg unseres Erziehungsplans beruhte weitaus mehr auf unserer persönlichen täglichen Beziehung zu Christus als auf irgendeinem anderen Faktor. Wir wollten einfach sicherstellen, dass das Zuhause unserer Kinder das Wesen der Beziehung widerspiegelte, die Gott mit uns unterhält – die Gnade.

Auf Gnade basierende Erziehung für Dummies

Es fällt mir schwer, viel mehr als drei oder vier Dinge gleichzeitig im Kopf zu behalten. Deshalb war ich erleichtert, zu sehen, dass Gott das Konzept für die Erziehung mit Gnade nicht allzu kompliziert gemacht hat. Es gibt vier grundlegende Dinge, die du tun musst, um für deine Kinder eine Umgebung zu schaffen, die von Gnade geprägt ist. Wenn es dir gelingt, diese vier Punkte zu verwirklichen und aufrechtzuerhalten, werden sich für die Herausforderungen der Erziehung ganz natürliche und vernünftige Lösungen finden. Diese vier Punkte werden zu den Ecksteinen, die dich befähigen, die täglichen Katastrophen zu bewältigen, die mit der Kindererziehung einhergehen. Sie werden dir helfen, zu erkennen, wie du in jedem Augenblick Gnade walten lassen kannst. Wenn diese vier Dinge mit dem Ziel umgesetzt werden, die drei inneren Bedürfnisse nach unerschütterlicher Liebe, einer bedeutenden Bestimmung und einer starken Hoffnung zu stillen, erfahren Kinder Gottes Gnade auf ausgeglichene Weise. Dieses auf vier Pfeilern basierende System macht es dir viel einfacher, deinen Kindern zu zeigen, wie sie in Jesus Christus Liebe, eine Bestimmung und Hoffnung finden.

In auf Gnade gegründeten Familien haben die Kinder

1. die Freiheit, anders zu sein als andere;
2. die Freiheit, verwundbar zu sein;
3. die Freiheit, aufrichtig zu sein;
4. die Freiheit, Fehler zu machen.

Die folgende Matrix hat nichts Magisches an sich, sie stellt lediglich die Essenz dessen dar, wie Gott in seiner Gnade mit uns umgeht. Er hat uns mit dem nagenden Bedürfnis nach Sicherheit, nach Bedeutsamkeit und nach Stärke erschaffen. Er hilft uns, unser Bedürfnis nach Sicherheit zu stillen, indem wir in ihm eine Liebe finden, in der wir uns geborgen fühlen. Er hilft uns, unser Bedürfnis nach Bedeutsamkeit zu stillen, indem wir in ihm eine bedeutende Bestimmung finden. Er hilft uns, unser Bedürfnis nach Stärke zu stillen, indem wir in ihm eine starke Hoffnung finden. Er lässt uns seine Gnade jeden Tag auf vielfältige Weise spüren – er gewährt uns die Gnade, anders zu sein als andere, er schenkt uns Gnade, wenn wir verletzlich sind, er gesteht uns Gnade zu, wenn wir aufrichtig zu ihm sind, und er lässt überreiche Gnade walten, wenn wir Fehler machen.

In den nächsten vier Kapiteln werden wir uns genauer ansehen, wie dieses vierfache System der Gnade in Familien aussieht, die auf Gnade gegründet sind.

Eine Matrix für auf Gnade gegründete Erziehung

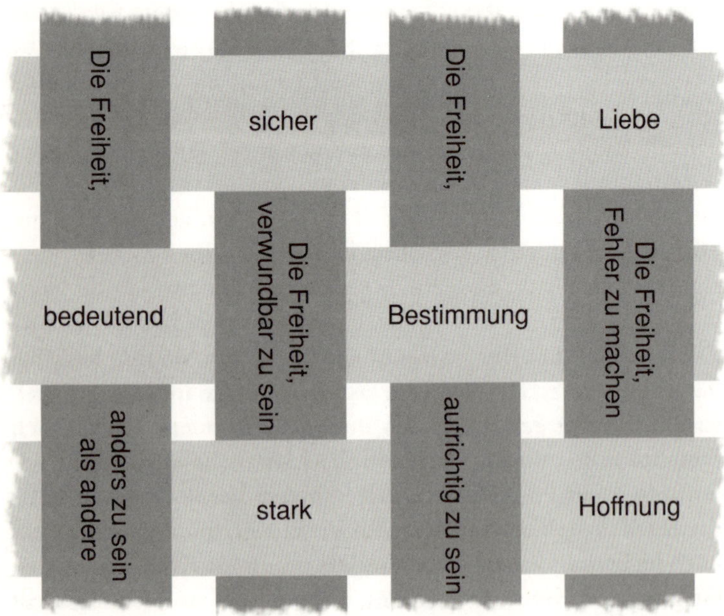

7

Die Freiheit, anders zu sein als andere

Wir waren in einem dieser Familienurlaube, die unsere Kinder nie vergessen werden. Frankreich, die Schweiz und England sollten die Urlaubsziele des besten Kimmelurlaubs alles Zeiten sein. Wir hatten eine Woche in Paris – der Stadt der Lichter – verbracht und uns dann in die Normandie gewagt, an deren Küsten wir der Opfer gedachten, die amerikanische Soldaten dort erbracht hatten. Wir freuten uns darauf, den Ärmelkanal zu überqueren und uns London, Oxford und Cambridge anzusehen. Doch zuerst hatten wir einen viertägigen Abstecher in die Schweiz geplant. Als wir am Gare du Nord in den Zug stiegen, drehte sich die Unterhaltung der Kimmel-Kinder ausschließlich um das Drachenfliegen und das Mountainbiking, das uns in den Schweizer Alpen erwartete. Wir waren immer noch voller freudiger Erwartung, als wir einige Stunden später in den Bahnhof von Lausanne einfuhren. Bis jetzt war alles glattgelaufen. Ich ging davon aus, dass das auch während unseres Aufenthalts in der Schweiz so bleiben würde. Zu diesem Zeitpunkt wussten wir noch nicht, dass unsere Entschlossenheit, unsere Kinder nach dem Grundsatz der Gnade zu erziehen, hier auf eine harte Probe gestellt würde.

Nach unserer Ankunft in Lausanne verbrachten wir einige Stunden damit, den Sitz des Internationalen Olympischen Komitees und das Olympische Museum zu erkunden. Dort trafen wir uns auch mit einer wunderbaren Dame namens Ruth, die ein malerisches Chalet in einem abgelegenen alpinen Dorf besaß. Sie war eine langjährige Freundin von Darcys Familie, aber ich lernte sie jetzt erst kennen. Ruth würde die nächsten Tage als unsere Gastgeberin und Reiseleiterin fungieren und wir erkannten schnell, dass sie eine erstaunliche

Frau mit einem unglaublich scharfen Verstand war. Ruth sprach perfekt Französisch, Deutsch, Italienisch, Spanisch und Englisch. Unsere Kinder waren fasziniert, wie sie mit der Präzision eines Übersetzungsprogramms mühelos von einer Sprache in die andere überwechselte.

Ich mietete einen VW-Bus, damit wir mehr nach Einheimischen aussahen als nach frisch hereingeschneiten Amerikanern. Darcy und unsere zwei Töchter fuhren mit Ruth, während ich und unsere zwei Söhne ihr in dem Bus folgen sollten. Da ich keine Karte besaß und keine Ahnung hatte, wo ich war und wo ich hinfahren würde, sagte ich Ruth, ich würde zusehen, dass ich immer direkt hinter ihr blieb. Sie erwähnte, dass uns der Weg zu ihrem Chalet durch mehrere kleine Ortschaften führen würde und es daher leicht passieren könnte, dass wir uns aus den Augen verloren, doch sie versprach, so langsam zu fahren, dass wir mithalten konnten.

Vernünftige Menschen hätten an dieser Stelle vorgeschlagen, dass ich mir vielleicht Ruths Adresse und Telefonnummer notieren und sie nach einer Karte fragen sollte. Das wäre schlüssig gewesen. Aber ich fand, dies sei ein Tag, um gefährlich zu leben, und außerdem dachte ich, es gebe einen viel einfacheren (und sichereren) Weg, um das Problem zu lösen. Also sagte ich zu Ruth: „Ich gebe mir Mühe, dir zu folgen. Wenn ich plötzlich merke, dass du nicht mehr vor mir bist, fahre ich nicht weiter, um euch zu suchen, sondern bleibe einfach am Straßenrand stehen. Lass eines der Mädchen immer mal wieder nach hinten sehen. Wenn ihr dann merkt, dass ihr uns verloren habt, fahrt einfach die gleiche Strecke wieder zurück, dann werdet ihr uns irgendwo stehen sehen."

Fahrt mit Hindernissen

Wir hatten eine Fahrt von drei Stunden vor uns. Wir waren ungefähr fünfundvierzig Minuten gefahren, als ich Ruth in einem dieser kleinen Dörfer, die sie erwähnt hatte, aus den Augen verlor. Kurz vorher war mir aufgefallen, dass alle in Ruths Wagen in eine lebhafte Diskussion verwickelt waren. Niemand aus meiner Familie blickte zurück, um sicherzustellen, dass wir ihnen noch folgten. Deshalb nahm ich an, dass es eine Weile dauern konnte, bis sie bemerkten, dass wir nicht mehr hinter ihnen waren.

Ich lenkte den schwerfälligen Bus an den Straßenrand, um dort zu warten. Meine Jungen und ich kurbelten die Fenster herunter. Die Landschaft sah aus wie in den Büchern, die wir uns vor der Reise angesehen hatten: Vor dem Hintergrund der mächtigen Schweizer Alpen, die hoch in den Himmel ragten, blickten wir auf ein malerisches Dorf, durch das sich ein ruhiger Fluss schlängelte. Die Jungen und ich drehten die Lehnen unserer Sitze weiter nach hinten, um es uns etwas gemütlicher zu machen. Ich sagte ihnen, dass wir hier wahrscheinlich eine Weile festsitzen würden. Sie schienen beide kein Problem damit zu haben. Keiner von ihnen klagte, jammerte oder stellte Fragen. Wir hatten jeden unserer Urlaubstage so genommen, wie er gekommen war, und wir nahmen an, dass Gott einen Teil dieses Tages dafür vorgesehen hatte, dass die Kimmel-Männer inmitten eines malerischen alpinen Dorfes in einem VW-Bus am Straßenrand saßen.

Keiner sagte etwas, bis ich die Stille mit einer, wie ich dachte, unverfänglichen Frage durchbrach. „Worüber wollt ihr nun reden?“, fragte ich. Ich weiß, diese Frage unterstellt, dass meine Jungen überhaupt reden *wollten,* aber so wie ich ihre Persönlichkeit kannte, waren sie sowohl damit zufrieden, zu reden, als auch damit, zu schweigen – es spielte keine Rolle für sie. Ich dachte, eine nette Unterhaltung würde die Zeit vielleicht etwas kurzweiliger machen und sie davon abhalten, über die Fakten unserer Situation nachzudenken, die da lauteten: Wir hatten keine Ahnung, wo wir waren, wir saßen fest und wussten nicht, was als Nächstes passieren würde. Es trat eine lange Pause ein.

„Papa, ich will mir die Haare bleichen lassen.“

Das war Cody. Er war unser zweites Kind und unser erstgeborener Sohn, zu dieser Zeit dreizehn Jahre alt und in der siebten Klasse. Wollte er mich fragen, ob wir seine Mutter und seine Schwestern jemals wiedersehen würden? Nein. Er wollte über seine Haarfarbe reden. Sein kleiner Bruder, Colt, wurde plötzlich ganz Ohr.

Lass uns von dieser Szene etwas Abstand nehmen und sie von einem übergeordneten Standpunkt aus betrachten: Das konnte eine Möglichkeit sein, um Gnade zu zeigen. Zu dieser Zeit war es noch nicht so alltäglich wie heute, dass man seine Haare bleichen ließ. Als Cody mich bat, seine Haare bleichen lassen zu dürfen, kam diese Modeerscheinung gerade auf. Man konnte die Jungen an seiner Schule, die das getan hatten, an einer Hand abzählen. Das war ein Look, der zunächst auf dem Kopf von Gangmitgliedern erschienen war (es hat mich immer überrascht, was für Trendsetter die sind). Die Herkunft solcher Modeerscheinungen ist oft der Grund dafür, dass Eltern eine solche Idee für wirklich *dumm* (lies: entsetzlich) halten. Warum solltest du deine Kinder aussehen lassen wie Kinder aus der Hölle? Was sagt es über einen Jungen aus, wenn er sich mit dem Stil von Leuten identifiziert, die dein Auto zerlegen, wenn du nicht aufpasst? Und die größte Frage: Was für ein Licht würde es auf mich als Vater werfen, wenn meine Freunde aus der Gemeinde meinen Sohn mit so komischen Haaren sahen?

Das sind die Fragen, die christlichen Eltern durch den Kopf schießen, wenn ihre Kinder sie um Erlaubnis bitten, mit irgendeinem aktuellen Trend zu experimentieren. Das sind auch die Fragen, die Eltern veranlassen, kurz angebunden zu antworten: „Tut mir leid, Junge, kommt gar nicht infrage." Cody bat also um die Erlaubnis, etwas zu tun, das die Leute veranlassen würde, ein vorzeitiges Urteil über ihn zu fällen –, und zwar eines, das nicht unbedingt positiv ausfallen würde. Er bat auch um die Erlaubnis, etwas zu tun, das sich auf sein Ansehen bei seinen Kameraden auswirken könnte – und das, wie er glaubte, zu seinen Gunsten.

Nochmals, das sind genau die Gründe, warum die meisten Eltern glauben, dass die Antwort lauten sollte: „Das steht völlig außer Frage." Die Tatsache, dass seine Kameraden es cool finden würden, wenn er seine Haare bleichen ließ, wird oft als guter Grund dafür angesehen, es ihm nicht zu erlauben. Kinder sind unreif, unzuverlässig, wankelmütig und sensationsgierig, was wohl kaum eine geeignete Grundlage dafür ist, Maßstäbe zu setzen.

Der Freiraum, anders zu sein als andere

Lass uns hier eine Pause einlegen, um über eine der vorrangigen Methoden zu sprechen, wie man Gnade gewährt. Gnade darf kein abstraktes Konzept sein, über das in eurem Zuhause gesprochen wird. Gnade muss sich in einer zeitlich richtig platzierten Handlungsweise ausdrücken, die sich letztendlich in das Herz deiner Kinder einprägt. Deshalb muss Gnade spürbar sein. Wenn wir über Gnade sprechen, von ihr singen und unsere Kinder Verse über Gnade auswendig lernen lassen, ohne ihnen die besonderen Gaben der Gnade zu gewähren, unterlaufen wir damit Gottes Werk der Gnade in ihrem Herzen. Gnade bedeutet nicht nur, dass Gott sie liebt, obwohl sie Sünder sind, sondern auch, dass er sie auf einzigartige und besondere Weise liebt.

Wenn wir unseren Kindern Gnade schenken wollen, müssen wir als Erstes damit aufhören, unsere selbstsüchtigen Interessen zu verfolgen. Sie erfahren Gnade, wenn wir uns dafür entscheiden, nicht gegen ihr Herz zu sündigen, obwohl unser fleischliches Wesen uns sagt, dass das in Ordnung wäre. Genau genommen ist die Gnade, die unseren Kindern zuteilwird, umso größer, wenn wir die Sünden, die wir am liebsten begehen würden, geradezu *sehen* können, uns dann jedoch aufgrund unserer Bereitschaft, gegen unser egoistisches Verlangen anzugehen, zurückhalten. In der Hitze des Augenblicks wird uns durch unsere Selbstsucht so viel Gnade gestohlen. Kinder wollen, sagen oder tun Dinge, die uns ärgern, in Verlegenheit bringen oder verletzen. Aber manchmal sind wir deshalb verletzt, weil wir unreif, unsicher oder gleichgültig handeln. Wir bagatellisieren Dinge, die für unsere Kinder eine große Sache sind, oder bauschen kleine Probleme übermäßig auf. Im Fall von Codys Bitte, seine Haare bleichen lassen zu dürfen, hätte mir entgehen können, wie wichtig ihm das war, wenn ich es ihm sofort verboten hätte, oder ich hätte die Angelegenheit zu einem viel größeren Problem machen können, als sie es tatsächlich war.

Meine Frau und ich haben im Lauf der Jahre gelernt, dass eine auf Gnade gegründete Familie ein Ort sein muss, an dem Kinder die Möglichkeit haben, die einzigartigen Menschen zu sein, als die sie

Gott erschaffen hat. ***Deshalb ist das erste Merkmal einer auf Gnade gegründeten Familie, dass sie den Kindern die Freiheit gibt, anders zu sein als andere.*** Die beiden Schlüssel sind hier *frei* und *anders als andere.* Eine Familie ist nicht auf Gnade gegründet, wenn die Eltern ihren Kindern die Freiheit zugestehen, anders zu sein als andere, sie dann aber dafür bestrafen, wenn sie es sind. Wenn du ein Kind hast, das anders ist, und es ständig daran erinnerst, welche Opfer es dir abverlangt hat, seinen Spleens entgegenzukommen, hat das nichts mit Gnade zu tun. Das passierte häufig während der Hippie-Bewegung in den Sechzigerjahren. Manche christliche Eltern erlaubten ihren Kindern, ihr Haar lang wachsen zu lassen, aber dann erzählten sie aller Welt, wie peinlich ihnen das war. Diese Kinder hatten nicht dass Gefühl, dass ihre Eltern sie liebten, stolz auf sie waren oder ihnen Gnade zeigten. Eltern, die aus der Gnade schöpfen, haben Freude daran, ihren Kindern den Raum für ihre Andersartigkeit zu geben.

Symbolik über Substanz

Wenn wir unseren Kindern nicht erlauben, Dinge zu tun, die vielleicht etwas ungewöhnlich, jedoch völlig harmlos sind, ist das die logische Nebenerscheinung eines Glaubenssystems, das die Symbolik des Glaubens betont statt seiner Substanz. Ein derart seichter Glaube misst Erfolg am Äußeren statt daran, was authentisch ist. Das erinnert mich an die verdrehte Version eines alten Sprichworts: „Es spielt keine Rolle, ob du gewinnst oder verlierst; was zählt, ist, was für eine Figur du auf dem Teamfoto machst.“ Leider raubt diese Einstellung den Kindern in solchen Familien völlig unnötigerweise jegliche Freude.

Als ich noch ziemlich jung war, hörte ich auf dem Parkplatz der Gemeinde zufällig, wie ein Vater seine Tochter schimpfte, weil sie ihre Bibel zu Hause vergessen hatte. Er sprach übermäßig laut und erklärte ihr, wie enttäuscht er von ihr sei, dass sie „Gottes kostbares Wort“ nicht dabeihatte. Sie sagte, es täte ihr leid und dass sie so in Eile gewesen sei, sich für die Gemeinde fertig zu machen, dass sie ihre Bibel versehentlich liegen gelassen hatte. Sie versprach, es nie wieder zu tun, aber er zog sie dennoch hinter die offene Autotür und gab ihr ein paar Schläge auf den Po, sodass sie zu weinen begann. Dann schickte er sie in die Sonntagsschule. Sogar in meinem zarten Alter wusste ich, dass dieser Mann wahrscheinlich nicht viel Zeit damit verbracht hatte, in dem Buch zu lesen, das seine Tochter zu Hause vergessen hatte.

Ein solches Denken ist in christlichen Familien weitaus stärker vertreten, als wir zugeben wollen. Zum Teil nimmt es nicht so hässliche Formen an wie bei dem Zwischenfall mit dem fehlgeleiteten Vater, doch es ist ebenso schlimm. Wenn wir ein frei wählbares christliches Verhalten (wie beispielsweise seine Bibel in die Gemeinde mitzubringen) über das stellen, was einem Kind wirklich guttut, sind wir ganz klar von unserem Weg abgekommen. Eine andere Erklärung gibt es dafür nicht.

Was „anders" bedeutet

Lass mich dir einige Synonyme für „anders" nennen, damit du genau verstehst, was ich damit meine. Ich spreche von „einzigartig", „sonderbar", „bizarr", „seltsam", „tollpatschig" und „verschroben". Auf Gnade gegründete Familien sollten für solche Kinder einen sicheren Zufluchtsort darstellen. Da es zum Berufsrisiko christlicher Autoren gehört, missverstanden zu werden, muss ich erläutern, was ich hier *nicht* meine. Ich sage nicht, dass auf Gnade gegründete Familien Sünde oder Böses oder sonst irgendetwas, das *klar formulierten Grundsätzen* der Bibel widerspricht, tolerieren sollen. Ein Kind beispielsweise, das seinen Lehrern ins Wort fällt, respektlos über Autoritätspersonen spricht oder seine Geschwister mit beißenden Worten herabsetzt, kann sich nicht hinter einem der oben genannten Synonyme verstecken, um sich der Verantwortung für seine Taten zu entziehen. Es kann sein respektloses Verhalten nicht mit einer billigen Ausrede erklären, wie: „Ich bin da einfach ein bisschen tollpatschig. Warum kannst du mich nicht akzeptieren, wie ich bin?" Die Antwort ist einfach: Die Bibel sagt ganz klar, dass die Art und Weise, wie es mit seinen Lehrern, mit Autoritätspersonen oder seinen Geschwistern umgeht, inakzeptabel ist.

Aber Kinder, die einfach anders sind als andere und seltsame Dinge tun, sind nicht unbedingt schlecht. Sie sind einfach *anders*. Weil ihr ungewöhnliches Aussehen oder Benehmen ihre Eltern oft ärgert oder in Verlegenheit bringt, geht man automatisch davon aus, dass was immer sie auch tun (oder tun wollen), nicht toleriert werden darf. Das macht es den Kindern, die von Gott einfach ein wenig anders erschaffen wurden, sehr schwer und schränkt darüber hinaus unsere Möglichkeiten ein, als Gottes Instrumente der Gnade gebraucht zu werden.

Ich würde das Recht von Kindern, anders zu sein als andere, auch dann verteidigen, wenn es keinen anderen Grund dafür gäbe als die Tatsache, dass sie *Kinder* sind. Sie sind jung. Ihre Herzen sind von einem nahezu übernatürlichen Staunen erfüllt. Ihr Verstand läuft auf Hochtouren und schlägt in ihrer Vorstellungskraft manchmal seltsame Schlachten. Gott hat sie so gemacht. Er hat beschlossen, diese Eigenschaften in ihrem Leben in den Vordergrund zu stellen. Natürlich ersucht er die Eltern, ihren Kindern dabei zu helfen, die Reife und Fertigkeiten zu entwickeln, die sie erwachsen werden lassen, aber nicht auf Kosten ihrer einzigartigen Facetten. Das ist eine erstaunliche Zeit in ihrem Leben. Wenn wir es geschafft haben, sie durch all das hindurchzuführen, sollte das Gefühl des Erstaunens immer noch da sein – nur differenzierter. Wenn wir ihrem Anderssein den Krieg erklären, nur weil es nicht unseren Vorstellungen entspricht, ist das ein guter Weg, um den Sinn eines Kindes für Staunen und Verwunderung für den Rest seines Lebens auszulöschen.

Immer wenn ich gute oder interessante Zeitungsartikel lese, hebe ich sie auf, damit ich später vielleicht einmal darauf zurückgreifen kann. Ich werde nie vergessen, wie sehr mich ein bestimmter Artikel in meiner Rolle als Vater beeindruckte.

Der Autor hatte einen Artikel vom Typ „Wenn ich noch einmal ganz von vorn beginnen könnte ..." über das Vatersein geschrieben. Er berichtete von verschiedenen Begebenheiten mit seinen Kindern, die mittlerweile erwachsen waren, von denen er sich wünschte, die Zeit zurückdrehen und anders damit umgehen zu können. Eine davon lautete in etwa: „Wenn ich nochmals ganz von vorn beginnen könnte, würde ich nicht mehr so ein Theater machen, weil mein Sohn mit seinem Schreibtischstuhl auf dem Bett schlafen will." Er lieferte auch eine Erklärung für diese ungewöhnliche Aussage. Offensichtlich fand sein Sohn, der damals etwa drei oder vier Jahre alt war, großen Gefallen an dem Schreibtischstuhl in seinem Zimmer. Jeden Abend wollte er, dass seine Mutter oder sein Vater den Stuhl auf sein Bett stellten – auf die Bettdecke, neben seine Füße. Wenn sie ihn nach dem Grund dafür fragten, sagte er etwas wie: „Ich mag ihn eben" oder: „Ich schlafe einfach gern mit dem Stuhl auf meinem Bett". Auf die Frage, warum es nicht ausreichte, wenn der Stuhl auf seinem Platz ganz in seiner Nähe blieb, antwortete er, es sei ihm einfach viel lieber, wenn der Stuhl beim Einschlafen auf seiner Bettdecke war. Jedes Mal wenn sie sich weigerten, seine Bitte zu erfüllen, schossen ihm Tränen in die Augen. Dann schimpften sie ihn und er weinte noch mehr. Wenn sie seiner Bitte letzten Endes jedoch nachkamen, sagte er ihnen immer, wie dankbar er sei. Das Erstaunliche an diesen Abenden war, wie leicht er dann tatsächlich einschlief.

Meistens jedoch machten seine Eltern (insbesondere sein Vater) eine Szene, wenn er den Stuhl auf das Bett stellen sollte, was immer zu Tränen und Geschrei führte. Wenn sie ihren Sohn mit dem Stuhl auf dem Bett schlafen ließen und, kurz bevor sie selbst zu Bett gingen, nochmals in sein Zimmer sahen, war der Stuhl durch seine Bewegungen im Schlaf mittlerweile unvermeidlich zu Boden gefallen. Dann rollten sie ihn zurück an den Schreibtisch, wünschten ihrem Sohn süße Träume und schlossen die Tür. An jedem darauffolgenden Morgen war ihr Sohn guter Dinge.

Als sein Vater auf diese Monate zurückblickte, in denen ihr Sohn sich an jedem Abend, an dem sie sich weigerten, seine einfache Bitte zu erfüllen, in den Schlaf weinte, wurde er von Reue überwältigt. Ihm wurde klar, dass die Bitte seines Sohnes zwar eigenartig, bizarr, seltsam, albern und befremdlich war, aber nicht *böse.* Es gab kein moralisches Problem und jeder Elternteil, der versucht, eines daraus zu machen, will einfach das Offensichtliche nicht sehen. Nachdem nun viel Zeit vergangen war und der Vater aus seinen dummen Entscheidungen gelernt hatte, fragte er sich, warum er nicht einfach den Stuhl genommen und ihn sanft neben die Füße seines Sohnes gestellt hatte, ohne ein großes Problem daraus zu machen.

Nur der Vollständigkeit halber – sein Sohn wuchs nicht mit irgendeiner Art von Möbel-Fetisch auf. Er war als Erwachsener ebenso normal, wie er es als Kind gewesen war. Er hatte lediglich einen unschuldigen Wunsch, aus dem seine Eltern ein Problem machten. Obwohl ich darüber lachte, wie pfiffig der Autor die seltsame Bitte seines Sohnes beschrieb, konnte ich ihn sehr gut verstehen. Dieser Vater wünschte sich, er könnte die Zeit zurückdrehen und im Leben seines Sohnes mehr Gnade walten lassen.

Zurück in der Schweiz

Was uns wieder zu meinem Sohn zurückführt. Ich war in einer ähnlichen Situation wie der Vater, dessen Sohn mit einem Schreibtischstuhl im Bett schlafen wollte. Mein Sohn bat mich um die Erlaubnis, etwas mit seinem Haar zu tun, das manche Erwachsene zu der Annahme verleiten könnte, dass er rebellierte. Du kennst diese Kommentare:

„Er hat ein Problem mit Autoritätspersonen."

„Er muss Komplexe haben."

„Er ist eines dieser trägen Kinder, die keine Richtung in ihrem Leben haben."

Das sind die Unterstellungen, die Erwachsene – die es besser wissen sollten – oft Kindern machen, die sich von der Menge abheben oder nicht in das konventionelle Raster passen. Diese Schlüsse basieren selten darauf, dass sie das Kind wirklich kennen, sondern spiegeln den begrenzten Horizont oder die völlige Ignoranz des Erwachsenen wider. Mein Sohn hatte kein Problem mit Autoritätspersonen. Im Gegenteil – seine Bitte, mit mir darüber reden zu dürfen, war ein Beweis für den Respekt, den er vor Autoritätspersonen hatte. Wenn er Darcy und mich nicht respektiert hätte, hätte er tun können, was viele Kinder in dieser Situation tun – er hätte seine Haare heimlich bleichen lassen und uns dann vor vollendete Tatsachen stellen können. Cody hatte auch keine Komplexe. Er war einfach voller Freude, Begeisterung und Abenteuerlust. Er war ein Junge, der in unserer Familie stets eine Stütze war. Er fand einfach großen Gefallen an dieser neuen Modeerscheinung, dass Jungen ihre Haare bleichten.

Wenn Eltern in eine Diskussion wie diese geraten, fragen sie sich oft: „Was werden meine Freunde denken?" Dieser Faktor übt einen unglaublichen Einfluss darauf aus, wie die Eltern auf den Spleen ihrer Kinder reagieren. Aus Furcht, was Verwandte, Freunde oder Autoritätspersonen sagen könnten, reagieren viele Eltern so negativ auf die Neigung ihrer Kinder, anders zu sein als andere, dass die Kinder ihre Seele vor ihnen verschließen, und das möglicherweise für immer.

Glücklicherweise haben Darcy und ich viele Freunde, die sich an der Gnade orientieren. Wir haben Freunde, die die Kindheit als eine Zeit ansehen, die Gott für unsere Kinder dafür vorgesehen hat, ihre „Spinnereien" zu überwinden. Mein Rat an Eltern, deren Freunde sie dafür kritisieren, dass sie Kinder haben, die anders sind als andere, lautet: *Sucht euch neue Freunde. Das ist einfacher, als zu versuchen, neue Kinder zu bekommen. Und abgesehen davon seid ihr damit wahrscheinlich auch besser dran.*

Modeerscheinungen, Trends und Marotten

Was nun das Problem der *Modeerscheinungen* betrifft, wenn es um Kleidung, Schmuck, Musik und Interessen außerhalb von zu Hause geht – sollten wir unseren Kindern erlauben, ihnen nachzugehen? Wie kann sich dein Kind zu einem Individuum entwickeln, wenn du seinem Wunsch, der neusten Modeerscheinung zu folgen, immer nachgibst? Werden Kinder, die ein seltsames Aussehen oder Verhalten annehmen, nicht in die Denkweise der Welt verstrickt? Lass uns diese Fragen eine nach der anderen prüfen.

Hier könnte eine kleine Marketinglektion hilfreich sein. Es gibt Modeerscheinungen und es gibt Trends. Limonengrüne Sneakers mit violetten Schnürsenkeln, die an den Fersen bei jedem Schritt aufleuchten, sind eine Modeerscheinung. Sneakers sind ein Trend. Mobiltelefone, die im Dunkeln leuchten und jedes Mal James Browns *I Feel Good* ertönen lassen, wenn jemand anruft, sind eine Modeerscheinung. Mobiltelefone sind ein Trend. Es kann leicht passieren, dass du auf etwas, das du für eine Modeerscheinung hältst, überreagierst, obwohl es in Wirklichkeit die Ausprägung eines Trends ist. Letztendlich werden auch die entschiedensten, konservativsten Eltern einen Trend annehmen und kein Problem damit haben.

Das Erste, was Eltern tun müssen, wenn sie über eine Modeerscheinung nachdenken, ist zu prüfen, ob es speziell dafür klare biblische Richtlinien gibt. Wenn es beispielsweise um Mode geht, ist eines der vorrangigen Prinzipien der Bibel, das sowohl für Männer als auch für Frauen gilt, der Anstand. Für Mädchen und junge Frauen ist das heutzutage eine Herausforderung. Versuche nur einmal, in irgendeinem Einkaufszentrum etwas zu kaufen, das dieses Kriterium erfüllt, dann wirst du schnell erkennen, womit du es zu tun hast. Leider benutzen zu viele Eltern diese Tatsache als Ausrede dafür, ihre Maßstäbe für den Anstand zu lockern und herabzusetzen. Abgesehen davon, dass ein solches Verhalten schlicht auf Bequemlichkeit zurückzuführen ist und die Antithese zu einer auf Gnade gegründeten Erziehung darstellt, gefährdet es zu einer entscheidenden Zeit im Leben unserer Kinder ihren moralischen Schutz. Es *gibt* anständige, züchtige Kleidung – du musst nur bereit sein, ein wenig intensiver danach zu suchen und dich etwas geschickter anzustellen. Wenn alle Stricke reißen, musst du die Nähmaschine hervorholen oder dafür sorgen, dass deine Tochter, wenn sie ein tief ausgeschnittenes Top trägt, etwas darunter- oder darüberzieht, das die entblößten Bereiche bedeckt.

Wenn es für die Modewelle, auf der sie mitschwimmen wollen, keine biblischen Regeln gibt, die sich speziell darauf beziehen, stellt sich die Frage, wie kostspielig sie sind und welche Werte du deinen Kindern vermittelst, wenn du alle ihre Wünsche erfüllst. Lass uns das Beispiel der Sneakers nochmals aufgreifen, um diesen Punkt zu verdeutlichen. Vielleicht möchte dein Sohn unbedingt diese neuen

Space-Age-Schuhe haben, die von irgendeiner Basketballikone empfohlen wurden und mehr als 150 Euro das Paar kosten. Eine der Möglichkeiten, wie auf Gnade gegründete Eltern darauf reagieren können, besteht darin, ihrem Sohn zu erklären, dass sie zwar bereit sind, ihm bei der Finanzierung von Trends zu helfen, aber nicht von Modeerscheinungen. Wenn er Turnschuhe von Shaq O'Neal oder Michael Jordan oder wessen Schuhe auch immer unbedingt haben will, wird er das Geld dafür verdienen müssen. Das bewirkt bei Kindern, die für Modeerscheinungen sehr empfänglich sind, oft einen Meinungsumschwung.

Dasselbe gilt für Musik. Musikgruppen kommen und gehen. Teilweise wirkt ihre Musik der Botschaft der Bibel ganz klar entgegen. Wenn deine Kinder einen bestimmten Sound wirklich mögen – höchstwahrscheinlich einen Musikstil, der dir unglaublich auf die Nerven geht –, musst du *vorsichtig* darauf reagieren. Wenn Kinder noch jünger und leichter zu beeinflussen sind, müssen wir sie vor Musik beschützen, deren Texte der vorrangigen Botschaft der Bibel oder deiner moralischen Weltanschauung widersprechen. Wenn sie älter werden und wir in die Zeit ihrer Vorbereitung eintreten, setzen sich kluge Eltern mit ihren Kindern zusammen und hören sich die Musik an, die sie begeistert. Das ist ein wunderbarer Akt der Gnade, der ihre Vorlieben für verschiedene Musikrichtungen nicht herabsetzt. Stattdessen hilft ihnen dieser Prozess dabei, zu lernen, wie man die Musik auf reife Weise prüft und einordnet. Manchmal musst du ihnen vielleicht davon abraten (oder es ihnen verbieten), eine bestimmte CD zu kaufen.

Wie gelingt es uns nun, unsere Kinder zu Individuen zu erziehen? Wenn unsere Kinder für die verschiedenen Modeerscheinungen empfänglich sind, wie sollen sie dann ermutigt werden, selbstständig zu werden? Wir müssen bedenken, dass es bei der Individualität nicht um die äußere Erscheinung unserer Kinder geht, sondern um ihre Charakterstärke. Junge Menschen haben ihre Identität schon immer innerhalb einer Altersgruppe oder durch gemeinsame Ziele und Interessen entwickelt. In einer solchen Gruppierung mag es die Tendenz geben, die äußerlichen Rituale oder Eigenschaften der

Gruppe anzunehmen. Das ist in Ordnung. Wenn man eine Kompanie stramm stehender Soldaten sieht, mögen ihre Uniformen und ihre Haltung genau gleich aussehen, aber jede Brust ziert ein anderes Namensschild, und dasselbe gilt für ein Baseballteam oder eine Tanzgruppe. Sie mögen als zusammengehörige Einheit funktionieren, aber sie sind immer noch Individuen.

Wenn du auf den Wunsch deiner Kinder, irgendeine Modeerscheinung mitzumachen, überreagierst – vor allem, wenn in moralischer oder biblischer Hinsicht nichts falsch daran ist –, könnte das unnötigerweise zur Folge haben, dass es dir nicht mehr gelingt, eine tiefere Beziehung zu ihnen aufrechtzuerhalten. Sie könnten entweder das Gefühl bekommen, dass sie nicht mehr mit dir reden können, oder aber, dass du nicht bereit bist, ihnen zuzuhören. Zugegeben, manche der Stilrichtungen, die in Mode kommen, sehen albern aus. Dennoch gebietet die Gnade, dass Kinder den Raum haben müssen, anders zu sein als andere. Ich glaube, wenn Jungen beginnen würden, Kniebundhosen mit Seidenstrümpfen, aufgeputzte Hemden mit gerüschten Manschetten, aus den Ärmeln hängende Taschentücher, lange Perücken und ein dickes Make-up zu tragen, würden wir wahrscheinlich denken, dass sie komplett den Verstand verloren haben. Aber dieses Aussehen stand den Gründervätern der Vereinigten Staaten sehr gut.

Marotten und Modeerscheinungen kommen und gehen, deshalb ist es am besten, sich nicht allzu sehr darüber aufzuregen. Ich war einmal auf dem Empfang einer Firma, wo eine Menge Erwachsene herumstanden und sich unterhielten. Die Männer trugen Anzüge und die Damen elegante Kleider. Einer der Büroangestellten kam in Begleitung seines Sohnes im Highschoolalter herein. Der Sohn hatte die Kleiderordnung auf der Einladung wohl nicht begriffen. Er trug ein Fußballhemd, schlabberige Seidenhosen, Sandalen und einen Dreitagebart. Sein Haar hing ihm in zweifarbigen Flechten bis auf die Schultern. Doch er hatte eine aufrechte Haltung, sah jedem in die Augen, leistete intelligente Beiträge zu den Unterhaltungen und zeigte ausgezeichnete Manieren. Ich wusste, warum er sich mit einer derartigen Selbstsicherheit präsentierte: Sein Vater war ganz offensichtlich sehr stolz auf ihn. Er führte seinen Sohn auf dem Empfang herum, erzählte jedem von seinen derzeitigen Plänen und erklärte ihm stolz, wer die verschiedenen Leute waren und welche Aufgaben sie hatten. Ich fragte mich, wie viele der anderen Leute in Anzug und Abendkleid, die sich bemühten, die Karriereleiter zu erklimmen, wohl den Mut gefunden hätten, ihre ungewöhnlich aussehenden Kinder zu einem solchen Ereignis mitzubringen. Ganz ehrlich – wenn ich der Geschäftsführer gewesen wäre, hätte dieser Vater genau der Art von Mensch entsprochen, die ich in meinem Team am meisten fördern wollte.

Stilrichtungen kommen und gehen. Sie sind ständig in Bewegung. In gewisser Hinsicht spiegelt das die Tatsache wider, dass wir nach dem Bild eines Gottes erschaffen wurden, der die Vielfalt liebt. Zum größten Teil dauern Marotten und Modeerscheinungen nur so kurze Zeit an, dass es sich für uns nicht lohnt, sie zu verurteilen. Es gibt Zeiten im Leben unserer Kinder, in denen ihnen die Mode mehr bedeutet als in anderen. Während dieser Zeiten ist es sinnvoll, wenn du Gott bittest dir zu helfen, dass du Gnade und Verständnis zeigen kannst.

Die nächste Frage

Ich höre oft die Frage: „Sind die Kinder, die diese seltsamen Stilrichtungen und Verhaltensweisen annehmen, nicht in der Denkweise der Welt gefangen?" Das muss in Familien, die sich an der Gnade orientieren und ihren Kindern die Freiheit geben, anders zu sein als andere, sicher ernsthaft abgewogen werden. Wir müssen mit einer klaren Vorstellung von Weltlichkeit beginnen und mit einer klaren Vorstellung von Götzendienst enden.

Während ich aufwuchs, wurde das Wort „weltlich" vom Altar unserer Gemeinde aus benutzt, um so gut wie alles Neue oder Andersartige, das des Weges kam, zu beschreiben. Das Fernsehen war weltlich, das Kino war weltlich, Bikinis waren weltlich, Cabrios waren weltlich und Mädchen, die nur mit einem Bikini bekleidet in Cabrios durch die Gegend fuhren waren weltlich. Ich verbrachte meine frühe Kindheit in Amish Country im Westen Pennsylvanias.

Die Amischen hielten Dinge wie Knöpfe, Kleidertaschen und Gürtelschlaufen für weltlich. Wenn sie eines waren, dann eine der besten Illustrationen dafür, wie irrational und unlogisch es ist, Symbolik über Substanz zu stellen. Sie waren wie Gesetzestreue auf LSD. Wenn man sie festnagelte und sie um eine Erklärung für ihre Schlussfolgerungen bat, zitierten sie letztendlich irgendeine Bibelstelle über Verdammnis, die ihrer Meinung nach Knöpfe, Kleidertaschen und Gürtelschlaufen mit einbezog. Wenn man auf der Suche nach einem Glaubenssystem gewesen wäre, das sich auf Gnade gründet, hätte man es in dem amischen Paradies, das uns umgab, nie gefunden.

Die Standardbibelstelle, auf die sich die Amischen – und manche Eltern – berufen, um ihren Kindern zu erklären, warum sie eine bestimmte Aktivität nicht betreiben, einen bestimmten Musikstil nicht hören oder bestimmte Kleidungsstücke nicht tragen können, ist 1. Johannes 2, 15–17. Dort heißt es:

> *Liebt nicht die Welt noch was in der Welt ist! Wenn jemand die Welt liebt, ist die Liebe des Vaters nicht in ihm; denn alles, was in der Welt ist, die Begierde des Fleisches und die Begierde der Augen und der Hochmut des Lebens, ist nicht vom Vater, sondern ist von der Welt. Und die Welt vergeht und ihre Begierde; wer aber den Willen Gottes tut, bleibt in Ewigkeit.*

Wenn ein Hauptwort eine Person, ein Ort oder eine Sache ist und die „Welt“, von der hier die Rede ist, ein Hauptwort ist, welcher dieser drei Gruppen soll man sie dann zuordnen? Ist die Welt eine Person, ein Ort oder eine Sache? Die offensichtlichste Antwort wäre, dass sie ein *Ort* ist. Aber so kann das Wort in diesem Abschnitt nicht gebraucht werden, da wir genauso wie alle anderen auf dieser Welt leben. Wenn wir auf einem anderen Planeten lebten und von dort aus auf den Planeten Erde heruntersehen und sagen würden: „Ich denke, ich werde die *Welt* dort drüben erforschen“, dann würde das funktionieren. Aber offensichtlich wird die „Welt“ hier nicht auf diese Weise verwendet. Wenn hier nicht von einem Ort gesprochen wird, wäre die nächste Annahme, dass von einer *Sache* die Rede ist.

Das Wort „Welt“ wird oft so gebraucht, dass sie ganz klar als Sache bezeichnet wird, doch das ist in diesem Abschnitt nicht der Fall.

Sonst müssten wir annehmen, dass wir an keiner „Sache", die in der Welt ist, Gefallen finden oder Freude haben dürfen – seien es unsere Arbeit, schöne Urlaubsorte, unsere Gemeindegebäude oder die *Menschen* in der Welt. Damit bleibt noch eine Möglichkeit: Die Welt ist eine Person (oder zumindest *personengebunden)*. Wenn wir uns das Wort „Welt" in diesem Abschnitt als einen (wenn auch unsichtbaren) lebendigen Organismus vorstellen, kann uns das davor bewahren, diese Verse zum Schaden unserer Kinder falsch anzuwenden.

Das Wort „Welt" verweist hier auf das moralisch böse System im Gegensatz zu allem, was Gott ist und dem er zugeneigt ist. In diesem Sinn ist die Welt das *satanische* System, das sich dem Reich Christi auf dieser Welt widersetzt.[1] Die „Welt" ist eine *personengebundene* Kraft, die in vollkommener Gegnerschaft zum Willen Gottes operiert und in der Lage ist, sich *alles* zunutze zu machen, um uns ihre hinterhältigen Pläne ins Herz zu legen. Deshalb untergraben wir unsere Rolle als geistliche Autoritätsperson im Leben unserer Kinder, wenn wir das Wort *weltlich* auf bestimmte Dinge anwenden, die wir zufällig nicht mögen: seltsam geschnittenes oder bunt gefärbtes Haar, Nabelringe, Autos ohne Dach, Musik mit aggressivem Rhythmus, Tanzen oder Tätowierungen. Was entscheidet, ob eines dieser Dinge weltlich ist, ist nicht ihre *Existenz*, sondern *ob* (oder *wie)* Satan sie für seine finsteren Zwecke in unseren Kindern benutzt.

Wenn du verstehen willst, wie die „Welt" sich zeigt, dann sieh nicht auf *Dinge* oder *Taten*, sondern auf *Einstellungen:* Die Begierde des Fleisches (der Wunsch nach sinnlichem Vergnügen), die Begierde der Augen (Habsucht oder Materialismus) und der Hochmut des Lebens (der Stolz auf unsere Position in der Welt). Das bedeutet, dass fast alles entweder eine weltliche oder eine erlösende Seite haben kann – je nachdem auf wen unser Herz gegründet ist.

Für den einen ist die *Venus von Milo* ein exquisites Kunstwerk. Für den anderen ist sie ein armloses heißes Luder aus Italien, während sie für den Nächsten ein Flittchen ist, das einen Büstenhalter oder wenigstens *irgendetwas* tragen müsste. Das Interessante daran ist, dass es oft die Christen sind, die *Dingen* Übles zuschreiben und bei denen gleichzeitig die Wahrscheinlichkeit am größten ist, dass sie die *Venus von Milo* mit Begierde ansehen. Das ist der logische Schluss, wenn man einem gemeißelten Stück Marmor lüsterne Kraft (oder überhaupt eine Kraft) zuspricht. Doch genau die Tatsache, dass Dingen (oder Taten) üble Kräfte zugesprochen werden, macht es Satan erst möglich, viele Christen auf derart unglaubliche Weise in den Würgegriff zu bekommen.

Wenn du deinen Kindern sagst, dass *Dinge* böse sind, statt sie davon zu überzeugen, dass Satan und seine verdorbene Welt böse sind, setzt du sie der Gefahr aus, dass sie leicht von ihm manipuliert werden können. Ich kenne eine Frau, die ihre Kinder während der letzten Oktoberwoche jeden Tag von der Grundschule abholte, nur damit sie nicht an den geschnitzten Kürbisköpfen vorbeigehen mussten, die die Leute vor ihre Häuser gestellt hatten. Sie sagte, sie hätte Angst davor, dass ihren Kindern etwas passieren könnte, aber alles, was sie tat, war, ihre Furcht vor den Kürbisköpfen auf ihre Kinder zu übertragen. Diese Mutter hatte einem geschnitzten Gemüse (oder ist das eine Frucht?) böse Kräfte zugesprochen. Als ich ihr erklärte, was sie da tat, riss sie mich in Stücke. Ich musste mir einiges anhören über Druiden (obwohl sie noch keinen getroffen hatte), über Satans große Party (von der ich glaubte, dass die Nachfolger Jesu sie verhindern sollten), über die Mächte der Finsternis (in die die Nachfolger Jesu meiner Ansicht nach das Licht der Welt bringen sollten) und über all die bösen Dinge, die am 31. Oktober passieren konnten (als würde Satan sich die restlichen 364 Nächte frei nehmen). Indem sie etwas Leblosem eine lebendige böse Kraft zusprach, zeigte sie ihren Kindern lediglich, wie man einen Götzen schafft. Ihre Furcht vor den Kürbisköpfen verlieh einem toten geschnitzten Gemüse eine Kraft, die es nicht hatte.

Gott drückte sich sehr deutlich aus, als er uns gebot, dass wir uns keine Götzenbilder machen sollen. Er hat seine Anliegen nicht auf vergängliche Papierbögen geschrieben, sondern sie als dauerhafte Erinnerung in Steintafeln gemeißelt. Er sagte:

> *Du sollst dir kein Götterbild machen, auch keinerlei Abbild dessen, was oben im Himmel oder was unten auf der Erde*

> *oder was im Wasser unter der Erde ist. Du sollst dich vor ihnen nicht niederwerfen und ihnen nicht dienen. Denn ich, der Herr, dein Gott, bin ein eifersüchtiger Gott, der die Schuld der Väter heimsucht an den Kindern, an der dritten und vierten Generation von denen, die mich hassen, der aber Gnade erweist an Tausenden von Generationen von denen, die mich lieben und meine Gebote halten.*
>
> 2. Mose 20, 4–6

Es ist Götzendienst, Dingen oder Taten, die nicht mehr und nicht weniger sind als Dinge und Taten (wie beispielsweise Frisuren, Rockkonzerte, Kleidung, Tanzen, Ausgehen usw.) böse Kräfte beizumessen. Das Böse wird dadurch bestimmt, wie Satan die Sache oder die Tat im Leben eines Menschen benutzt. Das Gute wird dadurch bestimmt, wie Gott durch die Sache oder die Tat im Leben eines Menschen wirkt. Und der Teil der Gleichung, der bestimmt, wer was tut, ist der *Mensch* (du, ich oder das Kind).

Der Rest der Geschichte

Als mein Sohn seine Frisur auf dem Seitenstreifen einer Bergstraße in der Schweiz zum Thema machte, formulierte er damit seine Bitte an seine Eltern, ihn als Individuum zu betrachten. Als er den Wunsch äußerte, dass seine Mutter und ich darüber nachdenken sollten, ob er sein Haar bleichen lassen durfte, spürte ich ganz deutlich, wie etwas in mir vorging. Nein, ich hörte nicht Gottes Stimme. Ich wünschte, es wäre so gewesen, aber das ist mir noch nie passiert. Aber ich spürte, wie sein Heiliger Geist in mir wirkte – ich hatte das ganz deutliche Gefühl, dass Gott mich dazu bewegte, auf das Herz meines Sohnes zu hören. Wir unterhielten uns also. Er sagte mir, warum er seine Haare bleichen lassen wollte (aus den oberflächlichen Standardgründen – seine Freunde taten das auch und es war „cool"). Wir sprachen über einige der klischeehaften Vorstellungen, die die Leute von gebleichten Haaren hatten.

Während ich ihm zuhörte, dachte ich an all die Beweise dafür, dass Gott überaus lebendig war und in seinem Herzen wirkte. Codys Einstellung, sein Reden, die respektvolle Art und Weise, wie er seine Eltern und Geschwister behandelte, seine Liebe für alles Geistliche – all das wies auf einen Jungen hin, dessen Herz mit Gott im Einklang war. Aufgrund dessen und aufgrund der Tatsache, dass das, was er tun wollte, etwas Vorübergehendes war, dem kein moralisches Problem anhaftete, sagte ich: „Cody, ich habe nichts dagegen, dass du deine Haare bleichen lässt, aber ich sollte zuerst mit deiner Mutter darüber sprechen. Wenn sie aus irgendeinem Grund etwas dagegen hat, bin ich auf ihrer Seite, und dann will ich, dass du dich unseren Wünschen ohne Groll unterordnest." Er willigte ein.

Nicht lange nachdem Cody und ich dieses Thema abgeschlossen hatten, raste ein Auto heran, drehte hektisch um und fuhr an unsere Seite. Es waren Ruth und Darcy mit unseren beiden Töchtern. Sie waren zwanzig Minuten lang gefahren, ohne sich ein einziges Mal nach hinten umzusehen, doch als sie feststellten, dass wir nicht mehr in Sichtweite waren, hatten sie gewendet, um uns zu suchen. Es war großartig, ihre besorgten Gesichter zu sehen, und ich war froh, dass wir unsere Fahrt zu dem Chalet in den Bergen jetzt fortsetzen konnten.

Als ich schließlich Gelegenheit hatte, Darcy von meiner Unterhaltung mit Cody zu erzählen, sagte sie, sie hätte nichts dagegen. Cody war begeistert. Der Zufall wollte es, dass Ruths Tochter platinblond war – dank eines Bleichmittels aus der Flasche. Sie hatte auch die Haare des kompletten Schweizer Fußballteams gebleicht und alles zur Hand, was nötig war, um Codys Haar noch an diesem Abend derselben Prozedur zu unterziehen. Die ganze Familie versammelte sich, um dabei zuzusehen und Bilder zu machen.

Am nächsten Morgen machten wir von einem der nahe gelegenen Berge aus Paragliding. Cody stieß sich nur einen kleinen Moment vor mir ab. Ich konnte sehen, wie sein blondes Haar unter seinem Helm hervorsah. Als ich landete, wartete er mit dem Helm in der Hand auf mich, während sein hellgelbes Haar auf seinem Kopf schimmerte und er von einem Ohr zum anderen grinste. Er war ein guter Junge, der in den Schweizer Alpen die Freiheit genoss, anders zu sein als andere.

Zwei weitere Dinge …

Wenn wir darüber diskutieren, dass wir unseren Kindern die Freiheit gewähren sollten, anders zu sein als andere, müssen wir noch zwei weitere wichtige Punkte berücksichtigen. Das Erste dreht sich um Modeerscheinungen, die unseren Kindern auf Dauer anhaften, und beim Zweiten geht es um Eigenarten, mit denen unsere Kinder negative Aufmerksamkeit auf sich ziehen.

Ich bin mir sicher, dass du weißt, wie populär Tattoos und Piercings geworden sind. Wir alle wissen, dass Kinder schon seit Jahrhunderten alberne Dinge tun. Manchmal tun sie es, um die Aufmerksamkeit ihrer Eltern zu erlangen, die ihnen kaum Beachtung schenken. Manchmal ahmen sie Dinge nach, die sie bei ihren Eltern sehen. Manchmal tragen junge Menschen schwerwiegende Probleme in sich und die Dinge, die sie tun, sind lediglich der äußerliche Ausdruck, die Symptome dieser Probleme. Manchmal wollen sie auch nur ein bisschen anders und spleenig sein, während in ihrem Inneren alles in Ordnung ist. Was sollen wir in solchen Fällen tun?

Das Erste, was wir machen müssen, ist eine Bestandsaufnahme ihrer drei inneren Bedürfnisse. Erinnere dich: Kinder haben das Bedürfnis nach Sicherheit, nach Bedeutsamkeit und nach Stärke. Unsere Aufgabe ist es, diese Bedürfnisse mit Liebe, einer Bestimmung und Hoffnung zu stillen. Der Weg, wie wir das erreichen, besteht letztendlich darin, dass sie durch eine innige und authentische Beziehung zu Jesus Christus eine unerschütterliche Liebe, eine bedeutende Bestimmung und eine starke Hoffnung finden. Das ist der wichtigste Teil der Rolle, die wir im Leben unserer Kinder spielen. Je effektiver wir diese Rolle wahrnehmen, umso weniger wahrscheinlich wird es, dass besorgniserregende äußere Probleme auftauchen.

Als Nächstes musst du einschätzen, ob das, was sie tun wollen, dem widerspricht, was das Wort sagt. Die Bibel enthält allgemeine Grundsätze hinsichtlich Bescheidenheit, Demut und der Tatsache, dass wir uns mehr um andere kümmern sollen als um uns selbst. Das kann uns Aufschluss darüber geben, warum sie genau diese bestimmte Sache tun wollen.

Aber lass mich dir eine Warnung aussprechen. Wir müssen extrem vorsichtig sein, dass wir die Bibel nicht dazu benutzen, Gott Worte in den Mund zu legen, die er nicht gesagt hat. Ein hervorragendes Beispiel dafür sind Tattoos. Viele Menschen beziehen sich sehr schnell auf 3. Mose 19, 28, um ihren Kindern zu sagen, warum sie kein Tattoo haben dürfen. Dort heißt es:

> *Und einen Einschnitt wegen eines Toten sollt ihr an eurem Fleisch nicht machen; und geätzte Schrift sollt ihr an euch nicht machen. Ich bin der Herr.*

Das ist eine ziemlich klare Aussage – zumindest dann, wenn wir glauben, dass wir einen Bibelvers benutzen können, ohne zu berücksichtigen, in welchem Zusammenhang er steht. Viele Menschen benutzten aus dem Zusammenhang gerissene Verse, um selbstsüchtige Argumente daraus zu basteln und ihre egoistischen Wünsche zu rechtfertigen. Wenn wir Gottes Wort aus dem Zusammenhang reißen, ist das eine Variation davon, Gottes Namen zu missbrauchen, was nach den Zehn Geboten ganz klar verboten ist. Ein Mensch, der Gottes Wort respektiert, will es sicher angemessen gebrauchen, besonders wenn er versucht, ein Kind durch das Labyrinth der Kindheit zu führen.

Wenn wir 3. Mose 19, 28 in seinem Zusammenhang studieren, sehen wir, dass hier nicht von Tattoos im Allgemeinen die Rede ist, sondern von Tattoos, die einen Menschen mit einer heidnischen Gottheit oder heidnischen Praktiken identifizieren. Zwei Verse zuvor wird das Essen von blutigem Fleisch verboten. Bedeutet das, dass du deine Steaks nicht blutig essen darfst? Absolut nicht. In diesem Vers geht es ganz spezifisch um das Fleisch, das als Opfer für ihre Sünden erbracht wurde, nicht um ein Abendessen in einem guten Steakhaus. In dem Vers direkt vor dem Vers mit den Tattoos werden Männer verurteilt, die ihr Haar seitlich abschneiden oder ihren Bart rasieren. Bedeutet das, dass Männer keinen sauberen Haarschnitt haben oder glatt rasiert sein dürfen? Natürlich nicht. In dieser Kultur trugen die Männer ihre Haare lang und ihre Bärte unbeschnitten. Die Heiden schnitten ihr Haar seitlich ab und stutzten ihre Bärte auf eine Art und Weise, die sie mit einem bestimmten heidnischen Gott oder einer heidnischen Praxis identifizierte. Das ist nicht der Grund, warum die Männer heute einen sauberen Haarschnitt haben und sich rasieren. Wenn Männer ihre Haare schneiden lassen, zünden sie dabei keine Kerzen für irgendeine finstere Gottheit an – zumindest nicht bei meinem Friseur. Vielleicht zünden sie sich eine Zigarre an, doch das tun sie nicht, um einer heidnischen Gottheit ihre Ehrerbietung zu erweisen. Deshalb verbietet dieser Vers weder einen Haarschnitt noch glatt rasierte Gesichter.

Das führt uns zu 3. Mose 19, 28 zurück. Zuerst heißt es hier: „… einen Einschnitt wegen eines Toten sollt ihr an eurem Fleisch nicht machen." Das bezieht sich auf unverwechselbare Zeichen im Gesicht, die jeder sehen und als Teil eines heidnischen Rituals erkennen konnte. Gott wollte nicht, dass sie den falschen Überzeugungen, die den Toten Macht oder Einfluss zusprachen, Glauben schenkten. Im selben Atemzug sagt dieser Vers: „… geätzte Schrift sollt ihr an euch nicht machen. Ich bin der Herr." Wenn man den Zusammenhang weiterverfolgt, stellt man fest, dass Mose sich auf unverwechselbare Tattoos bezieht, die einen Menschen als Nachfolger einer bestimmten heidnischen Gottheit offenbarten. Mose schreibt, dass sie ihren Körper nicht mit dauerhaften Zeichen versehen sollten (mit Schnitten oder Schriftzeichen), die ihren Glauben an ein heidnisches Ritual oder eine heidnische Gottheit auf bestimmte Weise kundtun.

Bedeutet das nun, dass es verboten ist, sich den Namen seiner Mutter auf den Arm tätowieren zu lassen? Nein. Es bedeutet, dass du dir den Namen deiner Mutter dann nicht auf den Arm tätowieren lassen darfst, wenn es gleichzeitig der Name irgendeiner heidnischen Gottheit ist. Ansonsten verbietet dieser Vers das Tätowieren nicht. Er wird falsch interpretiert, wenn man behauptet, er würde alle Tattoos verbieten, wenn er in Wirklichkeit nur von bestimmten Tattoos spricht, die einen heidnischen Gott ehren sollen. Er kommt beispielsweise dann zum Tragen, wenn sich dein Sohn ein satanisches Pentagramm auf den Arm tätowieren lassen will. Wenn er sich stattdessen für „Johannes 3, 16" entscheidet, verbietet dieser Vers das nicht.

Wir müssen im Gedächtnis behalten, dass Tattoos nichts Neues sind. Sie sind so alt wie die Menschheit. In der Zeit Jesu waren sie überall zu sehen, ebenso wie heute. Aufgrund der Weltoffenheit der Hauptstadt Jerusalem hatten zweifellos viele Menschen, die Jesus begegneten, Tattoos. Es besteht auch die Möglichkeit, dass die Arbeitermentalität der Jünger einige von ihnen dazu bewegte, sich ebenfalls Tattoos machen zu lassen (wer weiß?). Interessant daran ist: Wenn man geglaubt hätte, dass diese Tattoos Gott auf irgendeine Weise lästern, hätte Jesus etwas darüber gesagt. Er erwähnte das Thema jedoch nicht. Vielleicht war es für ihn keine so große Sache wie für manche von uns. Es ist der Mensch, der auf das Äußere sieht, der Herr aber sieht auf das Herz (siehe 1. Sam. 16, 7).

Es gibt noch zwei weitere mögliche Hinweise auf Tattoos in der Bibel – zumindest scheinen sie es zu sein. In Offenbarung 13, 17 ist die Rede vom „Zeichen des Tieres" (definitiv eines der Tattoos, die du nicht auf deinem Körper haben willst). Den anderen möglichen Hinweis auf ein Tattoo finden wir in Offenbarung 19, 16. Hier wird Jesus beschrieben, wie er auf dem Rücken eines weißen Pferdes zurück auf die Erde kommt. Er ist mit einem feinen, weißen Leinengewand bekleidet und aus seinem Mund geht ein scharfes Schwert hervor. In Vers 16 heißt es: „Und er trägt auf seinem Gewand und *an seiner Hüfte* einen Namen geschrieben: KÖNIG DER KÖNIGE UND HERR DER HERREN." Es ist nicht klar, ob Jesus Leinenhosen trägt oder ob dieser majestätische Titel tatsächlich auf seiner Haut geschrieben steht. Wir werden noch eine Weile warten müssen, um herauszufinden, wie sich das genau verhält. Doch da Hosen zu der Zeit, als die Bibel geschrieben wurde, nicht zur Standardkleidung gehörten – und auch Jesus während seiner Zeit auf der Erde sicher keine Hosen trug –, besteht tatsächlich die Möglichkeit, dass sein wunderbarer Name auf seinem Bein eintätowiert ist.

Ich gehe deshalb so ausführlich auf das Thema Tattoos ein, weil es nur dann ein ganz klarer Fall ist, wenn man die Bibelverse dazu aus dem Zusammenhang reißt. Wir müssen Gott in dieser Angelegenheit um seine Gnade bitten. Wir müssen ihn um Weisheit bitten, damit wir unseren Kindern helfen können, kluge Entscheidungen zu treffen.

Ich will an dieser Stelle festhalten, dass ich selbst kein Tattoo habe, ebenso wenig wie meine Frau oder meine Kinder … noch. Ich schreibe all das nicht, um mich zu rechtfertigen. Die Frage, vor der wir stehen, ist, wie wir unnötige Verstöße gegen die Gnade vermeiden, während wir unseren Kindern die Freiheit gewähren, anders zu sein als andere. Wenn sie sich durch Dinge von anderen abheben wollen, die dauerhafte Spuren hinterlassen, müssen wir Gott um Weisheit bitten.

Ich persönlich habe meine Kinder davon abgehalten – nun gut, ich habe es ihnen grundsätzlich verboten – sich Tattoos stechen zu lassen. Wenn du dich fragst, ob es Cody war, der das Thema aufbrachte, hast du recht. Auch meine Tochter fing davon an. Bei beiden Gelegenheiten schlug ich den praktischen Weg ein, der durch die Bibel untermauert werden *kann.* Meine kleine Rede lautete in etwa:

„Ich bin froh, dass wir über Tattoos reden können, weil sie in der heutigen Zeit sehr beliebt sind. Aber sie sind auch eine Modeerscheinung. Deshalb und weil es schmerzt, wenn man sie stechen lässt, und weil sie dann dauerhaft zu sehen sind und nur durch eine teure und extrem schmerzhafte Prozedur wieder entfernt werden können, würde ich es vorziehen, wenn du keines bekommst. Es gibt einen großartigen Grundsatz, der besagt: ‚Opfere das Dauerhafte nie auf dem Altar des Kurzfristigen.' Was du jetzt für eine großartige Idee hältst, sieht in einigen Jahren – oder auch erst in zwanzig Jahren – vielleicht nicht mehr so großartig aus. Aber dann haftet es dir an. Außerdem könnte sich ein Tattoo negativ auf eure beruflichen Möglichkeiten auswirken, sowohl kurzfristig als auch langfristig. Aber noch wichtiger ist, dass die Bibel sagt, wenn du heiratest, gehört dein Körper nicht mehr dir, sondern ist das Eigentum deines Ehepartners, wie es in 1. Korinther 7, 4 beschrieben ist. Da die Wahrscheinlichkeit, dass du heiraten wirst, sehr groß ist, solltest du so lange warten und dann sehen, ob dein Ehepartner mit einem Tattoo einverstanden ist. Abgesehen von all diesen Punkten tragen deine Mutter und ich die finanzielle Verantwortung für die Erhaltung deines Körpers. Bis du finanziell unabhängig von uns bist, würden wir es vorziehen, dass du dich in dieser Sache unseren Wünschen fügst. Wenn du auf eigenen Beinen stehst und dir den Stadtplan von Phoenix ins Gesicht tätowieren lassen willst, ist das allein deine Sache."

Ob deine Kinder eine derartige Argumentation akzeptieren, hängt von der Tiefe deiner persönlichen Beziehung zu ihnen ab. Wenn du während ihrer Kindheit darauf hingewirkt hast, ihre drei inneren Bedürfnisse zu stillen und ihnen mit Gnade zu begegnen, erhöht das die Wahrscheinlichkeit, dass sie deinen Wünschen entsprechen.

Wenn du auf das Herz deiner Kinder siehst und keinen Grund dafür entdecken kannst, ihre Beziehung zu Christus oder ihr persönliches Urteilsvermögen hinsichtlich dieser eher aufsehenerregenden Dinge infrage zu stellen, hast du biblisch gesehen die Freiheit, zu tun, was dir am besten erscheint. Wenn du all deinen Pflichten Genüge getan und vor Gott Frieden darüber hast, gewährt die Bibel dir die Gnade, deinen älteren Teenagern und jungen Erwachsenen zu erlauben, zu tun, was sie wollen.

Einige der Dinge, die unsere Kinder tun, um ihrer Persönlichkeit Ausdruck zu verleihen, deuten auf einen inneren Aufruhr hin. Doch wenn wir dann nur darum kämpfen, dass sie von diesen Äußerlichkeiten Abstand nehmen, machen wir das, was in ihrem Inneren vorgeht, vielleicht noch viel schlimmer. Es ist viel klüger, das äußerliche Problem zu ignorieren oder darüber hinwegzusehen und direkt das innere Problem anzugehen. Wenn wir in einer Haltung der Gnade überlegt auf Probleme wie Sünde, Schuld, Einsamkeit, Scham, Verzweiflung, Ärger oder Furcht eingehen, kann das weitaus positivere Auswirkungen haben als alles andere, was wir tun könnten.

Lass sie ihr Leben ausleben

Wir haben über bestimmte Dinge gesprochen, für die Kinder Interesse zeigen, weil sie ihnen den Anschein verleihen, anders zu sein. Wie verleihen Kinder nun ganz allgemein ihrer Persönlichkeit Ausdruck? Tatsache ist, dass viele Kinder einfach seltsam sind. Manchmal sind sie bizarr. Manchmal tun sie Dinge, die völlig im Einklang mit ihrer

Persönlichkeit stehen, die uns jedoch aus irgendeinem Grund peinlich sind. Wie geht man mit solchen Dingen gnädig um? Das ist im Grunde ganz einfach. Wenn sie nicht sündigen und ihren Mitmenschen gegenüber sensibel sind, dann lass sie ihr Leben einfach ausleben.

Bill und Amy traten eines Abends nach dem Gottesdienst, den ich geleitet hatte, an mich heran (die Gemeinde, der wir angehören, trifft sich sonntagabends). Sie hatten einige Fragen hinsichtlich ihres fünfjährigen Sohnes. Anscheinend hatten sie den Nachmittag mit einigen anderen Paaren in ihrem Alter verbracht. Sie alle hatten kleine Kinder, vom Säugling bis hin zu Sechsjährigen. Als sie nach dem Picknick ihre Sachen wieder einsammelten, hatte einer der Väter das Eis aus den Kühlbehältern genommen und es in einer Ecke auf einen Haufen geleert. Als die Kinder das sahen, zogen sie ihre Schuhe aus und begannen, auf dem Eis herumzulaufen. Die Mädchen waren recht zimperlich, aber die paar Jungen auf dem Picknick kicherten, als sie vorsichtig durch die Eiswürfel stapften.

Dem Sohn von Bill und Amy reichte es jedoch nicht, zu kichern und in dem Eis herumzustapfen. Er überredete die anderen Kinder, zur Seite zu gehen, damit er über den Rasen rennen und mit dem Kopf voraus durch das Eis rutschen konnte, wobei er laut quietschte. Die Kinder lachten und klatschten, was ihn nur dazu verleitete, dasselbe wieder und wieder zu tun. Seine ganzen Kleider wurden nass und er hatte Gras in den Haaren. Bill und Amy war sein Verhalten mehr als peinlich. Als die anderen Eltern zusahen, nahm die Begeisterung von Bills und Amys Sohn ganz offensichtlich noch zu. Seine Eltern machten sich Sorgen, dass ihre Freunde denken könnten, ihr Sohn sei außer Kontrolle, was ihre erzieherischen Fähigkeiten als erbärmlich eingestuft hätte. Ich bin sicher, dass manche der anderen Eltern das Gefühl hatten, ihr Sohn sei nicht mehr zu bremsen, aber für solche Eltern ist es typisch, zu glauben, dass Kinder ruhig, sanft oder passiv sein sollten.

Bill und Amy beschlossen, einzugreifen. Bill nahm seinen Jungen zur Seite und sagte ihm, dass ihm nicht gefiel, was er tat. Er verbot dem Jungen, weiter auf dem Eis zu rutschen und sagte ihm, er müsse zur Strafe in seinen nassen Kleidern in die Gemeinde gehen. Nun wollten sie von mir – einem Außenstehenden – wissen, ob sie ihren Sohn davon abhalten sollten, so wild zu spielen – insbesondere wenn andere Kinder dabei waren.

„War euer Sohn gemein zu den anderen Kindern oder ließ er sie nicht auch auf dem Eis spielen?", fragte ich.

„Nein", erwiderte Bill.

„Gab es einen moralischen oder einen zwischenmenschlichen Aspekt, den er missachtet hat? In anderen Worten, war wirklich irgendetwas falsch daran, was er tat? Habt ihr ihm vorher gesagt, dass er es nicht tun soll?"

Amy dachte nach. „Nein, ich kann nicht sagen, dass er etwas falsch gemacht hat, außer dass seine Kleider nass wurden."

„War das Spielkleidung, die schmutzig und nass werden durfte?"

Beide Eltern nickten.

„Neigt euer Sohn dazu, beim Spielen hart zu sein?"

„Ja", antwortete sein Vater. „Er ist laut, ungestüm und fürchtet sich nicht davor, sich irgendwie wehzutun."

„Geht er Risiken ein?"

„Ständig", sagte seine Mutter.

„Ist er eine Persönlichkeit, die gern Menschen zum Lachen bringt und alle unterhält?"

„Absolut!", stimmten beide zu.

„Es hat ihn überhaupt nicht gestört, dass er in nassen Kleidern in die Gemeinde gehen musste, stimmt's?"

„Nicht im Geringsten", sagte Bill. „Er könnte sauber, schmutzig, nass oder trocken in die Gemeinde gehen – das würde für ihn keinen Unterschied machen."

„Er hat also ganz entsprechend seiner Persönlichkeit gehandelt und euch hat das nicht gefallen, weil ihr beide eher ruhige und reservierte Menschen seid und das Gefühl hattet, er könnte ein schlechtes Licht auf euch werfen, obwohl er wirklich nichts Falsches tat?“

„Das ist richtig.“ Bill nickte.

„Warum seid ihr dann beunruhigt darüber, was ihr getan habt?“

„Weil ich ihn geschimpft habe, ihm aber nicht wirklich sagen konnte, was er falsch gemacht hat“, sagte Bill.

„Und weil er weinte, als wir mit ihm schimpften“, sagte Amy. „Er tat mir leid. Ich hatte das Gefühl, ihn in Verzweiflung zu stürzen.“

„Willkommen im Klub. Wir Eltern tun das alle. Ihr habt einen guten Jungen, aber er ist nicht so gestrickt wie ihr. Er hat eine laute und aggressive Persönlichkeit, die es genießt, andere zum Lachen zu bringen. Das sind alles wunderbare Eigenschaften, die, wenn sie im Lauf der Zeit entwickelt werden, einen großen Beitrag zu seiner Zukunft leisten werden. Das ist es, wo die Gnade einen Unterschied macht.“

Vielleicht sind deine Kinder Stimmungskanonen und steigen überall gleich automatisch zum Anführer auf, vielleicht sind sie schüchtern, neugierig oder geborene Zweifler, vielleicht schlagen sie leise Töne an oder sind laut, vielleicht fangen sie schnell an zu weinen, sind dickköpfig, unkonzentriert oder sehr ernsthaft. Gnade kann eines der besten Werkzeuge sein, um ihnen dabei zu helfen, diese persönlichen Eigenarten auf ausgeglichene Weise auszuleben.

Trennende Worte

Mir ist klar, wie leicht man mich bei diesem Thema missverstehen kann. Eltern, die ihre Kinder in einer sicheren und aufs Höchste kontrollierten Umgebung aufziehen wollen, könnten denken, dass sich all dieses Gerede darüber, dass man Zugeständnisse an die harmlosen Eigenarten ihrer Kinder machen sollte, zu sehr nach Nachsicht anhört. Ich befürworte es nicht, Kinder so zu erziehen, dass sie außer Kontrolle geraten und sich unangemessen verhalten. Doch innerhalb der Grenzen von Respekt und Ehre müssen unsere Kinder den Freiraum haben, die kreativen Individuen zu sein, zu denen Gott sie erschaffen hat. Das ist die Art und Weise, wie Jesus uns erzieht. Ich habe großes Vertrauen in sein Vorbild.

Einige Wochen, bevor unser Sohn Cody aufs College ging, saßen wir beide auf der Veranda und unterhielten uns über verschiedene Dinge, als ich ihm sagte, zu was für einem gut aussehenden jungen Mann er herangewachsen war. Es überraschte mich, dass er auf seine Haare zu sprechen kam. „Was hältst du von meiner Haarfarbe?“, fragte er.

Ich sah auf sein braunes Haar – seine *natürliche* Haarfarbe. Sicher, es war vor ein paar Jahren einige Schattierungen heller gewesen, aber während der letzten beiden Jahre auf der Highschool hatte er es in seiner natürlichen Haarfarbe wachsen lassen.

„Ich mag sie“, sagte ich. „Sie steht dir wirklich gut.“ Da sagte Cody etwas, das mich daran erinnerte, dass Gnade einen gewaltigen Lohn einbringt.

„Weißt du, Dad, ich bin froh, dass du damals in der Schweiz keine große Sache daraus gemacht hast, dass ich meine Haare bleichen lassen wollte“, sagte er.

„Es ist nett, dass du das sagst, Cody.“

„Ja, ich habe mit all dem jetzt abgeschlossen. Jetzt, wo das College vor mir liegt, dachte ich, es ist an der Zeit, dass ich solche Dinge hinter mir lasse.“

Hört, hört.

8

Die Freiheit, verletzlich zu sein

Die Seele eines Kindes braucht eine sanfte Berührung. Manchmal wird sie in tiefste Verwirrung gestürzt oder von Furcht bedrängt. Manchmal sehnt sich das zerbrochene Herz eines Kindes danach, in den Trost einzutauchen, den einfühlsames Verständnis ihm gewährt, um sich darin zu erholen. Manchmal gilt es, ein Kind in einer Hoffnung zu bestärken, die zu kostbar ist, um vergebens gehegt, und zu zart, um allein verfolgt zu werden. Jeder Junge und jedes Mädchen durchläuft in seinem Leben dieses sensible Stadium des Wandels.

Als Erwachsene wissen wir, dass jene, die dem ausgetretenen Pfad zum Fuß des Kreuzes folgen, Trost für ihr bedrücktes Herz und Heilung für ihre seit Langem eiternden und schmerzenden Verletzungen finden. Dort treffen sie auf eine erstaunliche Gnade, die das unbeständige Wesen unserer Persönlichkeit nicht verurteilt. Sie begegnet unserer Neigung, leicht beschämt zu sein, nicht mit Herablassung. Sie erteilt uns keine Lektionen darüber, wie sehr unser Denken von Dummheit geprägt ist. Da ist kein Spott für unsere verworrenen Gedanken – nur ein großzügiger Retter mit einem sanften Herzen, der weiß, wie unsicher wir oft sind.

Gott fragt diejenigen, die seine Gnade suchen, nicht nach ihrem Ausweis. Für die Menschen, die zu ihm kommen, gibt es keine Altersbeschränkung. Jesus sagte: „Lasst die Kinder, und wehrt ihnen nicht, zu mir zu kommen! Denn solchen gehört das Reich der Himmel" (Mt. 19, 14). Aber manche Wege legt man leichter zurück, wenn man sie Hand in Hand mit jemandem geht, der älter und weiser ist.

Torwächter seiner Gnade

Eine der wunderbaren Seiten der Gnade Gottes ist die sichere Zuflucht, die sie einem offenen Herzen bietet. Er verlangt nicht, dass wir in seinem Thronsaal Masken tragen – das kann ich dir aus eigener Erfahrung sagen.

Jesus gibt den Menschen ein gutes Gefühl, auch wenn er sie ohne ihr Make-up antrifft. Wenn die Umstände an ihrem Selbstwertgefühl nagen und ihre Unzulänglichkeiten ihrer Selbstgerechtigkeit die Grundlage entziehen, ist Jesus nicht entsetzt von den Fehlern, die er darunter findet. Für seine Gnade ist keine Sünde zu schlimm, kein Zweifel zu groß, keine Frage zu schwer und kein Herz zu zerbrochen.

Das sind die Dinge, die Kinder schon früh in ihrem Leben lernen müssen, und Gott hat den Eltern die Verantwortung übertragen, die Torwächter seiner Gnade zu sein. Deine umsichtige Reaktion auf diese sensiblen Themen spielt die Schlüsselrolle dabei, ob deine Kinder auch nur in Erwägung ziehen, den Weg zu Gottes Gnade einzuschlagen. Wenn sie darüber hinaus sehen, dass auch du regelmäßig diesen Weg gehst, wenn du verletzt bist, ist es noch leichter für deine Kinder, dir zu vertrauen, wenn du versuchst, sie an der Hand zu nehmen und ihnen den Weg zu zeigen.

Ich erinnere mich noch an die Zeit, als Claudette, eine enge Freundin einer unserer Töchter, in der Grundschule war. Die frühe Ausschüttung bestimmter Hormone bewirkte, dass sie vorzeitig „erblühte“. Als sie in der fünften Klasse war, sah Claudette bereits aus, als wäre sie in der Abschlussklasse. Sie war ein Mädchen mit dem Intellekt einer Fünfklässlerin, dem Körper einer Collegestudentin und der emotionalen Reife einer Zehnjährigen. Als ich erfuhr, dass ihre Eltern Jesus nachfolgten, war ich etwas beruhigter. Das Leben ist für ein kleines Mädchen auch ohne die zusätzliche Last, in dem Körper einer reifen Frau zu stecken, schon verletzend genug. Es ist viel einfacher, wenn die Emotionen, der Intellekt und der Körper zur gleichen Zeit dieselbe Stufe der *Reife* erreichen.

Es gab also das offensichtliche Problem, dass sie den Mädchen in ihrer Klasse hinsichtlich ihrer körperlichen Entwicklung voraus war. Statt sich zu der Klasse zugehörig zu fühlen, fühlte sie sich eher wie ein Teil einer Monstrositätenschau. Die Mädchen in ihrer Klasse betrachteten sie entweder als Konkurrentin oder als Außenseiterin. Nur ein paar wenige behandelten sie, als sei sie eine von ihnen.

Die Jungen in ihrer Klasse teilten sich in verschiedene Kategorien auf. Da gab es diejenigen, die mitten in der Pubertät steckten und deren Kommentare mit sexuellen Anspielungen gespickt waren. Entweder sie sagten ihr ihre Hänseleien direkt ins Gesicht oder sie rissen Witze über sie, die ihr dann irgendwann zu Ohren kamen. Andere Jungen aus ihrer Klasse wussten einfach nicht, wie sie mit einem Mädchen aus der fünften Klasse umgehen sollten, das den Körperbau ihrer Mütter hatte. Claudettes größte Herausforderung jedoch waren die Jungen im Highschoolalter in ihrer Stadt. Sie nahmen sie nicht nur zur Kenntnis, sondern sahen auch eine Naivität, die man ausnutzen konnte. Die Ablehnung, die sie von Gleichaltrigen erfuhr, versetzte sie in eine Position, in der sie von diesen vier oder fünf Jahre älteren Jungen leicht benutzt und letztendlich missbraucht werden konnte.

Das ist die Zeit, in der eine Mutter und ein Vater ein feines Gespür für das *Offensichtliche* entwickeln müssen. Claudette lief Gefahr, eine falsche Sichtweise der Gleichaltrigen in ihrer Umgebung, der älteren Jungen, die sie so interessant fanden, und ihrer selbst zu entwickeln. Vor allem brauchte sie einen Vater, der erkannte, dass sie emotional noch unreif war und dringend jemanden benötigte, der ihr den Rücken frei hielt. Außerdem brauchte sie regelmäßig jene Bestätigung von ihrem Vater, die ein Mädchen davon abhält, zu glauben, dass es von dieser falschen Art von Aufmerksamkeit abhängig ist.

Leider sahen ihre Eltern das nicht so – oder sahen es überhaupt nicht. Statt eins und eins zusammenzuzählen und das Offensichtliche zu begreifen, ignorierten sie Claudettes schwierige Lage. Es war nicht so, dass sie ihnen nicht sagte, dass sie zu kämpfen hatte. Sie erzählte ihnen von den Mädchen an der Schule und wie sich diese von ihr distanzierten. Sie erzählte ihnen von dem Spott der Jungen. Und sie konnten selbst sehen, welches Interesse die älteren Jungen aus der Nachbarschaft ihr entgegenbrachten. Doch ihre Eltern behandelten sie, als wäre *sie* das Problem und nicht jemand, der ein Problem *hatte.*

Ich traf ihren Vater und sprach mit ihm über einige der generellen Herausforderungen, auf die wir bei der Kindererziehung alle treffen. Im Verlauf dieses Gesprächs erkannte ich, dass Claudette allein dastand. Ihr Vater war ein starrsinniger, sarkastischer Mann, der kaum in der Lage war, seine Meinung logisch zu begründen. Als ich mit ihm über geistliche Dinge sprach, hatte es den Anschein, als würde er Gott kennen, aber es schien auch, als hätte er noch nicht zugelassen, dass Gott die Kontrolle über seine Einstellungen übernahm. Seine Stimme nahm einen prahlerischen Tonfall an, als er darüber sprach, wie Mädchen handeln sollten, aber er begriff nicht, dass Kinder sich oft mit etwas herumschlagen, das es ihnen sehr schwer macht, *überhaupt zu wissen,* was sie tun sollen. Sie sind manchmal nicht nur schrecklich verwirrt, sondern können auch extrem verängstigt werden. Das ist eine Zeit, um ihnen Gnade zu zeigen, zu erkennen, was sie durchmachen, und ihnen mit aufrichtiger Hilfe zur Seite zu stehen.

Claudettes Vater erzählte mir, wie enttäuscht er davon war, welche Männer sich seine beiden älteren Töchter ausgesucht hatten, und dass er nicht sehr zuversichtlich war, dass Claudette es besser machen würde.

Diese Zuversicht besaß ich auch nicht, aber meine Gründe dafür hatten nichts mit ihr zu tun. Sie stand vor einer ungewöhnlichen Herausforderung, die nach der außerordentlichen Gnade ihrer Eltern verlangte, doch diese waren nicht in „gnädiger" Stimmung. Ich war nicht überrascht, von einigen Begebenheiten zu hören, die ihre Würde tief verletzt hatten, während sie vom Mädchen zur Frau wurde.

Du kannst dir denken, wie ihre Geschichte endet. Nach der Highschool lebte sie einige Zeit mit einem jungen Mann zusammen, der sie verließ, als sie schwanger wurde. Während ich dieses Buch schreibe, ist Claudette dreiundzwanzig Jahre alt. Die meisten dieser Jahre waren herzlos und hoffnungslos für sie. Mit einem auf Gnade gegründeten Zuhause hätte ihr Leben bis dahin ganz anders verlaufen können.

Die zweite Eigenschaft auf Gnade gegründeter Familien

Im letzten Kapitel haben wir gesehen, dass auf Gnade gegründete Familien Kindern die Freiheit geben, anders zu sein als andere. In diesen Familien ist es kein Verbrechen, ein Individuum zu sein. ***Lass mich dir jetzt die zweite Eigenschaft auf Gnade gegründeter Familien vorstellen: Es sind Familien, die Kindern die Freiheit gewähren, verletzlich zu sein.*** Kinder werden mit einer Menge undifferenzierter Emotionen geboren. Das bedeutet nicht, dass ihre Emotionen unterentwickelt sind. Es ist einfach so, dass sie in der Feuerprobe des täglichen Lebens noch nicht die Zeit dafür hatten, sie zu mäßigen. Ihre unreifen Emotionen können sich für die Situationen, in die sie geraten, oft als unzuverlässig erweisen. Sie neigen zu großen Stimmungsschwankungen, eitlen Fantasien und übermäßigen Ängsten. Sie brauchen Eltern, die weder übertrieben noch zu unbeteiligt auf ihre emotionale Achterbahnfahrt reagieren und sie nicht abschreiben.

Es passiert jedoch leicht, dass wir alle drei dieser falschen Reaktionen zeigen. Unsere Kinder sind in jemanden verknallt und wir tun es als „jugendliche Schwärmerei" ab. Sie fürchten sich vor den Herausforderungen ihrer neuen Fächer in der Schule und wir stufen das als „keine große Sache" ein. Sie sind verletzt, weil sie glauben, dass sie in der Schule niemand mag, und wir sagen ihnen, sie würden sich das „einbilden". Wir sagen diese Dinge nicht, weil wir uns nicht um unsere Kinder sorgen. Wir sagen sie, weil sie sich tatsächlich als richtig erweisen könnten, wenn wir einen Schritt zurücktreten und ihre Situation nicht mehr isoliert betrachten. Unsere Kinder sind nicht so verliebt, wie sie denken; die Anforderungen, die in der Schule an sie gestellt werden, sind nicht so hoch, wie sie annehmen, und vielleicht sind sie viel beliebter, als ihnen klar ist. In anderen Worten, es *ist* eine jugendliche Schwärmerei, es *ist* keine große Sache und sie *bilden* sich Dinge ein. Doch was sie an diesem Punkt, jetzt, wo sie so verletzlich sind, brauchen, ist nicht irgendeine schnelle Einschätzung (wie treffend sie auch sein mag), sondern einfühlsames Verständnis. Ich sage das aus zwei Gründen:

1. Wir müssen unsere Kinder so behandeln, wie Gott uns behandelt.

Die Bibel sagt: „Alle eure Sorge werft auf ihn; denn er sorgt für euch" (1. Petr. 5, 7; *Schlachter).* Es ist erstaunlich, wie umfassend das Wort *alle* ist. Das heißt nicht, dass wir nur unsere *rechtmäßigen* Sorgen auf ihn werfen sollen. Offen gesagt würde ich es Gott nicht übel nehmen, wenn er das gesagt *hätte.* Obwohl er ein sehr geschäftiger Gott ist, der viel um die Ohren hat, ist er auch ein allmächtiger Gott, deshalb ist er nie zu beschäftigt. Dennoch würde es – zumindest aus menschlicher Perspektive – vernünftig erscheinen, Gott nicht mit Dingen zu belästigen, die ihren Ursprung in der Unreife und dem Mangel an Erfahrung unserer Kinder haben. Glücklicherweise ist Gott ein Gott der Gnade. Er liebt es, uns Dinge zu geben, die wir nicht unbedingt verdient haben, aber verzweifelt brauchen. Er weiß, dass es uns oft an Durchblick mangelt, aber das hält ihn nicht davon ab, uns einzuladen, nah an sein Herz zu kommen.

Ein gutes Beispiel der Gnade Gottes ist nicht nur der gigantische Gnadenakt, den Jesus tat, indem er am Kreuz für unsere Sünden starb, sondern das sind auch die kleinen Gnadenerweise, die er *während* seiner Kreuzigung erbrachte. Ich denke, die meisten Menschen – einschließlich der schärfsten Kritiker des Christentums – wären sich in einem Punkt einig: Wenn es irgendeine Zeit im Leben Jesu auf der Erde gab, in der er das Recht gehabt hätte, ein wenig ichbezogen zu sein, dann als er am Kreuz hing. Die Menschheit kennt keine entsetzlichere Weise, jemanden zu foltern, als ihn an ein Kreuz zu nageln und dann zuzusehen, wie er einen langsamen, qualvollen und einsamen Tod stirbt. Inmitten dieser Todesqualen ist der menschliche Verstand derart auf die Schmerzen konzentriert, dass es schwer ist, noch an irgendetwas anderes zu denken.

Doch Jesus tat es. Es gab einige Menschen in Golgatha, die eine persönliche Berührung seiner Gnade brauchten. Die meisten brauchten sie aufgrund dessen, welchen Preis seine Kreuzigung von ihnen persönlich forderte.

Es waren Soldaten in Golgatha, die lediglich Befehle befolgten. Sie erkannten nicht, dass sie Nägel in die Hände desjenigen trieben, der sie erschaffen hatte. Sie hatten keine Ahnung davon, dass der Mann, den sie hinrichteten, in Wirklichkeit eine göttliche Heldentat für sie vollbrachte. Weil sie so daran gewöhnt waren, den Abschaum der Kriminellen zu kreuzigen, schenkten sie ihren Opfern nicht mehr viel Beachtung.

Eine wankelmütige Menge lungerte am Fuß des Kreuzes herum. Manche waren nur gekommen, um zu sehen, wie jemand hingerichtet wurde. Das war das römische Gegenstück einer „Reality Show", das kaum jemand verpassen wollte. Außerdem waren da die hinters Licht geführten Schafe – diejenigen, die nicht viel wussten, nicht viel lasen und nicht viel dachten. Sie waren Teil des Mobs, der nachplapperte, was immer man ihm vorsagte.

Dann waren da die Männer, die ihn dort haben *wollten,* ihn dort haben *mussten* und die dazu beitrugen, ihn dorthin zu *bringen.* Das waren die professionellen theologischen Machthaber, die sich von Jesus in ihren Machenschaften rund um den Tempel gestört fühlten. Sie konnten die dünnen Holzkreuze, die über dem Kopf eines jeden von ihnen schwebten, nicht sehen. Sie konnten die dünnen Fäden nicht sehen, die von diesen Holzkreuzen herabhingen und ihre Arme bewegten, sie hüpfen ließen und manipulierten, was sie sagten. Sie konnten die Hände Satans nicht sehen, der sie in seiner Boshaftigkeit als Marionetten benutzte, um seine Pläne zu verwirklichen.

Aber Jesus konnte es. Er konnte sehen, wie die religiösen Führer benutzt wurden, er konnte sehen, wie die Menge manipuliert wurde, und er konnte sehen, dass die Soldaten taten, was ihnen befohlen wurde. Die Tatsache, dass er sich auch nur die Mühe machte, diesen Dingen Beachtung zu schenken, sagt uns viel über seine Gnade. Er nahm sie zur Kenntnis, und in diesem Prozess machte er all diesen

Menschen ein Geschenk, das sie verzweifelt brauchten. Jesus sagte: „Vater, vergib ihnen! Denn sie wissen nicht, was sie tun“ (Lk. 23, 34). Aufgrund des Zusammenhangs, in dem dieser Vers steht, könnten manche argumentieren, dass Jesus sich damit nur auf die Soldaten bezog, weil er diese Aussage unmittelbar traf, nachdem sie ihm die Nägel in die Hände getrieben hatten. Wenn man den Abschnitt jedoch näher betrachtet, kann man auch zu der Überzeugung gelangen, dass seine Worte allen Menschen galten, die ihn umgaben. Doch wie auch immer, Jesus schenkte den verletzlichen Menschen um ihn herum Gnade, obwohl er mit weitaus größeren Problemen zu kämpfen hatte.

Und was ist mit den Dieben, die zu seiner Linken und seiner Rechten gekreuzigt wurden? Man würde annehmen, dass er, der die Sünden der gesamten Welt auf seinen Schultern trug, diese Männer ignoriert hätte. Wenn man darüber hinaus in Betracht zieht, dass sich beide Männer der Menge anschlossen und Schmähungen gegen ihn ausriefen[1], würde man es für gerechtfertigt halten, wenn er die beiden Verurteilten als bloße Randfiguren seiner Geschichte angesehen hätte – als simple Requisiten, die an seiner Seite hingen, um die Herrlichkeit seines Opfers noch mehr hervorzuheben. Doch das entspricht nicht dem Herzschlag Jesu.

Anscheinend wurde das einem der beiden Diebe klar. Sein Gottesbild war unausgegoren und sein Verständnis begrenzt, doch trotz seines geschwächten Zustands reimte er sich einiges zusammen. Er begriff, dass Jesus ein König war, genau wie es auf der Tafel über seinem Kopf geschrieben stand. Er verstand, dass sein Reich nicht von dieser Welt war. Und er glaubte, dass Jesus die Macht hatte, ihn in dieses Reich hineinzubringen, nachdem sie beide gestorben waren. Er erlangte ein primitives Verständnis der Botschaft der Erlösung. Er nannte Jesus bei seinem Namen und sagte: „Jesus, gedenke meiner, wenn du in dein Reich kommst!“ (Lk. 23, 42).

Dieser Dieb konnte nicht wissen, dass Jesus zu dem Zeitpunkt, als man sie Seite an Seite niederlegte, um sie ans Kreuz zu nageln, seinen Namen bereits kannte. Jesus hätte ihm sagen können, wie viele Haare sich auf seinem Kopf befanden – auch wenn ihn das in diesem

Moment kaum interessiert hätte. Aber Jesus kannte ihn bereits durch und durch. Er hätte dem Dieb Dinge über ihn sagen können, die niemand wusste und die ihm gezeigt hätten, wie kostbar er schon jetzt für Gott war. Mitten in seinem Schmerz, in dem er sich auf den alles beherrschenden Gedanken konzentrierte, die Sünden der Welt auf sich zu nehmen, ging Jesus auf den Glauben dieses Mannes ein: „Wahrlich, ich sage dir: Heute wirst du mit mir im Paradies sein" (Lk. 23, 43).

Während Jesus eine viel größere Aufgabe zu bewältigen hatte, richtete er seine Aufmerksamkeit gezielt auf die Soldaten, die religiösen Führer, seine Nachfolger und die Verbrecher. Das war der Fall, weil Gottes Gnade verletzlichen Menschen Beachtung schenkt. Sie ist immer im Einklang mit ihrem Herzen.

Das wird umso verständlicher, wenn wir uns ansehen, wie Jesus mit seiner Mutter umging. Maria, diese kostbare Frau, die dafür auserwählt worden war, den Erlöser in ihrem Leib zu tragen, stand am Fuß des Kreuzes. An ihrer Seite standen Jesu Tante und mehrere treue Freunde. Weil sie im Kreis dieser guten Menschen in Sicherheit war, hätte Jesus sie leicht ignorieren und sich stattdessen auf seine eigene schwere Situation konzentrieren können. Es wäre ihr gegenüber durchaus fair gewesen, wenn er davon ausgegangen wäre, dass sie aufgrund dessen, wer sie war und in wessen Gesellschaft sie war, zweifellos angemessen versorgt sein würde, wenn er starb. Doch er war nicht nur der eingeborene Sohn Gottes, sondern auch der älteste Sohn Marias. Sein weltlicher Vormund – Josef, der Ehemann seiner Mutter – war tot. Er wusste, dass seine Brüder nach seiner Auferstehung alle Hände voll zu tun haben würden.[2] Als Erstgeborener war es nun, da er zum Tode verurteilt worden war, Jesu Pflicht, Anweisungen für ihre Versorgung zu hinterlassen.

Inmitten seiner Todesqualen erkannte Jesus, wie verletzlich seine Mutter durch seinen Tod werden würde. Obwohl das Wohlergehen der ganzen Welt auf seinen Schultern lastete, wandte er sein Herz seiner Mutter zu. Seine Gnade war spezifisch, eindeutig und umfassend. „Als nun Jesus die Mutter sah und den Jünger, den er liebte [Johannes], dabeistehen, spricht er zu seiner Mutter: Frau, siehe, dein

Sohn! Dann spricht er zu dem Jünger: Siehe, deine Mutter! Und von jener Stunde an nahm der Jünger sie zu sich“ (Joh. 19, 26–27).

Keiner dieser Menschen konnte sehen, was Jesus sah. Keiner von ihnen hatte auch nur eine Ahnung von dem übergeordneten Plan. Ihre Bedürfnisse waren das Ergebnis ihrer Kurzsichtigkeit, ihrer Naivität oder ihres Mangels an Erfahrung. Jesus hätte ihre Bedürfnisse einfach abtun können, weil sie im Vergleich zu der viel größeren Aufgabe, die vor ihm lag, so unbedeutend erschienen. Doch seine Gnade fing sie auf, und sie wird auch uns immer auffangen, wenn wir uns verletzlich fühlen. Sie fängt uns auch dann auf, wenn wir nicht einmal erkennen, wie verletzlich wir tatsächlich sind.

Unsere Kinder brauchen diese Art von Gnade. Ihr verwirrendes Leben schreit nach unserer einfühlsamen Berührung. Gott gibt uns genug Vorsprung, damit wir den sensiblen Bedürfnissen unserer Kinder mit Verständnis und der richtigen Sichtweise begegnen können.

2. Weil ihre Kindheit einzigartig ist, müssen wir unseren Kindern die Freiheit gewähren, verletzlich zu sein.

Die Position, die Kinder in ihrem frühen Leben haben, macht sie automatisch zum Opfer zweier kollidierender Kräfte in ihrem Inneren. Auf der einen Seite sind die *Tatsachen* jeder Situation. Das sind entweder die empirischen Details, die auf fast wissenschaftliche Weise beziffert werden können, oder die Abstrakta, die ohne begründete Zweifel bewiesen werden können. Das sind die Dinge, die Eltern sehen können, Kinder jedoch nicht immer.

Auf der anderen Seite der Gleichung stehen die *Gefühle* in jeder Situation. Sie bestimmen oft, was unsere Kinder von der Situation, in der sie sind, wahrnehmen. Der springende Punkt ist jedoch, dass die Art und Weise, wie unsere Kinder sich in den jeweiligen Situationen fühlen, möglicherweise in keinerlei Zusammenhang mit den Tatsachen steht. Sie können sich beispielsweise einsam fühlen, obwohl sie eine Menge Freunde haben, die sie innig lieben. Vielleicht fühlen sie sich unattraktiv, obwohl sie aussehen wie ein Model auf dem

Laufsteg. Vielleicht haben sie das Gefühl, schwer von Begriff zu sein, obwohl das Ergebnis ihres Intelligenztests besagt, dass sie überdurchschnittlich klug sind. Vielleicht empfinden sie ihr Verhalten gegenüber anderen Menschen und in Beziehungen als unzureichend, obwohl ihren Lehrern und Jugendgruppenleitern ihre anziehende Persönlichkeit und ihre Führungseigenschaften aufgefallen sind, die in anderen den Wunsch wecken, ihnen nachzufolgen. Weil sie nicht in der Lage sind, zwischen Tatsachen und Gefühlen zu unterscheiden, können sich unsere Kinder im Lauf ihrer Kindheit extrem verletzlich fühlen.

Es wäre leicht, ihre Sorgen abzutun, indem wir sie einfach auf die Tatsachen hinweisen. Aber die Gefühle von Kindern haben die Kraft, Tatsachen zu verschleiern. Ganz gleich was wir ihnen sagen – ihre Herzen stecken oft im „Gefühlsmodus" fest (wie es auch bei uns Erwachsenen oft der Fall ist). Ihr Mangel an Reife macht es ihnen schwer, über ihre Gefühle hinauszusehen. Die gute Nachricht ist, dass sich viele ihrer Probleme oft von selbst lösen, wenn sie älter werden und auf mehr Erfahrungen zurückgreifen können, die ihnen helfen, ihr Leben besser zu beurteilen.

Gesunde Erwachsene – im Gegensatz zu „Mr. Spock" aus *Star Treck*, der nicht in der Lage ist, Gefühle zu zeigen – besitzen die Fähigkeit, *sowohl Gefühle zu empfinden als auch Entscheidungen zu treffen, die auf der Wahrheit und auf Fakten basieren.* Einer der größten Faktoren, die bestimmen, ob Kinder zu solchen gesunden Erwachsenen heranreifen (also zu Erwachsenen, die nicht von ihren Gefühlen beherrscht werden), ist, wie während ihrer Kindheit mit ihrer Verletzlichkeit umgegangen wird. Kinder, die mit Eltern aufwachsen, die ihre Verletzlichkeit nicht zur Kenntnis nehmen, sie nicht anerkennen oder nicht zulassen, dass sie an die Oberfläche gelangt, könnten für den Rest ihres Lebens von ihren Schwächen in diesem Bereich gebunden bleiben.

Familien, die sich an der Gnade orientieren, sind ein entscheidender Faktor, was die Ganzheit und Gesundheit im späteren Erwachsenenleben der Kinder angeht. Das ist deshalb der Fall, weil unsere Verletzlichkeit, wenn wir uns nicht vorsehen, die Macht hat, uns zu definieren. Gesetzlichkeit, harte oder strenge Erziehungsmethoden und viel beschäftigte Mütter und Väter können Kinder daran hindern, über ihre Verletzlichkeit hinauszuwachsen. Gnade ist der Schlüssel, der die Tür zu einem ausgeglichenen Erwachsenenleben öffnet.

Unsere Bereitschaft und unsere Fähigkeit, unseren Kindern in ihrer Verletzlichkeit mit Gnade zur Seite zu stehen, helfen ihnen, ihre Schwierigkeiten zu überwinden. Vielleicht befürchten sie, dass ihr euch scheiden lasst, nur weil viele Eltern ihrer Freunde geschieden sind. Dann musst du ihnen diese Angst voller Gnade nehmen. Vielleicht sind sie unsicher, weil du oder dein Ehepartner schon einmal verheiratet war. Du musst diese Ängste anerkennen und alles tun, damit sie die Auswirkungen, die deine Scheidung auf sie hatte, verarbeiten können. Vielleicht fühlen sie sich dumm, schlaksig, fehl am Platz oder isoliert. Sie brauchen eine Gnade, die ihnen Liebe bietet statt Lektionen, Verständnis statt Ignoranz und einen Plan statt Zurückweisung.

Ich will mich ja nicht anhören wie eine defekte CD, aber …

Wenn Kinder sich am verletzlichsten fühlen, ist das fast immer der Fall, weil eines ihrer drei dringenden inneren Bedürfnisse auf dem Prüfstand steht. Manchmal sind es auch alle drei gleichzeitig. Deshalb ist es so entscheidend, dass Eltern, die aus der Gnade schöpfen, es sich *täglich* zum Ziel machen, diese drei inneren Bedürfnisse zu stillen. Diese Bedürfnisse deiner Kinder sind immer gegenwärtig. Wenn sie aus irgendeinem Grund merken, dass sie sich momentan nicht sicher, bedeutend oder stark genug fühlen, werden sie oft von einer Vorahnung ihrer Verletzlichkeit überwältigt. Das kann passieren, wenn sie als Kleinkinder in ihrem Bettchen liegen oder wenn sie kurz vor dem Highschoolabschluss stehen. Es spielt keine Rolle, ob dein kräftiger Sohn seinen Kameraden haushoch überlegen ist oder deine bezaubernde Tochter unter ihren Freundinnen den Maßstab für Eleganz setzt – alle Kinder werden mit dem Gefühl der Unsicherheit, der Bedeutungslosigkeit oder der Unzulänglichkeit konfrontiert.

Das ist genau der Zeitpunkt, an dem die Mächte der Finsternis angeschlichen kommen, und das erklärt es auch, warum du es dir nicht leisten kannst, die Zeiten, in denen deine Kinder sich zerbrechlich fühlen, einfach zu bagatellisieren. Satan tut das nicht. Im Gegenteil – er liebt es, wenn sie sich verletzlich fühlen. Dann fährt er seine gefälschten Lösungen auf, die ihnen versprechen, ihre Bedürfnisse zu stillen. Wenn du nicht sicherstellst, dass du ihnen die Liebe, die Bestimmung und die Hoffnung gibst, die sie brauchen, um diese Herausforderung zu bewältigen, wird Satan es tun. Genau genommen wird er es tun, ob du ihnen diese Dinge nun bietest oder nicht. Aber Satan ist der Gnade Gottes in keiner Weise gewachsen. Eltern, die ihre letztendliche Liebe, ihre unerschütterliche Bestimmung und ihre übernatürliche Hoffnung in Jesus Christus finden, können ihren Kindern zeigen, wie sie ihrer Verletzlichkeit mit einer unerschütterlichen Liebe, einer bedeutenden Bestimmung und einer starken Hoffnung begegnen.

Und wenn wir über Stärke reden …

Wir haben uns einen Teil des folgenden Bibelabschnitts bereits angesehen. Der Apostel Paulus wusste, wie es war, wenn man sich verletzlich fühlt. Wenn du seine Autobiografie in 2. Korinther 11 liest, erkennst du, dass er viele Situationen meistern musste, die ihm Anlass gaben, sein Gefühl der Sicherheit, der Bedeutsamkeit und der Stärke infrage zu stellen. Die größten Prüfungen dieser inneren Bedürfnisse durchlief er sogar erst, *nachdem* er sein Herz Christus übergeben hatte.

Ich will hier einige der Höhepunkte (oder Tiefpunkte) seines Lebenslaufes aufführen:

> *In Mühen umso mehr, in Gefängnissen umso mehr, in Schlägen übermäßig, in Todesgefahren oft. Von den Juden habe ich fünfmal vierzig Schläge weniger einen bekommen. Dreimal bin ich mit Ruten geschlagen, einmal gesteinigt worden; dreimal habe ich Schiffbruch erlitten; einen Tag und eine Nacht habe ich in Seenot zugebracht; oft auf Reisen, in Gefahren von Flüssen, in Gefahren von Räubern,*

> *in Gefahren von meinem Volk, in Gefahren von den Nationen, in Gefahren in der Stadt, in Gefahren in der Wüste, in Gefahren auf dem Meer, in Gefahren unter falschen Brüdern; in Mühe und Beschwerde, in Wachen oft, in Hunger und Durst, in Fasten oft, in Kälte und Blöße; außer dem Übrigen noch das, was täglich auf mich eindringt: die Sorge um alle Gemeinden. Wer ist schwach, und ich bin nicht schwach? Wer nimmt Anstoß, und ich brenne nicht?*
>
> 2. Korinther 11, 23–29

Jedes Mal wenn ich merke, dass ich mir selbst leidtue, lese ich 2. Korinther 11, um mein Leben wieder in die richtige Perspektive zu rücken. Ich weiß von keinem anderen Erwachsenen, der versuchte, sein Leben für Jesus Christus zu leben, und dafür über eine längere Zeit hinweg einen höheren Preis bezahlen musste als Paulus. Ich bin sicher, dass es einige gibt, aber ich kenne sie nicht. Was meinen Geist aufwühlt, wenn ich diesen Abschnitt lese, ist Paulus' Begeisterung für das Leben, das Gott ihm gegeben hatte. Da gibt es kein Jammern, keine Wut, keine Resignation. Stattdessen vermittelte ihm dieses Leben ein tiefes Gefühl der Freude. Interessant ist auch, dass seine Bereitschaft, alles zu ertragen, ihn nicht davon befreite, wie alle anderen auch ständig gegen seine Schwächen und Versuchungen ankämpfen zu müssen.

Doch Paulus trug den Sieg davon und der Grund dafür war Gnade.

Falls du denkst, ich würde daraus allgemeine Mutmaßungen ableiten, um das Thema dieses Buchs zu unterstützen, wirf einen Blick darauf, was in diesem Abschnitt als Nächstes geschieht. Einige Verse später gewährt Paulus uns Einblick in die tieferen Winkel seiner Seele und berichtet uns von der großen Angst, in der er lebte, und wie er letztendlich lernte, sie durch die Gnade Gottes zu bewältigen.

Offensichtlich gab es in Paulus' Leben als Erwachsener einen Zeitpunkt, an dem er starb. Zumindest scheint es ein Ereignis gegeben zu haben, das die Loslösung seiner Seele von seinem Körper bewirkte. In seinem Lebenslauf sagt er: „... einmal [bin ich] gesteinigt worden." Es kann gut sein, dass das der Zeitpunkt war, an dem er starb. Du kannst das in Apostelgeschichte 14, 19 nachlesen. In Lystra, sagt dieser Vers: „Es kamen aber aus Antiochia und Ikonion Juden an, und nachdem sie die Volksmengen überredet und Paulus gesteinigt hatten, schleiften sie ihn zur Stadt hinaus, da sie meinten, er sei gestorben."

Die Wahrscheinlichkeit, dass jemand bei einer öffentlichen Steinigung getötet wurde, war sehr groß. Vielleicht ist Paulus hier tatsächlich gestorben. Er ist sich jedoch nicht sicher (siehe 2. Kor. 12, 2–3). Wie auch immer, zu einem Zeitpunkt in seinem Leben als Erwachsener holte Gott ihn in den Himmel herauf und ließ ihn sehen, was darin war. Er hörte und sah Dinge, die er den Menschen auf der Erde nicht mitteilen durfte (siehe 2. Kor. 12, 4). Gott wollte Paulus ermutigen, den Kampf aufrechtzuerhalten. Er hatte mehr als genug Gründe, um aufzugeben. Deshalb zeigte Gott ihm, was ihn erwartete, wenn seine Zeit auf der Erde schließlich vorüber war. Das war ein enormer Akt der Gnade. Jedes Mal wenn wir Menschen helfen, inmitten ihrer Verwirrung, ihrer Sorgen, ihrer Zweifel oder ihres Schmerzes eine neue Perspektive zu gewinnen, machen wir ihnen ein Geschenk.

Doch nachdem er all das gesehen hatte, wäre es gut möglich gewesen, dass er den Kampf mit einer gewissen Arroganz in seinem Herzen wieder aufgenommen hätte. Er hätte mit seiner Sonderbehandlung prahlen und herumerzählen können, was er gesehen hatte. Schließlich war es keinem seiner Zeitgenossen vergönnt, unter Gottes persönlicher Führung einen Ausflug zur Hintertür des Himmels zu machen. Deshalb sorgte Gott dafür, dass er mit einem *Problem* zu kämpfen hatte, das ihn regelmäßig daran erinnerte, zu schweigen und demütig zu sein. Er sagte: „Darum, damit ich mich nicht überhebe, wurde mir ein Dorn für das Fleisch gegeben, ein Engel Satans, dass er mich mit Fäusten schlage, damit ich mich nicht überhebe" (2. Kor. 12, 7).

Es wird heftig darüber diskutiert, was dieser Dorn oder Engel genau war, aber im Grunde sagt uns dieses Symbol alles, was wir wissen müssen. Was es auch war, es stach, brannte und pochte wie ein Dorn, der unter der Haut steckt. Erinnerst du dich noch daran, wie du das letzte Mal einen Rosenstrauch gestutzt hast? Ein Dorn im Fleisch verursacht so viel Unbehagen, dass du dich auf nichts anderes mehr konzentrieren kannst. Du wirst nichts anderes mehr tun wollen, als ihn herauszuziehen. Dieselben Auswirkungen hatte diese Form der Qual anscheinend auch auf Paulus, der sie auch einen Engel Satans nannte. Da Satan wohl nie der Überbringer von Freudenbotschaften sein wird, war dieses „Objekt“, das Gott in Paulus' Leben zuließ, eine ärgerliche und schmerzhafte Mahnung, die das Schlechteste aus ihm hervorholen konnte.

Paulus tat, was jeder von uns tun würde. Er ging zu Gott und bat um Erleichterung. Dieser Dorn in seinem Fleisch schwächte ihn und zeigte ihm, wie verletzlich er in Wirklichkeit war. Er bat Gott dreimal, diesen Dorn wegzunehmen. Das bedeutet, nachdem er von Gott ein „Nein!“ hörte, beschloss er, ein „Nein!“ nicht als Antwort zu akzeptieren. Aber nach dem dritten Mal fügte Gott seiner Antwort eine Ermahnung hinzu, die Paulus half, seine Bedrängnis zu überwinden. Er sagte:

> *Meine Gnade genügt dir, denn meine Kraft kommt in Schwachheit zur Vollendung.*
>
> 2. Korinther 12, 9

Durch Gottes Gnade begriff Paulus, wie er sich sicher, bedeutend und stark fühlen konnte. Seine persönlichen Schwächen und Verletzlichkeiten wurden nicht weggenommen, aber er hatte die Gnade, die er brauchte, um sich ihnen stellen und sie akzeptieren zu können.

Manchmal lässt Gott im Leben unserer Kinder absichtlich etwas zu, das ihnen das Gefühl gibt, besonders zerbrechlich zu sein – und er nimmt es nicht wieder weg. Vielleicht ist es ein Sohn, der nur eine geringe Körpergröße hat und immer so bleiben wird. Vielleicht ist es eine Tochter, die mit ihrem Gewicht kämpft und es doch nie schafft, die überflüssigen Pfunde loszuwerden. Vielleicht ist es ein Kind, das ein körperliches Handicap oder intellektuelle Schwachpunkte hat. Vielleicht sind es Kinder, die immer als Letzte berücksichtigt werden und auch *weiterhin* immer die Letzten bleiben werden. Oft bringt Gott genau diese Dinge in ihr Leben, um sie als Berührungspunkte für seine Gnade zu gebrauchen. Eltern, die aus der Gnade schöpfen, sind am besten dafür geeignet, ihnen diese Gnade zu vermitteln. Deine Liebe und dein Verständnis können genau das sein, was deinem Kind hilft, diese Nachteile in Vorteile zu verwandeln.

Das tat auch Paulus. Lies, wie seine Ausführung über seine Verletzlichkeit endet:

> *Sehr gerne will ich mich nun vielmehr meiner Schwachheiten* ***rühmen****, damit die Kraft Christi bei mir wohne. Deshalb* ***habe ich Wohlgefallen an Schwachheiten****, an Misshandlungen, an Nöten, an Verfolgungen, an Ängsten um Christi willen;* ***denn wenn ich schwach bin, dann bin ich stark.***
>
> 2. Korinther 12, 9–10

Wahrscheinlich wirst du nie erfahren, welchen tief greifenden Einfluss es auf die Verletzlichkeit deiner Kinder hat, wenn du ihnen Gnade gewährst, aber es ist offensichtlich, was für verheerende Folgen es haben kann, wenn du es nicht tust. Wenn Gott Paulus in den Zeiten, in denen dieser verletzlich war, nicht mit Gnade begegnet wäre, wären seine Briefe und seine Geschichte wahrscheinlich ganz anders ausgefallen. Dasselbe gilt für unsere Kinder. Die Punkte im Leben deiner Kinder, die ihnen zu denken geben, sind genau diejenigen, in denen du ihnen mit Gnade begegnen solltest. Niemand kann vorhersagen, welche tief greifenden Auswirkungen es auf ihr Leben haben wird, wenn du ihnen das Geschenk der Gnade gewährst.

Ein Tag, der alles veränderte

Der Sommer zwischen der achten und der neunten Klasse war für mich die Schwelle, die geradewegs in mein Erwachsensein hineinführte. Als ich meine Junior Highschool in diesem Juni durch den Haupteingang verließ, war ich voller Erwartung, weil ich ab dem nächsten Schuljahr eine der größten und angesehensten Highschools im ganzen Staat besuchen sollte. So denkt man, wenn man nichts über die anderen Highschools weiß. Alles, was ich wusste, war, dass ich ab Herbst in die *Annapolis High School* eintreten würde. Ich hatte vor, mich dem Footballteam anzuschließen – einem der besten

Teams im Landkreis. Sie hatten fast ein Jahrzehnt von aufeinanderfolgenden Siegen vorzuweisen. An der großen Highschool waren die Mädchen hübscher, der Rock 'n' Roll lauter und es herrschte pausenlose *Action.*

Als die Schule jedoch im September begann, waren nicht genügend Räumlichkeiten für all die neuen Schüler vorhanden. Um das Problem zu entschärfen, beschloss die Schulleitung, eine Grundschule anzugliedern, die etwa eine Meile von der Highschool und nur einen Block von den Hafenanlagen im Herzen Annapolis' entfernt war, und brachte einige Hundert der neuen Schüler in dieses Gebäude. Auch ich war einer dieser glücklichen neuen Schüler, was bedeutete, dass ich mit Hunderten schreiender kleiner Kinder, die gerade einmal halb so groß waren wie wir, ein winziges Schulgelände teilen musste.

Was für eine Plage! Wir hatten keine richtige Bibliothek, keine aufwendige wissenschaftliche Ausstattung und nur begrenzte Unterrichtsstunden in Musik und Kunst. Der Bereich, in dem wir jedoch meiner Meinung nach das größte Opfer brachten, war der Sport. Wir hatten nicht die Möglichkeit, uns für den Sportunterricht umzuziehen, was bedeutete, dass wir in unserer Schuluniform Sport machen mussten. In diesem Herbst spielten wir am Rand eines Kinderspielplatzes Flag-Football und als der Winter kam, spielten wir Basketball in einer kleinen Turnhalle im ersten Stock eines städtischen Gebäudes, das einen Häuserblock entfernt lag. Nach dem Sportunterricht konnten wir nicht duschen, was bedeutete, dass wir den Rest unseres Schultags in muffelnden Kleidern verbrachten.

An einem Wintermorgen gingen meine Klassenkameraden und ich den Häuserblock zu der nahe gelegenen Turnhalle entlang und stiegen in den ersten Stock hinauf, wo wir inmitten des Basketballfeldes ein Trampolin vorfanden. Ich war noch nie zuvor auf einem Trampolin gesprungen.

Als die Glocke zum Beginn unseres Unterrichts läutete, kam unser Sportlehrer aus seinem Büro und ging auf das Feld. Er war der jüngste meiner Lehrer – er kam frisch vom College und arbeitete hier in seiner ersten Anstellung als Sportlehrer. Er ging zu dem Trampolin und pfiff auf seiner Trillerpfeife. Das war das Signal für uns, mit allem anderen aufzuhören, was wir taten, ruhig zu sein und sich um ihn herum zu versammeln. Wir bildeten ein dichtes Rechteck von Schülern, die bereit waren, auf dem Trampolin zu springen.

Der Lehrer ließ seinen Blick langsam um das Trampolin herum schweifen, wobei er jeden Einzelnen von uns genau studierte. Nachdem er den letzten Schüler angesehen hatte, blickte er wieder mich an und sagte: „Kimmel, zieh deine Schuhe aus, lass deine Socken an, klettere auf das Trampolin und folge meinen Anweisungen." Ich schlüpfte aus den Schuhen und kletterte auf das Trampolin, wobei ich bemerkte, dass meine beiden Socken Löcher hatten. Normalerweise hätte ich mir keine großen Gedanken darüber gemacht, aber dann fiel es einem meiner Freunde auf.

„Seht euch die Löcher in Kimmels Socken an! Hey, Tim, willst du dir ein Paar von meinen ausleihen? Komm einfach nach der Schule bei mir vorbei und ich gebe dir ein Paar. Ich habe jede Menge davon. Oder vielleicht ist es dir lieber, wenn wir nach dem Unterricht eine Spende für dich einsammeln."

„Hör auf damit!", sagte der Trainer, aber der Schaden war bereits angerichtet. Die Jungen amüsierten sich prächtig und klopften selbst dann noch blöde Sprüche, nachdem der Trainer sie ermahnt hatte, ruhig zu sein.

Du musst noch einige Dinge wissen, um diese Szene im richtigen Zusammenhang zu betrachten. Zunächst einmal: Wenn mir das *heute* passieren würde, wäre mir das völlig egal. Ich bin im Lauf der Jahre älter und reifer geworden, sodass ich die Hänseleien meiner Freunde ignorieren kann – und nicht nur das, ich kann sogar darüber lachen. Doch wenn man sich in der Pubertät befindet, ist es nicht ungewöhnlich, dass man auf derartige Dinge übermäßig empfindlich reagiert. Das ist eine Zeit, in der Kinder unter etwas leiden, das ich das „Mittelpunkt-Syndrom" nenne. Sie glauben fest daran, dass *jeder alles* an ihnen wahrnimmt. Sie sind unsicher hinsichtlich ihres Aussehens, ihrer sozialen Fähigkeiten, ihres Intellekts und ihrer finanziellen Situation. Kinder in diesem Alter sind *davon überzeugt*, dass andere auf ihre Ohren, ihre Nase oder andere Körperteile starren.

In dieser bestimmten Situation lenkten die Herabsetzungen die Aufmerksamkeit (zumindest nach meinem schwachen Urteilsvermögen) auf die finanzielle Situation meiner Familie. Unsere Familie gehörte dem untersten Rang der Mittelklasse an. Wir waren nicht das, was man arm nennen würde, aber man hätte uns auch nicht als Familie angesehen, die irgendetwas übrig hatte. Wir hatten immer genug zu essen und mein Vater und meine Mutter bezahlten ihre Rechnungen pünktlich. Wenn es um Kleidung ging, lautete die Philosophie unserer Familie: „Ziehe den größtmöglichen Nutzen aus deiner Kleidung." Bis zu diesem Zeitpunkt hatte ich das für einen recht guten Plan gehalten, doch als ich auf dem Trampolin war, konnte ich an nichts anderes mehr denken als an meine Zehen, die aus meinen Socken herausragten, und an meine Klassenkameraden, die sich über diesen Anblick lustig machten.

Als ich fertig war, kamen nacheinander die anderen Jungen aus meiner Klasse an die Reihe, auf dem Trampolin zu springen. Ich bekam nichts davon mit. Alles woran ich denken konnte, waren meine Socken. „Wenn ich nach Hause komme, werde ich alle Socken stopfen, die ich habe", dachte ich. „Ich werde nicht zulassen, dass mir so etwas noch einmal passiert!"

Als der Unterricht vorüber war, schickte unser Sportlehrer uns auf den Weg zurück zur Schule und ging wieder in sein Büro. Ich zog meine Schuhe an, wobei ich die Spitzen meiner Socken sorgfältig über meine Zehen zog, und schnürte sie zu. Dann holte ich meine Bücher von dem Regal am Rand der Turnhalle und ging die Treppen hinunter zu meiner nächsten Unterrichtsstunde. „Kimmel, warte mal!" Das war mein Sportlehrer. Er kam die Treppe heruntergesprungen, zog mich in eine kleine Nische und schob sich nah genug an mich heran, dass niemand uns hören konnte.

„Tim, ich wollte dir sagen, warum ich dich heute als Ersten auf das Trampolin gelassen habe. Das habe ich getan, weil ich denke, dass du der agilste Schüler in meiner Klasse bist." Dann band er einen seiner Tennisschuhe auf und zog ihn aus. An der Zehenspitze seiner Socke war ein deutlich sichtbares Loch, wo zwei seiner Zehen herausragten. Er hielt seinen Fuß hoch, wackelte mit den Zehen und sagte: „Wir agilen Jungs sind hart zu den Socken!" Dann stellte er den Fuß wieder auf den Boden, zog seinen Schuh wieder an und sagte: „Nun geh in deinen Unterricht."

Als ich mich in Bewegung setzte, ging mir eine Frage immer wieder durch den Kopf. „Was ist agil?" Ich hatte das Wort noch nie zuvor gehört (was dir einen Eindruck davon vermittelt, was für ein miserabler Schüler ich war). Doch meine nächste Unterrichtsstunde war Englisch und an diesem Tag schlug ich das überdimensionale Wörterbuch auf, das im Klassenzimmer lag, und suchte nach dem Wort „agil". Aus dem Augenwinkel sah ich, wie meine Englischlehrerin grinste. Sie *liebte* Schüler, die Wörter nachschlugen, ohne dass sie sie dazu aufforderte.

Letzten Endes fand ich „agil" und las zum ersten Mal, dass ich mich „mit hoher Geschwindigkeit, Leichtigkeit, Anmut und Munterkeit bewegen" konnte. Außerdem las ich zum ersten Mal, dass ich „geistlich rege und schlagfertig" war.

So etwas hatte mir noch nie jemand gesagt. Ich schrieb mir die Definition auf und las sie immer wieder, bis ich sie auswendig konnte. Dieser Zwischenfall veränderte mein Leben in zwei entscheidenden Bereichen. Einer davon war der Sport. Zwei Wochen später veranstaltete der Sportlehrer in der neunten Klasse einen Wettbewerb, wer die meisten Sit-ups schaffte. Ich stellte mit 560 Sit-ups den Rekord auf. Das waren richtig schwere Sit-ups, wo jemand deine Füße festhält und deine Beine flach auf dem Boden bleiben, während du den Oberkörper aufrichtest und mit dem Ellbogen jeweils das entgegengesetzte Knie berührst. Heute dürfen Kinder diese Sit-ups nicht einmal mehr machen, weil sie eine ziemliche Belastung für den Rücken darstellen. Meine Bauchmuskeln schmerzten eine Woche lang. Aber das kümmerte mich nicht, denn ich war *agil.*

Während meiner Schulzeit veränderte sich auch meine Einstellung. Bis zu diesem Zeitpunkt war mir gesagt worden, dass ich durchschnittlich sei, und dementsprechend hatte man mich durchschnittlichen Klassen zugeteilt. Doch plötzlich betrachtete ich meinen Verstand auf dieselbe Weise, wie ich meinen Körper sah – als etwas, das zu weit mehr fähig war, als ich ursprünglich geglaubt hatte.

Ich brauchte eine Weile, um eins und eins zusammenzuzählen. Ich erinnerte mich daran, wie eilig mein Sportlehrer weggegangen war, nachdem er uns entlassen hatte. Der Grund dafür war, dass er in sein Büro rannte, seinen Schuh auszog, eine Schere nahm und ein Loch in seine Socke hineinschnitt, seinen Schuh wieder anzog und mir dann nachlief. Er lief nicht mit Löchern in den Socken herum, er war ein Sportlehrer, um Himmels willen.

Doch eines Morgens sah er einen verletzlichen Schüler, der dringend Gnade brauchte, und machte ihm ein Geschenk. Dieser junge Trainer, der frisch vom College kam, war in einem Bereich aufmerksam, den die meisten anderen ignoriert hätten. Er sah ein unbeholfenes Kind in einer peinlichen Situation und erkannte, wie verletzt es war. Er empfand genug Mitgefühl für mich, um sich in meine Lage zu versetzen – und in meine Socken. Er unternahm etwas.

Mit seinem Handeln stillte er mein Bedürfnis nach Sicherheit. Er zeigte mir, wie geliebt und umsorgt ich war. Mein Sportlehrer hatte keine Mühe gescheut, mich herauszustellen und mich mit seiner Hilfe für mein Herz zu ehren. Darüber hinaus stillte er mein Bedürfnis nach Bedeutsamkeit. Indem er mir sagte, ich sei agil, sagte er mir auch, dass ich eine Gabe besaß, die die meisten meiner Mitschüler nicht hatten. Dieses Geschenk gab mir eine Bestimmung oberhalb des Durchschnitts. Er sagte mir, dass ich diese Fähigkeit bereits so gut entwickelt hatte, dass ich mich von der breiten Masse abhob. Er stillte auch mein Bedürfnis nach Stärke. Die Tatsache, dass jemand meine körperlichen und intellektuellen Fähigkeiten zur Kenntnis nahm, gab mir Hoffnung auf eine erfolgreichere Zukunft. Er sagte mir nicht nur, was ich war, sondern gab mir auch Grund zu der Annahme, dass ich noch mehr erreichen konnte.

Deshalb ist das heute auch tatsächlich der Fall.

Manchmal tritt die Verletzlichkeit eines Kindes durch eine ständige Herausforderung zutage. Zu anderen Zeiten ist es das vorübergehende Gefühl, zu sehr im Rampenlicht zu stehen. Wann immer das geschieht oder was immer es ist – unsere Kinder müssen wissen, dass sie in unserer Gegenwart verletzlich sein dürfen, ohne irgendwelche negativen Konsequenzen befürchten zu müssen. Sie müssen in ihrer Schwachheit den Weg zu wahrer Stärke finden. Gott hat uns zu Verwaltern dieser wunderbaren Gelegenheiten gemacht, damit wir im Leben unserer Kinder einen Unterschied machen können.

Das ist eine auf Gnade gegründete Erziehung.

9

Die Freiheit, offen zu sein

Candid Camera (eine Show im Stile von *Verstehen Sie Spaß?* mit versteckter Kamera) ist eine Show, die fast ebenso alt ist wie das Fernsehen selbst. Sie hat im Lauf der Jahre verschiedene Aufmachungen und Moderatoren erlebt, aber grundsätzlich geht es immer noch um dieselben Tricks. Seit Allen Funt 1953 sein erstes Opfer unvorbereitet erwischte, hat diese Show Menschen in verwirrende, peinliche und urkomische Situationen versetzt, die oft ihre schlechtesten Charakterzüge offenbarten. Die Kamera lauerte ihnen auf, im Hinterhalt. Die Zuschauer waren in den Spaß eingeweiht und natürlich wussten Allen Funt und seine Mitarbeiter, die die Situation heraufbeschworen, davon, aber der arme Trottel, den sie heimlich filmten, war völlig ahnungslos.

Manchmal bewirkte das künstlich herbeigeführte Dilemma, dass Menschen, die normalerweise sehr auf ihre Worte achteten, fluchten wie die Kesselflicker. Oder vielleicht erwischten sie Großmütterchen, die für ihr friedliches und ruhiges Verhalten bekannt waren, dann aber Gift und Galle spuckten und sich in Schuldzuweisungen ergingen. Und dann gab es da noch die „Stützen der Gesellschaft", die mit der Hand im Honigtopf ertappt wurden.

Amerika lachte, aber wir seufzten auch erleichtert und waren froh, dass das nationale Fernsehen sie erwischt hatte und nicht uns. Wir wissen nicht, was wir tun würden, wenn wir plötzlich in dieselbe Situation geraten würden, aber eines wissen wir ganz sicher: Wir würden nicht wollen, dass zwanzig Millionen Haushalte zusehen, wenn wir es herausfinden. Wenn wir nur eine ungefähre Ahnung haben, wo unsere Grenzen liegen, wissen wir, dass wir nicht vorhersagen können, was wir sagen, fühlen oder tun würden, wenn wir plötzlich von einer peinlichen Situation überrascht werden. Wir würden gern mit der Gewissheit durchs Leben gehen, dass, sollten wir je in eine derartige Situation geraten, keine Videokameras bereitstehen, die ganz Amerika sehen lassen, wie schwach wir sind, wenn wir unter Druck geraten.

Das Problem mit der Ehrlichkeit

Wir stimmen wohl alle darin überein, dass es eine gute Idee ist, ehrlich zu sein. Aufrichtigkeit und Offenheit sind die Grundvoraussetzungen für einen guten Charakter. Diese Eigenschaften erstrahlen in vollem Glanz, wenn sie gebraucht werden, um von Dingen zu berichten, die experimentell beobachtet oder gemessen werden können. Wenn sie jedoch aus dem Blickwinkel der persönlichen Wahrnehmung eines Menschen betrachtet werden, können Wahrheit und Offenheit nahezu tödlich sein. Das Problem mit der Ehrlichkeit besteht darin, wie „ehrlich" sie tatsächlich sein kann. Was für Beziehungen als Geschenk gedacht war, kann sich oftmals als pures Gift herausstellen.

Wenn man Ehrlichkeit von seinen Gefühlen abhängig macht, bleibt oft kein Raum mehr für Erbarmen, und Gnade wird oft aus der Situation verdrängt. Das ist deshalb der Fall, weil Menschen, die ihren ehrlichen *Gefühlen* Ausdruck verleihen, von ihren Narben aus der Vergangenheit, ihren derzeitigen Verletzungen, ihrer begrenzten Kenntnis der Fakten und ihrer Neigung zum Selbstschutz beeinflusst werden. Das ist es, was man sieht, wenn man im Fernsehen auf eine dieser beliebten Talkshows am Nachmittag stößt, die von lauten Streitereien beherrscht werden. In diesen Shows leben zerbrochene Menschen vor dem Studiopublikum ihr zerbrochenes Leben aus. Alle beteiligen sich an dem kompromisslosen verbalen (und manchmal auch körperlichen) Schlagabtausch. Das ist ein ausgezeichnetes Beispiel für schädliche Ehrlichkeit – außer Kontrolle geratene Offenheit. Die ehrliche Meinung eines Menschen über die Lebensentscheidungen, das Aussehen, das Gewicht oder die Intelligenz eines anderen gewinnt bei Menschen, die es besser wissen sollten, einen hohen Unterhaltungswert. Durch diese voyeuristischen Einblicke in das Privatleben zerrütteter Familien fühlen sich manche

Menschen besser, weil diese Familien ihnen ein Beispiel dafür geben, dass andere noch schlechter dran sind als sie. Doch für viele Zuschauer sind das konzentrierte Beispiele für die Ehrlichkeit, mit der sie tagein und tagaus fertigwerden müssen.

Deshalb müssen wir offen und nicht nur ehrlich sein, wenn es um die Familie geht. Aufrichtigkeit ist nicht darauf aus, Menschen zu überrumpeln und sie schlechter aussehen zu lassen, als sie sind. Aufrichtigkeit steht einige Stufen über der Ehrlichkeit und ist ein Weg, sich frei von Vorurteilen oder Bosheit mitzuteilen. Aufrichtigkeit stellt die Wahrheit auf eine Art und Weise dar, die anderen hilft, statt sie zu verletzen. Die wahre Definition von Aufrichtigkeit beinhaltet auch einen hohen Grad an *Fairness.* Der wichtigste Aspekt der Aufrichtigkeit besteht darin, dass sie frei von jeglicher Täuschung sein sollte.

Auf Gnade gegründete Familien und Aufrichtigkeit

Die dritte Eigenschaft auf Gnade gegründeter Familien ist: Sie sind Familien, die Kindern die Freiheit geben, aufrichtig zu sein. Das sind Familien, in denen das, was einem Kind gerade im Kopf herumgeht, zum Thema beim Abendessen werden kann, ohne dass es irgendwelche negativen Auswirkungen befürchten muss. Das ist der Fall, weil in Familien, in denen Aufrichtigkeit herrscht, zwischen Eltern und Kindern eine Beziehung besteht, die auf Geben und Nehmen basiert und damit Ehrlichkeit und Respekt fördert. Das ist der nächste logische Schritt, um eine auf Gnade gegründete Umgebung zu schaffen.

In Familien, in denen die Kinder darin bestärkt werden, anders als andere und verletzlich zu sein, haben sie auch die Freiheit, offen zu sprechen, ohne befürchten zu müssen, dass ihnen gleich der Kopf abgerissen wird. Die Gnade macht den Unterschied, weil sie verhindert, dass Ehrlichkeit gemeine Züge annimmt. Sie bringt den freien Austausch von Herzensangelegenheiten auf eine viel höhere Ebene der Offenheit – auf die Ebene *umsichtiger* Offenheit, die die

Würde des anderen wahrt. Eine von Gnade geprägte Aufrichtigkeit bringt die Wahrheit zum Ausdruck, ohne dass sich die Menschen dabei gegenseitig zerstören.

Wir müssen Zuhause schaffen, in denen wir die großen und manchmal beunruhigenden Angelegenheiten, die unsere Kinder betreffen, auf eine Art und Weise besprechen, die sie auferbaut und zu besseren Menschen macht. Darüber hinaus müssen wir eine Umgebung schaffen, in der unsere Kinder die Freiheit haben, dasselbe mit uns zu tun, und das gilt auch für den Fall, wenn sie von *uns* enttäuscht sind. Wenn Kinder älter werden, haben sie Fragen zur Sexualität. Sie müssen sich frei fühlen, über *alles* mit uns zu sprechen, was sie beunruhigt, ohne dass es ihnen peinlich sein muss und ohne dass sie das Gefühl bekommen, dass es sie mehr kostet, als es ihnen nützt. In unseren schwachen Momenten tun wir vielleicht etwas, das sie ärgert, demütigt oder ihre Seele verletzt. Familien, die auf Gnade gegründet sind, geben ihren Kindern die Möglichkeit, ihrer Enttäuschung respektvoll Ausdruck zu verleihen, ohne sich vor Vergeltungsschlägen fürchten zu müssen.

Ungeachtet dessen, wie sorgfältig du das geistliche Leben deines Kindes aufgebaut hast, machen manche Kinder Zeiten durch, in denen ihr Glaube in sich zusammenbricht. Das kann eine Zeit sein, in der sie an Gott zweifeln. Vielleicht fühlen sie sich haltlos oder erwägen beängstigende geistliche Alternativen. Diese Kinder sind weitaus sicherer, wenn sie sich mit solchen wichtigen Fragen an einem Ort auseinandersetzen, wo Gnade herrscht – in ihrem Zuhause. Sie brauchen Eltern, die ruhig bleiben, die Zeit auf ihren Knien verbringen und ihnen jederzeit die Möglichkeit für ein Gespräch bieten, in dem sie sich über ihren Glauben klar werden können.

Ich kann mit dir zu einem bestimmten Haus in Oregon gehen, an die Tür klopfen und dir zwei Menschen vorstellen, die all das tun mussten, was ich hier aufgeführt habe –, und noch vieles mehr. Dieser Vater und diese Mutter könnten sich leicht als Aushängeschild für auf Gnade gegründete Eltern qualifizieren. Alle ihre drei Töchter waren etwas Besonderes – kluge, talentierte, hübsche Mädchen, die dazu erzogen worden waren, sich mehr um andere zu kümmern als um sich selbst. Es trat jedoch eine interessante Situation ein, als die Umstände es erforderlich machten, dass ihre Familie von Texas in den pazifischen Nordwesten zog. Das Problem war, dass ihre jüngste Tochter kurz vor ihrem Abschlussjahr auf der Highschool stand. Wenn Kinder in den höheren Klassen der Highschool sind, ist das fast nie ein guter Zeitpunkt für einen Umzug. Manche Menschen verfügen über die Flexibilität oder Alternativen, die es ihnen ermöglichen, zu warten, bis das Kind seinen Abschluss gemacht hat. Bei dieser Familie war das jedoch nicht der Fall.

Der Umzug bewirkte, dass ihre jüngste Tochter emotional ins Schleudern geriet. Sie war erbittert über die Entscheidung, die sie von ihren langjährigen Freunden wegriss. Ihre Situation in der neuen Highschool ließ in ihr das Gefühl entstehen, ziellos und isoliert zu sein. Ihr Ärger wurde anfassbar, persönlich und zielgerichtet – und das bei einem Mädchen, das seit seiner frühesten Kindheit eine geistliche Leidenschaft für Christus gehegt hatte. Sie begann jedoch nicht, zu schreien, zu kreischen, Türen zuzuknallen oder zu schmollen. Sie war gut erzogen worden, weshalb sie gegenüber der Autoritätsposition ihrer Eltern weiterhin Respekt zeigte. Sie bewahrte ein vernünftiges Maß an Höflichkeit, aber gleichzeitig ergriff ein ausgeprägt missmutiger Geist Besitz von ihr. Es war, als würde sie geistlich ausdörren und innerlich absterben.

Allem Anschein nach waren bei der Entwurzelung ihrer Familie einige der entscheidenden Wurzeln ihres Glaubens weggerissen worden. Zweifel schlichen sich ein. Bald gewannen sie die Oberhand. Jeder Tag brachte neue Tränen und neue Fragen über geistliche Angelegenheiten, von denen ihre Eltern geglaubt hatten, dass sie sie längst verstanden hätte. Ihr Glaube verflüchtigte sich so sehr, dass sie nicht einmal mehr beten konnte. Ihre Bibel wanderte auf ihr Regal und blieb dort.

Es wäre leicht zu behaupten, dass ihr Verhalten den Versuch darstellte, es ihren Eltern heimzuzahlen. Ihr Vater diente an einem College. Es kann nicht leicht für ihn gewesen sein, eine Tochter zu haben, die sich in geistlicher Rebellion befand. Ihre Eltern hätten ihr Verhalten als den passiven Versuch ansehen können, sie zu manipulieren, oder als eine melodramatische Vergeltungsaktion, die sie für den Umzug bestrafen sollte.

Doch es war nichts von alledem. Sie hatte wirklich einen geistlichen Sturzflug erlitten. Eines der untrüglichsten Zeichen dafür, dass es um mehr ging als darum, ihre Eltern dafür zu bestrafen, dass sie sie von ihren Freunden getrennt hatten, war die Tatsache, wie schnell sie sich von dem Umzug erholte. Weil sie so intelligent, gesellig und sportlich war, fand sie bis Weihnachten leicht Anschluss und gewann neue Freunde. Als sie ihren Abschluss machte, war es, als hätte sie mit ihren Mitschülern schon ihr ganzes Leben lang die Schulbank gedrückt, aber ihre geistlichen Zweifel wurden nur noch größer. Auch als sie sich an ihre neue Umgebung angepasst hatte, lud sie Jesus nicht in ihr neues Leben im pazifischen Nordwesten ein. Ihr Glaube schien sich vollkommen in Luft aufgelöst zu haben.

Zwei Punkte der Erziehungsphilosophie ihrer Eltern halfen ihr, ihren geistlichen Absturz zu verarbeiten – Gnade und Aufrichtigkeit. Ihr Vater und ihre Mutter hatten in ihrem Zuhause stets eine Atmosphäre der Gnade aufrechterhalten, die nicht an Regeln gemessen oder von Ängsten beherrscht wurde. Darcy und ich kannten diese Familie schon, bevor die Tochter, von der ich hier spreche, geboren wurde. Diese Mädchen hatten eine Umgebung voller Gnade erfahren, in der sie ihre Beziehung zu Christus aufbauen konnten. Die Atmosphäre, die ihre Eltern in ihrem Heim geschaffen hatten, ermöglichte es ihrer Tochter, offen um ihre geistlichen Verluste zu trauern. Ihre Eltern machten es ihr so einfach wie möglich, „ihr Heil weiterhin mit Furcht und Zittern zu bewirken“ (siehe Phil. 2, 12). Sie sprach davon, wie enttäuscht sie von Gott, von der Gemeinde, von einigen Christen aus ihrem Bekanntenkreis, von ihnen und von ihren Schwestern war. Sie äußerte ihre Zweifel an der Gottheit Jesu, an der Echtheit der Bibel und der Wahrhaftigkeit der Liebe Gottes.

Sie redete. Sie hörten zu. Sie fragte. Sie hörten zu und beteten. Sie weinte. Sie weinten. Und das setzte sich ein gutes Jahr lang so fort. Manchmal dauert es viel länger. Sie vertrauten Gott, dass die Sache ein gutes Ende nehmen würde, aber ihre Ängste kosteten sie nahezu ihre ganze Kraft. Sie wussten, wo ihre Zweifel sie hinführen konnten – sie konnte auf Abwege geraten, die im philosophischen, zwischenmenschlichen und sogar im sexuellen Treibsand endeten. Aber ihre Eltern hielten einen beständigen Strom von Liebe, Geduld und Verständnis aufrecht. Letzten Endes gewann sie einige Erkenntnisse, durch die sie einen weitaus tieferen und umfassenderen Glauben erlangte, als es in Texas je der Fall gewesen war. Sie kam sogar zu dem Schluss, dass sie diesen schmerzhaften Umzug durchmachen musste, damit Gott ihr zeigen konnte, wie sehr sich ihr Glaube in Texas auf ihre dortige Umgebung gestützt hatte.

Familien, die aus der Gnade schöpfen, lassen Raum für die Meinung ihrer Kinder. Sie bieten ihnen eine sichere Plattform, auf der sie über ihre Zweifel, ihre Enttäuschungen und auch über ihre fehlgeleiteten Überzeugungen sprechen können. Vor allem aber bieten sie die Möglichkeit, aufrichtig zu sein, wenn der Glaube ihres Kindes auf dem Prüfstand steht.

Strenge, nicht anpassungsfähige christliche Familien haben keine Ahnung, wie das aussieht. Sie haben Regeln, die eingehalten werden müssen, und ein Image, das gepflegt werden muss. Das sind Familien, die ihren Glauben auf einen dünnen Stapel von Plattitüden reduziert haben, die wie Haftnotizen an den Innenwänden ihrer Seele kleben. In solch einem Zuhause wird Aufrichtigkeit nicht ermutigt. Dort wird mit Kritik angeleitet, die keinen Widerspruch duldet. Kinder in strengen christlichen Familien haben weder eine Stimme noch eine Wahl. Für solche Eltern läuft es entweder nach ihrem Willen (aber sicher nicht nach Gottes Willen) oder gar nicht. Falls du jemals wissen willst, wie du das Herz deiner Kinder für die tieferen Belange des Geistes verschließen kannst, tausche einfach deinen authentischen Glauben gegen die billige Imitation ein, die eine strenge, erbarmungslose Erziehungsmethode zu bieten hat. Die Tochter meiner Freunde hätte nicht die geringste Chance gehabt, ihre Zweifel zu überwinden, wenn sie in einem solchen geistlich begrenzten Zuhause gelebt hätte. Sie hätte einen hohen Preis dafür bezahlt und würde es jetzt wahrscheinlich immer noch tun.

Auch Familien, in denen Angst und Furcht vorherrschen, haben nicht viel zu bieten. Weil ihre Erziehungsmethode aus Reaktionen auf die Gesellschaft besteht, lässt sie wenig Raum für Gespräche über fragwürdige Angelegenheiten und zweifelhafte Themen – zumindest nicht für einen offenen, transparenten Dialog. Während Kinder die verschiedenen Stufen ihrer Entwicklung durchlaufen, empfinden sie ein gewisses Unbehagen dabei, Themen anzuschneiden, die dem inneren Heiligtum ihrer „auf Sicherheit gegründeten Zuhause" bedrohlich nahekommen. Sie wissen, dass ihr Zuhause alles andere als ein sicherer Ort ist, um ihre Bedenken zu äußern, wenn sie ihren Glauben als erdrückend oder ihre Geistlichkeit als unzureichend empfinden oder anderer Meinung sind, wie man mit der Gesellschaft umgehen sollte. Es ist nicht so, dass ihre Eltern nicht gut für sie sorgen. Tatsächlich gehören sie zu den wohlmeinendsten Eltern, die man nur finden kann. Für auf Angst und Furcht gegründete Familien bedeutet jedoch bereits die *Auseinandersetzung* mit biblischen Alternativen zu dem strengen Umgang der Eltern mit den gesellschaftlichen Herausforderungen, die auf ihre Kinder einstürmen, zuzulassen, dass die Familie von diesen Herausforderungen definiert wird. Wenn man versteht, welche Rolle Gottes Gnade dabei spielt, eine Familie in Ausgewogenheit zu führen und zu bewahren, erkennt man, dass diese auf Angst und Furcht basierende Annahme nichts mit der Wahrheit zu tun hat.

Schädliche Unverblümtheit

Dann gibt es da noch Familien, die ich gesetzlos nenne. Kinder, die versuchen, ihre heikleren Herzensangelegenheiten zu verarbeiten, haben absolut keine Chance, in ihrem Zuhause in irgendeiner Form Unterstützung zu finden. Weil diese Familien oft nicht die Entschlossenheit besitzen, sich kompromisslos an klare moralische Überzeugungen zu halten, kommt die Aufrichtigkeit innerhalb ihrer vier Wände selten zum Zug. Hier herrscht lediglich eine unverblümte und schonungslose Ehrlichkeit, die darauf basiert, wie sich jemand *fühlt*, was zur Folge hat, dass es häufig zu Fehleinschätzungen kommt, weil sich moralische Maßstäbe den Gefühlen der entsprechenden Person unterordnen müssen.

Lass mich dir ein Beispiel von einer Familie geben, die von dieser Art schädlicher Unverblümtheit ernsthafte Narben davontrug. Doch zuerst will ich dir die Person vorstellen, die dir ihre Geschichte erzählen wird. Jamie ist eine reizende, bescheidene junge Frau, die einen unverantwortlichen, egoistischen Mann heiratete. Ich glaube, einige Tage nach ihren Flitterwochen stellen die meisten Frauen fest, dass sie einen solchen Mann geheiratet haben. Aber viele Ehemänner werden zu guten Männern. Bei Jamies Mann war das nicht der Fall. Er hatte unglaublich viele Probleme. Eines davon bestand darin, dass er stets frei heraus sagte, was ihm gerade in den Sinn kam, ungeachtet dessen, welche Auswirkungen das auf die Person hatte, an die seine „Ehrlichkeit" gerichtet war. Bevor er dieses Problem in den Griff bekam, hatte sein Verhalten bei seinen Kindern bereits großen Schaden angerichtet. Du musst auch wissen, dass seine herzlose, abweisende Haltung gegenüber seinem zehnjährigen Sohn eine große Rolle dabei spielte, dass dieser moralisch völlig verwahrloste. Als der Junge auf liebevolle Weise versuchte, mit seinem Vater über ein großes Anliegen zu sprechen, das er hatte, feuerte sein Vater genau das zurück, was ihm gerade in den Sinn kam. Ein solcher Vater ist in vielerlei Hinsicht ein sehr „offener" Mensch, doch es mangelt ihm an jeglicher Bereitschaft, seine Ehrlichkeit mit irgendetwas zu mäßigen, das auch nur im Entferntesten an Gnade erinnert.

Inmitten dieses Albtraums gefangen war eine Ehefrau und Mutter, die sich völlig hilflos fühlte. Sie ist ein gutes Beispiel dafür, wie verletzte Gefühle und große Enttäuschungen einen Menschen veranlassen können, seinen inneren moralischen Kompass zu ignorieren, wenn er unter Stress steht. Sie ist zweifellos auch eine Frau, die von ihren Eltern keine Unterstützung darin bekam, im Kern ihres Herzens ein klares Gefühl der Sicherheit, der Bedeutsamkeit und der Stärke aufzubauen. Bevor all das ein Ende nahm, hatte die hemmungslose Unverblümtheit eines Mannes eine ganze Generation seiner Nachkommen ihre Selbstachtung gekostet. Lies nun, wie Jamie ihre Geschichte erzählt:

> *Mein Sohn Martin hat überhaupt keine Beziehung zu seinem Vater. Sein Vater ist sehr kritisch und herablassend. Er sagt ihm ständig, dass er es nie zu etwas bringen und*

früher oder später im Gefängnis oder im Grab landen wird. Martin bekommt diese unverblümten Prophezeiungen seines Vaters schon zu hören, seit er ein kleiner Junge war. Als er zehn Jahre alt war, fand er in der Werkzeugkiste seines Vaters Marihuana und sprach ihn darauf an. Sein Vater spuckte ihm buchstäblich ins Gesicht. Ich denke, das war ein entscheidender Moment in Martins Leben. Ein Jahr später ließ ich mich nach fünfzehn Jahren Ehe von seinem Vater scheiden. Meine Kinder waren damals elf und zwölf Jahre alt.

Als es zu der Konfrontation wegen des Marihuanas kam, glaubte ich wirklich, dass es aufwärtsging. Ich hatte einige Jahre zuvor zu Christus gefunden. Ich begann, zu beten, dass mein Mann Chad auch zu ihm finden würde. Ich betete, dass er einen Arbeitsplatz in einer christlich geführten Firma finden würde, und das tat er auch. Zu dieser Zeit wusste er noch nicht, dass er mit Menschen zusammenarbeitete, die davor jahrelang in der Auslandsmission gearbeitet hatten. Der Inhaber der Firma gab auf einer Weihnachtsfeier sogar Zeugnis. Ich glaubte einfach, dass unsere kleine Familie es schaffen würde. Ich glaubte daran, bis Chad die dreiundzwanzigjährige Assistentin kennenlernte, die die Vertretung der Sekretärin übernahm, als diese für längere Zeit krank wurde. Sie blieb lange genug, um dem, was von unserer Ehe noch übrig war, den Rest zu geben.

Ich merkte, dass Chad sich seltsam verhielt, aber ich wäre nie auf die Idee gekommen, dass er eine Affäre hatte. Eines Tages bat er mich, von der Arbeit nach Hause zu kommen, und sagte mir dann, dass er mich liebte wie eine Schwester. Er stritt ab, dass er sich mit einer anderen traf. Ich fand die Wahrheit später heraus. Mein Sohn Martin wurde Zeuge davon, was für ein schlechtes Beispiel sein Vater gab. Es tat mir so leid für Martin. Ich reichte die Scheidung ein. Wir zogen aus. Ich ging weiterhin in die Gemeinde und weinte viel.

Martin verwandelte sich in einen sehr ärgerlichen Jungen. Nachdem sein Vater und ich geschieden waren, geriet er in der Schule fast jeden Tag in Schwierigkeiten. Ich war mit meiner Weisheit am Ende. Alles, was ich anpackte, ging schief. Heute ist mir klar, dass ich aufgrund meiner Schuldgefühle und meiner Scham glaubte, für ihn eintreten zu müssen. Ich weiß, dass ich ihm das Leben noch schwerer machte, indem ich ihn aus einigen der verdienten Konsequenzen für seine Taten herauspaukte.

Bei dem „Single-Treff" unserer Gemeinde lernte ich einen Mann kennen. Er hatte vier Söhne. Er schien ein großartiger Kerl zu sein … damals. In meiner Verzweiflung glaubte ich, er würde Martin guttun. Wir heirateten. Wie sich herausstellte, brachten wir alle eine Menge Belastungen mit in unsere neue Ehe. Die Zusammenführung unserer Familien bewirkte nicht viel mehr, als dass seine und meine Kinder es nun leichter hatten, einander zu zerstören. Unsere Kinder litten alle schwer unter unseren Scheidungen.

Eines seiner Kinder sitzt im Gefängnis und Martin sollte vermutlich mit ihm dort sein. Martin lebt bei seinem Vater, Chad. Martin hatte Drogenprobleme. Er ist seit einiger Zeit in Behandlung. Die gute Nachricht ist, dass er am kommenden Dienstag ins Marinekorps eintreten wird. Ich liebe meinen Sohn. Ich will das Beste für ihn. Ich bin mir sicher, dass ich einiges von seinem Verhalten begünstigt habe. Jetzt arbeite ich gerade daran, loszulassen. Mir ist klar, dass Martin auf die Nase fallen und lernen muss. Ich denke, das Marinekorps wird ihm guttun. Dort gibt es viele gesunde, erwachsene Männer, die als seine Mentoren fungieren können, wenn er es nur zulässt. Ich fühle mich so schuldig, dass ich wieder geheiratet und Martins Leben damit noch mehr durcheinandergebracht habe. Martin reist am frühen Dienstagmorgen zur militärischen Grundausbildung in Parris Island, South Carolina ab. Ich hoffe auf das Beste.

Nur damit du weißt, wie Martins Geschichte beim Marinekorps endete: Der Sergeant im Einberufungsbüro von Parris Island brauchte nur etwa zehn Minuten, um zu wissen, mit wem er es bei Martin zu tun hatte. Das war der Anfang und das Ende von Martins beruflicher

Laufbahn bei der Marine. Hier war ein Junge, der als ein Opfer der gnadenlosen Unverblümtheit seines Vaters aufwuchs. Gott hat das menschliche Herz nicht dafür erschaffen, in einer derartigen Umgebung zu gedeihen – vor allem dann nicht, wenn es noch so jung und zart ist. Martins Herz konnte sicher nicht gedeihen.

Jamies Geschichte zu lesen, ist wie einen kurzen Blick auf die *Jerry Springer Show* (eine „Talk-Sendung", die dafür bekannt ist, „Boulevardthemen mit häufigen Handgreiflichkeiten unter Gästen" zu paaren; Wikipedia, „Jerry Springer") zu werfen. Du denkst vielleicht: „Eigentlich kommen wir doch ganz gut zurecht. Zumindest sind wir nicht derart kaputt." Aber wenn du das denkst, setzt du die Menschenwürde Jamies, Martins, Chads und der anderen Mitglieder dieser zutiefst bedauerlichen Familie herab. Das sind echte Menschen mit einem wirklich zerbrochenen Leben. Sie wünschen sich nur ihr „kleines Stück vom Glück", genauso wie alle anderen auch. Sie wissen anscheinend nur nicht, wie sie diesen Wunsch verwirklichen sollen.

Das sind keine Menschen, auf die man herabsehen sollte, sondern Menschen, die zu bemitleiden sind. Sie haben keine Ahnung, wie Gnade aussieht, weil sie in ihren wichtigsten Beziehungen nie Gnade erfahren haben. Es würde mich nicht wundern, wenn die Erwachsenen in dieser Geschichte von ihren Eltern keine Anerkennung bekamen, während sie aufwuchsen. Demütigung und Schande erzeugen Demütigung und Schande. Dennoch leben sie jetzt mit der verblendenden Auswirkung schädlicher Ehrlichkeit. Alles was sie zu verstehen scheinen, ist eine ungezügelte und unzensierte Offenheit. Das ist eine verdrehte Ehrlichkeit, die von vielen der angesammelten Enttäuschungen beeinflusst wird, bevor sie tatsächlich in Worte gefasst wird. Das macht es wirklich schwer, klar zu denken.

Wenn ich das sage, entbinde ich damit jedoch keinen der Menschen in dieser unglücklichen Geschichte davon, die Verantwortung für seine Taten zu übernehmen. Sie sind nicht nur voll verantwortlich für das, was sie getan haben und was sie tun, sondern werden letzten Endes auch niemand anders die Schuld dafür geben können, als sich selbst.

Unterschiedliche Unterschiede

Ich glaube, einer der Gründe, warum es schwer ist, auf Jamies Familie mit einem Gefühl der Überlegenheit herabzusehen, besteht darin, dass sie von deiner und meiner Familie in den meisten Fällen nur wenige Stufen entfernt ist. Vielleicht reden wir freundlicher miteinander und bringen einander mehr Anerkennung entgegen. Vielleicht leiten wir klüger an und täuschen weniger vor. Doch selbst die besten Familien können den Geist ihrer Kinder blockieren – entweder indem sie die Wahrheit nicht ermutigen oder indem sie sie missbrauchen.

Gott wusste, dass wir alle in der Lage sind, die Wahrheit in eine Massenvernichtungswaffe zu verwandeln. In Epheser 4, 14–15 zeigt er uns, was wir tun und was wir lassen sollen, um die Wahrheit nicht zerstörerisch zu verwenden:

> *Denn wir sollen nicht mehr Unmündige sein, hin- und hergeworfen und umhergetrieben von jedem Wind der Lehre durch die Betrügerei der Menschen, durch ihre Verschlagenheit zu listig ersonnenem Irrtum. Lasst uns aber die Wahrheit reden in Liebe und in allem hinwachsen zu ihm, der das Haupt ist, Christus.*

Gott wusste, dass das Schwert der Wahrheit oft rasiermesserscharfe Klingen hat, wenn es aus der Scheide gezogen wird. Indem die Wahrheit, die ganze Wahrheit und nichts als die Wahrheit ausgesprochen wird, kann ein Leben mit jedem Hieb in Stücke zerfetzt werden. Diese Art von Wahrheit ist zwar in Gerichtssälen angebracht, aber in Beziehungen kann sie zerstörerisch sein. Der Gott der Wahrheit und der Liebe wusste, dass wir beide Seiten seines göttlichen Charakters brauchen, damit wir einander nicht zerfleischen. Wenn wir die Wahrheit den Filter der Liebe passieren lassen, versetzt das unsere Ehrlichkeit auf eine Stufe der Aufrichtigkeit, die sich mehr an unserem Gegenüber orientiert.

An früherer Stelle in diesem Buch haben wir *Liebe* definiert als „die Ausrichtung meines Willens auf deine Bedürfnisse und das, was dir guttut, was es mich auch kosten mag“. Das bedeutet: Wenn wir ehrlich sind, müssen wir dabei immer bedenken, welche Auswirkungen diese Ehrlichkeit auf unser Gegenüber haben könnte. Wir können ihm nicht einfach unsere Meinung oder irgendwelche Behauptungen an den Kopf werfen. Gnade verlangt, dass wir unsere Kommentare zu sensiblen Themen mit der Entschlossenheit abgeben, unserem Gegenüber zu helfen und womöglich sogar zu seiner Heilung beizutragen. Die Gnade verlangt, dass diese Entschlossenheit, die Wahrheit in Liebe auszusprechen, in beide Richtungen funktioniert – dass wir auf diese Weise mit unseren Kindern sprechen und dasselbe auch von ihnen erwarten.

Seitenwechsel

Vor langer Zeit hörte ich einmal einen Countrysong, in dem es in etwa hieß: „Die Liebe ist eine zweispurige Straße, aber mein Schatz wechselt gerade die Spur." Das kann passieren, wie du weißt. Das Leben nimmt eine unerwartete Wendung oder wir tun etwas, das die Menschen, die wir lieben, verärgert. Das kann unser Vierjähriger sein, unser Teenager oder unser erwachsenes Kind. Kinder haben ihren eigenen Kopf, ihre eigenen Träume, ihre eigenen Ängste und ihre eigenen Überzeugungen. Von dem Tag an, an dem sie geboren werden, beginnen sie, sich von uns abzunabeln. In einigen Bereichen – fast lebenswichtigen Bereichen – wollen wir als christliche Eltern sicherstellen, dass unsere Kinder die richtige Entscheidung getroffen haben, bevor sie unseren Einflussbereich verlassen. Wir sind nicht die einzigen, die Einfluss auf sie nehmen können, aber wir haben den größten Einfluss auf sie. In ihrem Inneren gibt es verschiedene Kräfte, die einander entgegenwirken, deshalb müssen wir ihnen die Möglichkeit bieten, die Schreie ihres Herzens zu formulieren, damit wir ihnen helfen können, ihre Probleme angemessen zu überwinden.

Manchmal begegnen unsere Kinder den grundlegenden Überzeugungen, die wir ihnen vermitteln, mit einer gewissen Skepsis, insbesondere wenn sie gerade in der Teenagerzeit sind. In auf Gnade gegründeten Familien, in denen eine offene und aufrichtige Kommunikationskultur herrscht, können sich die Kinder mit diesen Überzeugungen auseinandersetzen, ohne dabei um unsere

Wertschätzung fürchten zu müssen, obwohl wir vielleicht in einigen Punkten nicht mit ihnen übereinstimmen. Wenn wir ihnen diese Möglichkeit nicht bieten, kann ihre schlimmste Reaktion darauf die totale Rebellion sein. Viele christliche Familien hätten sich die „Jahre des verlorenen Sohnes" ersparen können, wenn sie es ihren Kindern einfach ermöglicht hätten, ihre Sorgen und Wirren auf respektvolle Weise mit ihnen zu besprechen.

Echos ohne Gnade

Nehmen wir einmal an, ein Kind aus einer christlichen Familie setzt sich gerade mit einer Sache auseinander und bildet sich eine Meinung darüber, die von der Meinung seiner Eltern abweicht. Oder vielleicht will es erklären, welche Reaktionen die Worte oder Taten seiner Eltern in seinem Inneren auslösen. Wenn das geschieht, bekommen Millionen Kinder von ihren christlichen Eltern etwas zu hören wie:

- „Wir sind die Eltern, du bist das Kind. Ich habe mehr zu sagen als du, also sei still."
- „Du wirst dich eben damit abfinden müssen."
- „Deine Gefühle und Bedenken stehen hier nicht zur Debatte."
- „Es ist mir völlig egal, was du denkst."
- „Was du denkst, ist einfach nicht von Belang."
- „Du hast hier kein Stimmrecht."
- „Es spielt keine Rolle, wie du das siehst."
- „Deine Meinung zählt nicht."
- „In diesem Haus wird nicht über derartige Themen gesprochen."

Natürlich seid ihr die Eltern. Ihr habt die Verantwortung. Ihr habt letztendlich das Sagen und die Autoritätsposition inne. Es gibt viele Bereiche im täglichen Miteinander einer Familie, in denen die Kinder nichts zu sagen oder kein Stimmrecht haben. Aber von solchen

Punkten sprechen wir hier nicht. Schlafenszeit beispielsweise ist Schlafenszeit; darüber wird nicht diskutiert. Was die Mutter für die Familie kocht, wird gegessen. Nicht die Kinder entscheiden über den täglichen Ablauf in einer Familie, sondern die Eltern. Aber wir sprechen jetzt nicht von *solchen* Punkten.

Es gibt jedoch Bereiche, in denen die Kinder sich frei fühlen sollten, ihre Bedenken zu äußern, und zwar diejenigen, in denen sie mit wesentlichen moralischen, zwischenmenschlichen oder geistlichen Fragen zu kämpfen haben oder in denen wir sie frustrieren. Gnade schafft den Raum dafür.

Gnade schafft den Raum, damit sie uns Dinge über sich sagen können, von denen wir vielleicht nicht begeistert sind. Gnade schafft den Raum, ihre Zweifel und Ängste zu äußern. Gnade schafft den Raum, damit sie über ihre Probleme mit dem Erwachsenwerden mit uns sprechen können. Gnade schafft den Raum, damit sie uns Dinge über uns sagen können, von denen wir vielleicht nicht begeistert sind.

Nehmen wir einmal an, ein Sohn im Teenageralter bringt das Thema auf, dass er bei Mädchen anscheinend nicht landen kann. Er hat in den letzten paar Monaten einige Mädchen eingeladen, mit ihm auszugehen, aber sie haben alle abgelehnt. Die Mädchen scheinen nicht zur Kenntnis zu nehmen, wer er ist. Sie scheinen sich mehr für seine beliebten Freunde oder die Jungen aus der Oberstufe zu interessieren als für ihn. Er fragt sich, was das zu bedeuten hat.

Vielleicht fragt er sich, ob er homosexuell ist. Das ist der Gedanke, den die Welt ihm suggerieren will. Vielleicht glaubt er sogar daran. Nun stell dir einmal vor, er äußert seine Gedanken über seine Sexualität gegenüber seinem Vater. Wenn sein Vater ihn mit einem knappen „Rede doch kein dummes Zeug!“ oder etwas wie „Das bildest du dir ein. Das ist absoluter Unsinn!“ abspeist und die Unterhaltung damit beendet, könnte sich der Junge von der besten – und vielleicht einzigen – Person abwenden, die ihm einen klugen und liebevollen Rat geben könnte. Eine solche kurze oder barsche Reaktion könnte ihm das Gefühl vermitteln, dass es sich nicht gelohnt hat, sich seinem Vater gegenüber so sehr zu öffnen. Die Sache ist ihm auch ohne die Demütigung durch seinen Vater schon peinlich genug.

Wenn dieses Zuhause von Gnade erfüllt wäre, würde man es nicht nur begrüßen, wenn ein Sohn derartige Sorgen anspricht, sondern ihn auch noch dafür loben. Seine Eltern können ihm am allerbesten im Umgang mit diesen unangenehmen Gedanken helfen und sollten dankbar dafür sein, dass er zu ihnen kommt, um sein Herz auszuschütten, statt zu jemand anders zu gehen, der ihn in die falsche Richtung lenken könnte.

Das wäre eine großartige Gelegenheit für seinen Vater, ihm genau zuzuhören und Fragen zu stellen. Es wäre auch eine wunderbare Gelegenheit, ihm von seinen eigenen Schwierigkeiten mit Mädchen (die er sicher hatte) zu erzählen. Das ist ein Zeitpunkt, an dem der Vater seinem Sohn einige grundlegende Fakten über die Beziehung zwischen einem Jungen und einem Mädchen ins Gedächtnis rufen sollte. Er könnte ihn daran erinnern, dass die meisten Mädchen den Jungen in diesem Alter voraus sind und dass es völlig normal ist, wenn sie sich während der Highschool eher für ältere Jungen interessieren. Das ist eine gute Zeit, um ihn in seiner Männlichkeit zu ermutigen und ihn seiner Zukunft als verheirateter Mann und Vater zu versichern. Freundlichkeit, Verständnis und liebevoller Rat geben einem Jungen das Gefühl, dass er in dieser schwierigen Zeit nicht allein dasteht.

Es ist wunderbar, wenn Teenager mit uns darüber sprechen können, wie frustriert sie von ihren Freunden oder Freundinnen sind, welche aufwühlenden Gespräche sie mit ihren Freunden führen, was sie in der Schule beunruhigt und welche geistlichen Kämpfe sie austragen. Doch wenn man das so liest, könnte man annehmen, dass das in erster Linie für ältere Kinder gilt. Das ist nicht der Fall. Auch kleine Kinder brauchen die Freiheit, offen zu sein. Wenn das jüngste Kind im Haus weiß, dass es hier jemanden gibt, dem es vertrauensvoll seine geheimsten Sorgen anvertrauen kann, ruht dieses Kind in dem Wissen, dass es Eltern hat, die ihm zum Erfolg verhelfen wollen.

Im Fadenkreuz gefangen

Der bedeutendste Vorteil, den die Offenheit für unsere Kinder hat, kann für uns der schmerzhafteste sein. Das passiert dann, wenn wir unseren Kindern erlauben, uns geradeheraus zu sagen, welche Gefühle sie für uns hegen. Die meisten Eltern räumen ihren Kindern diese Möglichkeit gar nicht erst ein. Die Kinder in solchen Familien finden sehr schnell heraus, dass ihre Mutter und ihr Vater nicht daran interessiert sind, zu erfahren, was sie für sie empfinden. Sie sind nicht auf eine authentische, innige Beziehung zu ihren Kindern aus. Es ist ganz normal, dass diese Kinder ihren Eltern sagen, was sie hören wollen, statt dem, was sie beschäftigt. Hier geht es nicht um die Wahrheit, sondern um eine sorgfältig zurechtgezimmerte Illusion.

Der Autor Dr. Dan Allender spricht sehr kühn darüber, wie wertvoll Ehrlichkeit ist und welcher Schaden angerichtet wird, wenn wir sie nicht ermutigen:

> *Ehrlichkeit ist die Entschlossenheit, die Realität so zu sehen, wie sie ist, ohne sie bewusst zu verzerren, zu bagatellisieren oder zu vergeistlichen. Ehrlichkeit beginnt damit, dass wir zugeben, dass wir getäuscht sind und uns lieber eine Scheinwelt aufbauen, als dem hellen, gleißenden Licht der Wahrheit ins Auge zu sehen. Ein ehrlicher Mensch gesteht seine Vorliebe für vage Halbwahrheiten ein, die weder nach Veränderung verlangen noch den Glauben an seine Selbstständigkeit erschüttern.*
>
> *Warum müssen wir uns die Wahrheit eingestehen? Weil Unehrlichkeit und ein Leben im Verleugnen in Wirklichkeit ein Versuch ist, Gott zu entthronen. Es ist der Versuch, selbst Gott zu werden und die Macht zu besitzen, eine Welt und Realität nach unseren Wünschen zu erschaffen. Ein Mensch, der entschlossen ist, harte Fakten zu verleugnen, muss sich eine andere Welt schaffen und dann, wie Atlas, aus eigener Kraft dafür sorgen, dass sie sich dreht. Das Erschaffen einer Scheinwelt ist in Wirklichkeit der Versuch, Gott aus unserer Welt auszuschließen. Das ist, wie wenn ein Kind sagt: „Wenn du nicht nach meinen Regeln spielst,*

> *nehme ich meinen Ball und meinen Schläger und gehe nach Hause." Gott spielt weder nach unseren Regeln noch heilt er uns so von unseren Wunden oder befreit uns so von unseren Schmerzen, wie wir es uns vorstellen. Deshalb verlassen wir gerne mal Gottes Welt und erschaffen uns eine neue, die mehr unserem Geschmack entspricht, auch wenn sie uns unseres Lebens und unserer Liebe beraubt.*[1]

Wenn wir nicht bereit sind, zuzuhören, wenn unsere Kinder uns sagen, welche Verletzungen wir ihnen zugefügt haben, ist das der Inbegriff von absoluter Kontrolle. Kontrollierende Menschen sind keine starken Menschen – sie sind schwach, unbedeutend und egoistisch. Im Gegensatz dazu bringt uns unsere „Offenheit gegenüber der Offenheit" dem Herzen unserer Kinder und Gott näher.

Die Beziehung zwischen Gott dem Vater und Jesus dem Sohn ist nur eines der Beispiele, anhand derer die Bibel diesen Sachverhalt demonstriert. Jesus kam, um den Willen seines Vaters zu tun. Das bedeutete, *alles,* wofür sein Vater ihn gesandt hatte. Doch als für den Retter der Welt der Augenblick kam, in dem er sein Werk vollenden musste, brach die Realität über ihn herein. Als Jesus kurz davor stand, gekreuzigt zu werden, und wusste, dass seine Zeit gekommen war, wurde er von dem Wissen, welchen Preis er dafür bezahlen musste, überwältigt. Die Peitschenhiebe, die Dornen, die Nägel lagen nur noch Stunden entfernt. In diesem Augenblick der Menschlichkeit tat Jesus etwas, von dem er wusste, dass sein Vater ihm jederzeit die Freiheit dazu gewährte. Er zog sich in einen Winkel im Garten Gethsemane zurück, fiel auf seine Knie und schüttete seinem Vater sein Herz aus.

In den Evangelien können wir nur die Hälfte dieses Gesprächs nachlesen. Anhand dessen was Jesus sagte, wissen wir, wie sein Vater reagierte: „Mein Vater, wenn es möglich ist, so gehe dieser Kelch an mir vorüber!" (Mt. 26, 39).

Ich kann mir einfach nicht vorstellen, dass sein Vater irgendetwas sagte wie: „Geschäft ist Geschäft; hör auf zu jammern!" Mein Herz schmerzt bereits, wenn ich das nur aufschreibe, weil es im Wesen von Gott dem Vater nichts gibt, das auch nur annähernd darauf hindeutet, dass er so etwas sagen würde – schon gar nicht zu seinem kostbaren Sohn, der bereit war, anderen eine so große Liebe zu zeigen. Doch es gibt menschliche Väter, die die Fragen und Zweifel ihrer Kinder mit noch viel knapperen Bemerkungen abtun. Sie verfügen nicht über die grundlegende Basis, die zwischen Jesus und seinem Vater bestand.

Jesus kam, um den Willen seines Vaters zu tun, und er war entschlossen, sein Werk zu vollenden. Am Ende sagte er: „Doch nicht wie ich will, sondern wie du willst." Er gelangte an diesen Punkt, nachdem sein Vater sein Flehen gehört und sich mit seinen menschlichen Vorbehalten über das, was geschehen würde, identifiziert hatte. Der Vater tadelte seinen Sohn nicht dafür, dass er in der Hoffnung auf einen Ausweg zu ihm gekommen war. Er hörte sich seine schmerzerfüllte Bitte einfach an und stellte sich ihm zur Seite, um seine Entschlossenheit zu stärken. Sie wussten beide, dass es keinen anderen Weg gab, um die Menschheit zu retten.

Jesus ging noch ein zweites und ein drittes Mal zu seinem Vater. Die Liebe des Vaters erlaubte es seinem Sohn, immer wieder mit derselben Sache zu ringen, obwohl sich die Tatsachen nicht ändern würden. In der Gnade dieses Augenblicks wollte der Vater für seinen Sohn da sein, um ihm zuzuhören, solange er brauchte, um seine Angst zu überwinden.

Gebet wird erhört

Die Beziehung zwischen Jesus und seinem Vater demonstriert, wie klug es ist, in der Beziehung zwischen Eltern und Kindern Offenheit zuzulassen. Die Tatsache, dass wir die Möglichkeit haben, zu *beten*, zeigt uns auch, wie wichtig es ihm ist, dass die Offenheit in seiner Beziehung zu uns Priorität hat. Der Verfasser des Hebräerbriefs fängt die Schönheit unserer offenen Beziehung zu Gott schon fast zu gut ein. Ich sage das, weil es für Familien, die das gelesen haben, keine Ausrede mehr dafür gibt, zu glauben, dass sie anders handeln können:

> *Da wir nun einen großen Hohenpriester haben, der durch die Himmel gegangen ist, Jesus, den Sohn Gottes, so lasst uns das Bekenntnis festhalten! Denn wir haben nicht einen Hohenpriester, der nicht Mitleid haben könnte mit unseren Schwachheiten, sondern der in allem in gleicher Weise wie wir versucht worden ist, doch ohne Sünde. Lasst uns nun mit Freimütigkeit hinzutreten zum Thron der Gnade, damit wir Barmherzigkeit empfangen und Gnade finden zur rechtzeitigen Hilfe!*
>
> Hebräer 4, 14–16

Es könnte vielleicht jemand sagen: „Ja, das sind wunderbare biblische Hinweise, wie sich Menschen in ihrer Angst Luft verschaffen können, aber diese Verse beinhalten nichts, das rechtfertigt, dass Kinder ihre Eltern kritisieren. Gott würde das nicht zulassen, oder? Jesus tat das seinem Vater gegenüber auch nicht. Er erzählte ihm von seinen Sorgen und seinen Verletzungen, aber er versuchte nicht, seinem Vater zu sagen, wie er sein Reich regieren sollte. Was du vorschlägst, ist, dass wir unseren Kindern die Freiheit gewähren sollen, es uns zu sagen, wenn sie von uns abweichen oder ihnen etwas an uns missfällt. Ich glaube nicht, dass Gott das tolerieren würde."

Tatsächlich wärest du aber vielleicht überrascht, herauszufinden, was Gott nicht nur toleriert, sondern sogar ermutigt.

Der Ort

Irgendwo in der Nähe des Gipfels des Bergs Sinai.

Das Szenario

Gott hat seinem Diener Mose sein moralisches, sein bürgerliches und sein zeremonielles Gesetz gegeben. Das Volk in seinem Lager hatte nicht angenommen, dass dieser Prozess so lange dauern würde. Aufgrund seiner Abwesenheit vom Lager der über eine Million zählenden Mitglieder des Volkes Israel, haben die Leute begonnen, zu mutmaßen, warum es so lange dauerte, bis Mose zurückkam. Sie wissen nicht einmal, ob er jemals zurückkehrt.

In dem Begehren, die Dinge selbst in die Hand zu nehmen, bitten sie Moses Bruder Aaron, ihnen ein Götzenbild zu machen, das mehr zu bieten hätte, als dieser allmächtige Gott, mit dem Mose verhandelt. Aaron weist sie an, all die goldenen Ohrringe ihrer Frauen, ihrer Söhne und Töchter zusammenzutragen (der Götzendienst ist eine verblüffende Möglichkeit, eine Familie um ihr Vermögen zu bringen). Aaron schmilzt die Ohrringe zu flüssigem Gold und formt ein goldenes Kalb daraus. Die Menschen geraten außer sich. Sie bringen dem Kalb Brandopfer und andere Opfergaben dar und kosten diese Zeit voll aus, sie stürzen sich kopfüber in ein regelrechtes Trinkgelage.

Der Konflikt

Gott unterbricht sein Gespräch mit Mose, um ihn darüber zu informieren, dass das Volk, das er am Fuß des Berges zurückgelassen hat, gerade ein moralisches Ärgernis begangen hat. Er berichtet Mose von dem goldenen Kalb und dem vergnügungssüchtigen Gottesdienst, den sie abhalten. Gott ist zornig, weil diese Menschen ein so kurzfristiges Gedächtnis und so wenig Hingabe besitzen. Sie haben die zehn Plagen, das Passahfest, die Flucht durch das Rote Meer, das Zusammenschlagen des Wassers über der Armee des Pharao und das Wasser aus dem Felsen schnell vergessen. Lies, wie Gott das Problem lösen will:

> *Ich habe dieses Volk gesehen, und siehe, es ist ein halsstarriges Volk. Und nun lass mich, damit mein Zorn gegen sie entbrenne und ich sie vernichte, dich aber will ich zu einer großen Nation machen.*
>
> 2. Mose 32, 9–10

Ich weiß nicht, wie es dir ergeht, aber wenn ich Mose wäre, hätte ich das für eine der besten Ideen gehalten, die Gott hätte haben können. „Lösche diese verdorbene, böse Brut aus und beginne mit mir ganz neu“, könnte er gedacht haben. Das wäre eine einfache Möglichkeit für Gott gewesen, mit einem großen Problem umzugehen. Das hätte Mose auch eine Menge Scherereien erspart.

Aber Mose liebte diese böse, verdorbene Brut und er wusste, dass Gott sie noch mehr liebte als er. Mose liebte auch Gott und er wollte nicht, dass Gottes Ruf Schaden nahm, wenn er in seinem gerechten Zorn über dieses „halsstarrige" Volk entbrannte. Lies hier, wie Mose auf Gottes Wunsch, sein auserwähltes Volk zu zerstören, reagierte. Er sagte:

> *Wozu, Herr, entbrennt dein Zorn gegen dein Volk, das du mit großer Kraft und starker Hand aus dem Land Ägypten herausgeführt hast? Wozu sollen die Ägypter sagen: In böser Absicht hat er sie herausgeführt, um sie im Gebirge umzubringen und sie von der Fläche des Erdbodens zu vertilgen? Lass ab von der Glut deines Zornes und lass dich das Unheil gereuen, das du über dein Volk bringen willst! Denke an deine Knechte Abraham, Isaak und Israel, denen du bei dir selbst geschworen und denen du gesagt hast: Ich will eure Nachkommen so zahlreich machen wie die Sterne des Himmels, und dieses ganze Land, von dem ich gesagt habe: „ich werde es euren Nachkommen geben", das werden sie für ewig in Besitz nehmen.*
>
> 2. Mose 32, 11–13

Wir müssen die größere Dimension dessen, was hier passierte, verstehen. Mose hatte Gottes mächtige Kraft bereits gesehen. Er hatte miterlebt, welchen Schaden sein Todesengel den erstgeborenen Söhnen Ägyptens zugefügt hatte. Er hatte zugesehen, wie das Wasser, das Gott geteilt hatte, über der Armee des Pharao zusammenschlug. Er hatte den heftigen Donner erlebt, das Erdbeben gespürt und sich den heftigen Winden, die Sinai umschlossen, entgegengestellt. Und doch zögerte er nicht, von Gott abzuweichen und ihn an das Versprechen zu erinnern, das er den Patriarchen gegeben hatte. Er zögerte nicht, das zu tun, weil er wusste, dass er die Freiheit dazu hatte. Er wusste, dass Jehova trotz all seiner anderen furchterregenden Eigenschaften ein Gott der Gnade war.

Das Ergebnis

> *Da gereute den Herrn das Unheil, von dem er gesagt hatte, er werde es seinem Volk antun.*
>
> 2. Mose 32, 14

Es geht nicht nur darum, was du sagst, sondern ...

Selbst die hochrangigsten Militärs ermutigen die Angehörigen der niedrigeren Ränge dazu, ihren vorgesetzten Offizieren gegenüber offen zu sein. Soldaten haben den gefährlichsten Job der ganzen Welt. Sie töten den Feind, während sie versuchen, sich davor zu bewahren, selbst getötet zu werden. Weil so viel auf dem Spiel steht, hat jeder – bis hin zum rangniedrigsten Soldaten einer Luftlandeeinheit – die Möglichkeit, seine Besorgnisse zu äußern und auf entscheidende Informationen hinzuweisen, die vielleicht übersehen wurden. Das wird vom Militär unterstützt, weil die Menschen in den niedrigeren Rängen so viel zu verlieren haben – bis hin zu ihrem Leben. Sie ermuntern sie auch dazu, jegliche neuen Erkenntnisse weiterzugeben, denn diese könnten ausschlaggebend für Sieg oder Niederlage sein.

Das Leben, die Ziele und die Träume unserer Kinder liegen auch in unserer Hand. Für sie steht so viel auf dem Spiel. Sie haben viel zu verlieren, wenn wir schlechte Pläne verfolgen. Was letztendlich zwischen Erfolg und Versagen entscheidet, könnte für uns Eltern in der schmerzhaften Wahrheit liegen, die wir von unseren Kindern hören könnten.

Familien, die aus der Gnade schöpfen, verschaffen ihren Kindern die Gelegenheit, ihren Eltern auf respektvolle Weise zu sagen, was sie frustriert. Paulus sagt uns, wie das aussehen soll:

> *Euer Wort sei allezeit in **Gnade**, mit Salz gewürzt; ihr sollt wissen, wie ihr jedem Einzelnen antworten sollt!*
>
> Kolosser 4, 6

Paulus ermutigt uns, unsere Worte nicht nur mit Gnade zu versetzen, sondern auch sorgfältig abzuwägen, wie sie auf die Person wirken, an die sie gerichtet sind. Wenn du in der Bibel die zweite Hälfte von Epheser, Kapitel 4, überfliegst, siehst du, dass Paulus spezifische Anweisungen gibt, wie man mit Konflikten umgehen soll. Diesen Abschnitt der Bibel könnte man gut mit der Überschrift versehen: „Wie man fair streitet.“ Einige Verse geben uns eine umfassende

Anleitung, wie der Schlagabtausch zwischen Eltern und Kindern aussehen soll, wenn sie einander schwierige Dinge zu sagen haben:

> *Deshalb legt die Lüge ab und redet Wahrheit, ein jeder mit seinem Nächsten! Denn wir sind untereinander Glieder. Zürnet, und sündigt dabei nicht! Die Sonne gehe nicht unter über eurem Zorn, und gebt dem Teufel keinen Raum! … Kein faules Wort komme aus eurem Mund, sondern nur eins, das gut ist zur notwendigen Erbauung, damit es den Hörenden Gnade gebe! Und betrübt nicht den Heiligen Geist Gottes, mit dem ihr versiegelt worden seid auf den Tag der Erlösung hin! Alle Bitterkeit und Wut und Zorn und Geschrei und Lästerung sei von euch weggetan, samt aller Bosheit! Seid aber zueinander gütig, mitleidig, und vergebt einander, so wie auch Gott in Christus euch vergeben hat!*
>
> Epheser 4, 25–27+29–32

Die beste Möglichkeit, die wir haben, um sicherzustellen, dass unsere Kinder eine respektvolle Haltung haben, wenn sie ihrer Enttäuschung oder ihrem Missfallen über etwas Ausdruck verleihen, ist, dafür zu sorgen, dass wir auf genau dieselbe Weise mit ihnen reden, wenn der Fall anders herum liegt. Eltern träumen, wenn sie glauben, sie könnten ihren Kindern gegenüber respektlos sein und bellen und beißen, wenn sie mit ihnen sprechen, und dann etwas anderes zurückerwarten. Ich war schon bei christlichen Familien, in denen die Eltern gegenüber ihren Kindern, die sich kleinerer Vergehen schuldig gemacht hatten, einen barscheren Tonfall anschlugen, als Richter es gegenüber Serienmördern tun, wenn sie den Urteilsspruch verkünden und ihnen sagen, dass sie zum Tode verurteilt werden. Wir brauchen Gnade.

Raum für Offenheit

Darcy und ich fanden schon früh heraus, dass wir Dinge taten, die unsere Kinder ärgerten. Obwohl wir nicht immer sicher waren, worum es sich dabei handelte, merkten wir, dass wir Dinge taten, die ihnen auf die Nerven gingen, weil Darcy und ich Dinge taten, die *uns* auf die Nerven gingen. Zu Beginn unserer Ehe beschlossen

Darcy und ich, offen zueinander zu sein, damit sich keine Mauer zwischen uns aufbauen konnte. Wir empfanden diese Art der Kommunikation zwischen uns als so effektiv, dass wir sie bei unseren Kindern ebenfalls anwenden wollten.

Wir hatten ein klares Mandat aus der Bibel, das uns anspornte – Hebräer, Kapitel 12. Der Text bezieht sich auf einen Zwischenfall aus dem Alten Testament, wo Esau, Isaaks ältester Sohn und Abrahams Enkel, den Segen, der Erstgeborene seines Vaters zu sein, verpasste. Sein jüngerer Bruder Jakob hatte ihn mittels einer List, bei deren Durchführung ihm seine Mutter half, übers Ohr gehauen. Beachte, dass Esau ohnehin ein problematischer Kerl war – auch ungeachtet der Entschuldigung, dass er von seinem Bruder betrogen wurde. Er hatte sein Geburtsrecht schon vorher verschmäht. Er hatte zugelassen, dass seine sexuelle Begierde, seine Vorliebe für heidnische Frauen und seine Gleichgültigkeit gegenüber Gott sein Leben beherrschten. Als er jedoch erkannte, dass sein Vater nicht mehr voller Gunst und Hoffnung zu ihm sprach, war er sehr betroffen. Der folgende Vers legt nahe, dass Esau *bedauerte,* was er getan hatte.

In Vers 17 heißt es: „Ihr wisst auch, dass er verworfen wurde, als er später den Segen erben wollte; denn er fand keinen Weg zur Umkehr, obgleich er unter Tränen danach suchte“ *(Einheitsübersetzung).*

Er fand keinen Weg zur Umkehr. In der *Elberfelder Übersetzung* heißt es hier: „… er fand keinen Raum zur Buße“. Du kannst die Geschichte in 1. Mose 27 nachlesen. Dabei wirst du feststellen, dass es keinen Hinweis darauf gibt, dass Esau irgendetwas bereute. Wie kann der Verfasser des Hebräerbriefs dann behaupten, dass er es tat? Die Antwort darauf ist ein theologisches Konzept, das „zunehmende Offenbarung“ genannt wird. Dieser Ausdruck bezeichnet die Einsichten, die die Verfasser des Neuen Testaments gewannen, als sie Ereignisse aus dem Alten Testament kommentierten. Sie legen manchmal Dinge nahe, die in der ursprünglichen Geschichte nicht enthalten sind, weil Gott ihnen durch die Inspiration des Heiligen Geistes tiefere Einblicke gewährte. Anscheinend versuchte Esau nach dieser Begebenheit, Buße zu tun, doch seine Eltern gaben ihm keinen Raum dafür. Das muss ein tragisches und hoffnungsloses

Szenario für Esau gewesen sein. Wenn das tatsächlich der Fall war, wenn Esaus Eltern, Isaak und Rebekka, ihm keinen Raum gaben, um Buße zu tun, dann ist das auch eine eindrückliche Erinnerung an die langfristigen, zerstörerischen Auswirkungen, die eintreten, wenn Familien nicht den gnädigen Raum für die Ehrlichkeit schaffen, die zur Versöhnung führt. Die Nachkommen von Esau und Jakob führen den Krieg auch heute noch weiter – Tausende von Jahren später. Terror und Tod wurden zum Vermächtnis dieser Familie, die sich weigerte, den Raum für gnädige Ehrlichkeit zu schaffen.

Kurz vor diesem Abschnitt, in Hebräer 12, 15, sagt der Verfasser: „… und achtet darauf, dass nicht jemand an der Gnade Gottes Mangel leide, dass nicht irgendeine Wurzel der Bitterkeit aufsprosse und euch zur Last werde und durch sie viele verunreinigt werden."

Meine Frau und ich haben im Rahmen unserer Arbeit schon viele Menschen getroffen, die etwas sagen, wie: „Meine Eltern haben kein einziges Mal zugegeben, dass sie etwas falsch gemacht haben." Das waren oft Menschen, die in christlichen Familien aufgewachsen waren. Daraufhin fassten Darcy und ich den Entschluss, sicherzustellen, dass unsere Kinder, wenn jemand sie in den nächsten Jahren fragen sollte, ob wir ihnen gegenüber unsere Fehler eingestanden haben, sagen würden: „Sicher. Viele Male. Genau genommen sogar die ganze Zeit."

Wir wollten nicht nur sichergehen, dass wir für die Dinge, die wir falsch machten, die Verantwortung übernahmen. Wir wollten ihnen auch den Raum geben, uns auf Dinge aufmerksam zu machen, die wir vielleicht versäumt hatten. Wir wollten nicht, dass in der Seele unserer Kinder eine Wurzel der Bitterkeit Fuß fassen konnte. Das hatten wir in unserer Verwandtschaft schon oft gesehen. Beachte bitte, dass wir das nicht taten, weil wir so kluge und schlaue Eltern waren. Das war wohl kaum der Grund. Wir taten es, weil wir verzweifelt waren. Wir hatten im Lauf der Jahre mit so vielen ärgerlichen Familien gearbeitet, dass uns klar geworden war, wie viel Schaden Bitterkeit anrichten kann. Deshalb führten wir unsere „Was-nervt-dich?"-Abende ein.

Unsere Kinder waren noch ziemlich klein, als wir auf die Idee kamen, ihnen damit die Möglichkeit zu bieten, offen über ihre Enttäuschungen zu sprechen. Das war wirklich ganz einfach. Wir erklärten ihnen in regelmäßigen Abständen, dass der morgige Abend ein „Was-nervt-dich?"-Abend sein würde. Das bedeutete zunächst einmal, dass sich jedes Kind von der Kimmel-Speisekarte aussuchen konnte, was es gerne essen wollte. Wenn der eine chinesisch, der andere mexikanisch, der Nächste italienisch und der Übernächste Spare Ribs essen wollte, war das kein Problem. Ich drehte einfach eine Runde zu den Schnellrestaurants in der Nähe. Im zweiten Teil des Abends hatten sie die Möglichkeit, uns alles zu sagen, was Darcy oder ich gesagt oder getan hatten, das sie verletzt hatte. Die Spielregel lautete jedoch, dass es dabei nicht um Situationen gehen durfte, in denen wir aufgrund unserer moralischen Maßstäbe eine bestimmte Position einnehmen mussten (mit der sie vielleicht nicht übereinstimmten), oder um Konsequenzen, die wir ihnen auferlegen mussten, weil sie etwas falsch gemacht hatten. Sie konnten jedoch auf die Art und Weise eingehen, wie wir unseren Standpunkt klargemacht oder ihnen die Konsequenzen auferlegt hatten. Vielleicht hatten wir sehr streng mit ihnen gesprochen oder etwas gesagt, mit dem wir sie vor ihren Freunden in Verlegenheit brachten. Möglicherweise hatten wir in ihren Augen auch versäumt, etwas zu tun, was wir in ihren Augen hätten tun müssen.

Einer nach dem anderen kam an die Reihe, um uns zu sagen, was ihm auf dem Herzen lag. Solange sie sprachen, galt für Darcy und mich die Regel, *dass wir uns nicht verteidigen durften.* Ganz gleich um was es ging, ganz gleich welche Gegenargumente wir hatten, um unsere Position oder unsere Taten zu verteidigen – es war uns nicht erlaubt, auch nur ein Wort zu sagen. Das hatten wir ihnen versprochen und daran hielten wir uns auch.

Warum entschlossen wir uns dazu, uns nicht zu verteidigen? Jede Krise besteht aus den *Tatsachen* eines Konflikts und den *Gefühlen,* die der Konflikt auslöst. Beide Parteien betrachten den Konflikt von ihrem Standpunkt aus und beide sind davon überzeugt, dass sie im Recht sind und der andere im Unrecht. Wenn meine Tochter oder mein Sohn eine bestimmte Situation aus der Perspektive ihrer oder seiner Gefühle betrachtete, hätte ich meine Worte oder Taten aus meiner Perspektive der Fakten rechtfertigen können, aber damit hätte ich nur Schaden angerichtet. Der Punkt war, dass wir sie ungeachtet der Fakten irgendwie verletzt hatten. Der letzte Teil des Prozesses lief dann folgendermaßen ab: Ganz gleich was sie gesagt hatten und wie wir über ihre Beurteilung unserer Handlungsweise dachten, baten wir sie um Vergebung. So einfach war das. Gelegentlich baten wir sie um Entschuldigung und um Vergebung. Es war oft schmerzhaft, zu hören, wie wir sie verletzt hatten, und manchmal mussten wir gegen den Drang ankämpfen, gewisse Dinge richtigzustellen. Aber wir taten das nicht für uns, sondern für sie.

Aus diesen familiären Zusammenkünften, die wir einführten, als unsere vier Kinder noch recht klein waren, entwickelte sich recht Interessantes. Als sie älter wurden, gingen sie davon aus, dass sie die Freiheit hatten, sich die Möglichkeit, die wir ihnen an unseren gemeinsamen Abenden gaben, auch sonst jederzeit zunutze zu machen. Für Darcy und mich war das in Ordnung. Es kam einige Male vor, dass mich eines meiner Kinder zur Seite zog und etwas sagte, wie: „Papa, kann ich ein privates ‚Was-nervt-dich?'-Gespräch mit dir führen?" Ich habe diese Gespräche immer als eine der besten Möglichkeiten geschätzt, die Gnade Gottes auszudrücken.

Manchmal bin ich wirklich schwer von Begriff

An einem Dienstagabend während des Frühlingssemesters seines ersten Jahres auf der Highschool kam mein Sohn Cody zu mir. Die Unterhaltung verlief etwa folgendermaßen:

Cody: „Papa, du musst mich morgen um die Mittagszeit aus der Schule holen."

Ich: „Und warum sollte ich das tun?"

Cody: „Mein Freund Steve hat Karten für das Eröffnungsspiel der *Diamondbacks.*"

(Wir leben in Scottsdale, Arizona, in der Nähe von Phoenix. Im Jahr davor hatten die *Arizona Diamondbacks* die *World Series* gewonnen.)

Ich: „Mein Sohn, hör zu. Du bist Schüler. Du musst zur Schule gehen. Du kannst nicht einfach abhauen, nur weil du zu einem Baseballspiel gehen willst."

Cody: „Aber Papa, Randy Johnson wird als Pitcher spielen."

Ich: „Das interessiert mich nicht, selbst wenn Warren Spahn von den Toten aufersteht, um als Pitcher zu spielen. Du bist ein Schüler der Highschool und musst dort hingehen."

Cody: „Papa, Steve hat Logenplätze direkt hinter der Spielerbank der *Diamondbacks.* Es werden F-18-Flugzeuge über den Platz fliegen. Es findet eine große Feier statt, weil sie im letzten Jahr die *World Series* gewonnen haben, und es werden viele Prominente dort sein."

Ich: (Das war der Punkt, an dem ich beschloss, ihm eine kleine Lektion über die Verantwortung Erwachsener zu erteilen.) „Hör zu, Cody, wir alle haben Aufgaben zu erledigen. Du hast eine Aufgabe. Ich habe eine Aufgabe. Meine Aufgabe ist es, morgens aufzustehen und ins Büro zu gehen. Ich mache meine Arbeit. Ich verdiene Geld, um die Familie zu ernähren. Ich kann meinen Arbeitsplatz nicht einfach verlassen, nur weil sich gerade irgendetwas Vergnügliches anbietet, das ich gerne tun würde. Du bist ein Schüler. Du wirst dafür bezahlt, dass du zur Schule gehst. Deine Bezahlung ist dein Zuhause und all die Annehmlichkeiten, die dir zuteilwerden, damit du dich unbelastet auf deine Bildung konzentrieren kannst. Deine Aufgabe ist es, morgens aufzustehen und mit einer guten Einstellung zur Schule zu gehen. Du musst dort hingehen und dich auf deinen Tag vorbereitet haben. Du musst aufpassen, dir Notizen machen, deinen Lehrern gegenüber Respekt zeigen und hart arbeiten. Wenn du dann abends nach Hause kommst, setzt sich deine Aufgabe damit fort, dass du die Hausaufgaben machst, die dir aufgegeben wurden. Das ist es, was du tun sollst. Das ist es, wofür du bezahlt wirst. Im wahren Leben, Cody, kannst du dir nicht immer frei nehmen, wenn dir gerade danach ist, nur um zu einem Baseballspiel zu gehen – ganz gleich was für einen Platz du hast."

Cody: (Nach einer langen Pause und mit offensichtlicher Frustration in seiner Stimme.) „Papa, ich bringe glatte Einsen nach Hause, und das schon seit dem Kindergarten. Ich kann keine besseren Noten nach Hause bringen, als ich es schon tue." (Pause.) „Die Entscheidung liegt bei dir."

Meine kleine Lektion über Arbeit und Verantwortung wurde als das offenbart, was sie war – nichts weiter als heiße Luft. Hier war ein Junge, der alles über persönliche Verantwortung wusste, sein Bestes tat und hart arbeitete. Er war ein ausgezeichneter Schüler und ein guter Sohn. Wenn irgendjemand bei uns zu Hause ein gutes Tempo vorlegte und den anderen zeigte, wie man sich richtig anstrengte, dann war es Cody. Er war ein gutes Kind, das lediglich zu einem Eröffnungsspiel gehen wollte. Und er überließ seinem dummen, begriffsstutzigen Vater das letzte Wort, um die letzte Ansage zu machen.

Ich: (Nachdem ich zwei Zwanzig-Dollar-Scheine aus meiner Hosentasche gezogen hatte.) „Sorge dafür, dass du dir und Steve große Hotdogs und genug Cola kaufst. Vergib mir, dass ich das Offensichtliche nicht gesehen habe. Ich wünsche dir eine tolle Zeit. Ich werde dich gern entschuldigen."

So arbeitet man zusammen!

10

Die Freiheit, Fehler zu machen

Ich weiß nicht, von wem dieser Ausspruch ursprünglich stammt, aber irgendjemand sagte vor langer Zeit, dass es sich bei den Menschen zu Hause entscheidet, welchen Verlauf ihr weiteres Leben nimmt. Ich denke, damit lag er richtig, sehr richtig sogar.

Was innerhalb der vier Wände einer Familie passiert, hat mehr Auswirkungen auf das Leben der Kinder als irgendetwas sonst. Das ist im Wesen der Familie begründet. Sie ist der Mutterleib, das frühe Nest, die Heimanschrift und der Nachname. Familien schaffen sich eine gemeinsame Identität, innerhalb der jedes einzelne Mitglied individuell definiert wird. Wir mögen einzigartig sein, aber gleichzeitig sind wir auch von den Anlagen unserer Vorfahren geprägt.

Deshalb tragen die Eltern der Kinder eine große Verantwortung, darauf zu achten, was diese tun. Wenn du den entscheidenden Faktoren im Leben deiner Kinder keine Beachtung schenkst, verhinderst du damit möglicherweise, dass sie all die Fähigkeiten entwickeln, die Gott ihnen zugedacht hat, wenn sie erwachsen werden.

Gnade bewahrt dich davor, zu weit in die eine oder die andere Richtung zu gehen. Sie funktioniert wie die Wasserwaage eines Zimmermanns. Gnade hilft dir dabei, in einer Welt voller Extreme den Abgleichpunkt zu finden, und bewahrt dich davor, deine Energie in eine lange Liste von Dingen zu investieren, die nicht von Belang sind.

Bleibe im Gleichgewicht

Gnade schafft Ausgeglichenheit in einer Familie. Während sich zu viele Eltern darum sorgen, wie andere Menschen ihre Kinder sehen, geht es auf Gnade gegründeten Eltern viel mehr darum, wie Gott ihre Kinder sieht. Eltern, die aus der Gnade schöpfen, setzen sich mit den willkürlichen Maßstäben evangelikaler Wichtigtuer erst gar nicht auseinander. Sie achten darauf, dass der Charakter ihrer Kinder wie die Luftblase einer Wasserwaage stets in der richtigen Ausrichtung bleibt. Für sie ergibt es mehr Sinn, dafür Sorge zu tragen, dass ihre Kinder in den Bereichen ihres Glaubens, ihrer Integrität, ihres Auftretens, ihrer Disziplin, ihres Durchhaltevermögens und ihres Mutes ausgeglichen bleiben, als sich darüber zu beunruhigen, ob ihre Kinder in den Augen anderer geistlich genug *aussehen* (was immer das bedeuten mag). Für sie ist es kein Verbrechen, wenn ihre Kinder anders sind als andere, wenn sie ein wenig verschroben sind oder anders ticken. Sie ermutigen ihre Kinder, durch eine innige und vertraute Beziehung zu Christus herauszufinden, als welchen einzigartigen Menschen Gott sie erschaffen hat.

Gnade bewahrt die Kinder auch davor, sich unbehaglich zu fühlen, wenn sie entdecken, dass sie nicht übermäßig klug, talentiert oder intelligent sind. Eltern, die die Gnade annehmen, machen ihr Zuhause zu einem sicheren Ort, wo sich durchschnittliche Kinder zu außergewöhnlichen Menschen entwickeln können. In solchen Familien sind Schwächen und Unzulänglichkeiten keine große Sache. Die scharfsinnigen Mütter und Väter dieser Familien sehen gerade die weniger stark ausgeprägten Fähigkeiten ihrer Kinder als eine Gelegenheit für Gott, seine Kraft erstrahlen zu lassen. Darüber hinaus wissen sie, dass ihre Kinder diesen sicheren Ort brauchen, um ihre Verletzlichkeit zu überwinden. Wenn ihnen das gelingt, können ihnen ihre Unzulänglichkeiten nicht mehr dabei im Weg stehen, zu wahrer Größe zu gelangen.

Familien, die auf Gnade gegründet sind, sind keine Geheimbünde. Stattdessen sind sie Orte, an denen die Eltern ihren Kindern furchtlos zugestehen, freiheraus zu sagen, was in ihrem Herzen verborgen ist. Sie ermutigen sie sogar dazu, es laut herauszuschreien – auch wenn sie dann zu hören bekommen, wie enttäuscht ihre Kinder von ihnen sind.

Eltern, die aus der Gnade Gottes schöpfen, erkennen, dass ihre Kinder Sicherheit in ihrem Herzen, ein Gefühl der Bedeutsamkeit in ihrem Leben und die nötige Stärke für ihre Zukunft brauchen. Sie wissen auch, dass all das nicht mittels vorgefertigter, auf klugen Formeln basierender Aktionspläne erreicht werden kann. Diese Dinge werden von Herz zu Herz vermittelt – von Eltern, die eine von Gnade bestimmte Beziehung zu Christus haben.

Ich wiederhole diese Punkte aus zwei Gründen. Erstens, weil ich hoffe, dass diese Sichtweise der Gnade zu einer Mustervorlage dafür wird, wie du als Mutter oder Vater denkst. Eine auf Gnade gegründete Erziehung ist keine Checkliste für die Erziehung, sie ist ein Lebensstil. Sie ist der klare Versuch, deinen Sinn so zu verändern, dass du auf dieselbe Weise auf deine Kinder eingehst, wie Gott auf dich eingeht. Wenn die Mitglieder einer Familie, die aus der Gnade Gottes schöpft, die Freiheit haben, anders zu sein als andere sowie verletzlich und offen zu sein, gründet sich das nicht auf ihre *Taten*, sondern auf ihre gesamte *Lebenseinstellung*.

Der zweite Grund, warum ich das wiederhole, ist, dass ich dich daran erinnern will, wie viel du zu verlieren hast, wenn es dir nicht gelingt, den nächsten entscheidenden Faktor einer auf Gnade gegründeten Erziehung umzusetzen: ***Die vierte Eigenschaft auf Gnade gegründeter Familien ist: Sie sind Familien, die ihren Kindern die Freiheit geben, Fehler zu machen.***

Der Lohn der Sünde

Du gehst jedes Mal ein Risiko ein, wenn du Sünde und Gnade im selben Satz erwähnst. Dann nehmen die Menschen an, du würdest versuchen, ein nettes, kleines theologisches System aufzubauen, das dir erlaubt, zu tun, was du willst. Aber so erklärt die Bibel die Gnade nicht. Gnade kann in einem bestimmten Sinn gebraucht werden – als Geschenk der Vergebung, das du nicht verdient hast. Sie kann jedoch auch in einem allgemeinen Sinn gebraucht werden, nämlich als die Freiheit und der Spielraum, die Gott dir zugesteht, während du eine innigere Beziehung zu ihm aufbaust. Ich spreche von einem Lebensstil und einigen Entscheidungen, die sich daraus entwickeln, dass du mit ihm lebst.

Du kannst dir sicher sein, dass allein die Tatsache, dass ich das so formuliere, manchen Menschen genügend Munition in die Hand gibt, um meine Worte gegen mich zu verwenden. Das Wort „Gnade" verängstigt Menschen, die lieber nicht zu viel nachdenken wollen, weil sich die Gnade nicht in ein sorgfältig gegliedertes, vorgefertigtes Schema pressen lässt. Gnade verlangt, dass man wirklich im Glauben *lebt.* Deshalb bin ich mir sicher, dass viele glauben, die Gnade, von der ich spreche, würde im Fall einer Sünde zu viel Spielraum bieten. Sie sagen: „Siehst du, diese auf Gnade gegründete Erziehung ist nur ein Deckmantel dafür, dass man eigene Regeln für sein Leben aufstellt, die es ermöglichen, seine Laster auszuleben. Das ist nichts anderes als die Erlaubnis, zu sündigen." Tut mir leid. Um einen solchen Unsinn zu glauben, müsste ich die Kapitel 5 bis 8 des Römerbriefs aus meiner Bibel herausreißen. Die Gnade, von der ich spreche, birgt nicht einmal den Hauch einer Möglichkeit in sich, dass irgendjemandem die Erlaubnis dafür gewährt werden könnte, Gottes Maßstäbe zu ignorieren.

Wenn überhaupt, sollte dich die Gnade dazu motivieren, in der Heiligkeit zu wachsen. Auf Gnade gegründete Familien vertreten nicht die Ansicht, dass sie sagen, sehen, hören, schmecken, trinken oder berühren können, was immer sie wollen. Das ist keine Gnade. Eine solche Haltung bedeutet, dass jemand sein eigenes Leben führen will ohne Rücksicht darauf, was Gott gesagt hat oder was er denkt. Aber Familien, die aus der Gnade Gottes schöpfen, haben eine deutlich andere Einstellung gegenüber der Sünde als Familien, die sich nicht an der Gnade orientieren. Wenn ich das Wesen der Gnade in einem Satz zusammenfassen müsste, würde sich das in etwa so anhören: „Solange Gott Wohlgefallen an dir hat, kannst du so ziemlich alles tun, was du willst." Aber bedenke, dass Gottes „Wohlgefallen an dir" von deinem Glauben an ihn abhängt und nicht von deiner Fähigkeit, einen moralischen Maßstab aufrechtzuerhalten, wie so viele denken. In Hebräer 11, 6 heißt es: „Ohne

Glauben aber ist es unmöglich, ihm wohlzugefallen." Menschen, die im Glauben leben, sind weitaus eher in der Lage, einen gottwohlgefälligen und gerechten Lebensstil zu entwickeln, weil sie die Kraft für ihr Leben in ihrer persönlichen Beziehung zum Herrn finden. Deshalb heißt es in der Bibel: „Der Gerechte aber wird aus Glauben leben" (Röm. 1, 17; Gal. 3, 11).

Gesetzliche Familien und auf Gnade gegründete Familien unterscheiden sich wie Tag und Nacht. Gesetzliche Eltern unterhalten eine Beziehung zu Gott, indem sie den Maßstäben zu entsprechen bemüht sind. Wenn es um ihre Kinder geht, besteht ihr Ziel darin, zu verhindern, dass „die Sünde" Einzug in ihr Zuhause hält. Sie tun ihr Bestes, um eine Umgebung zu schaffen, in der so viele Wege wie möglich kontrolliert werden, auf denen die Sünde in das Allerheiligste gelangen könnte. Sie lehren die Maßstäbe und Regeln, die Gott in der Bibel beschreibt, und tun alles, was in ihrer Macht steht, um ihre Kinder davon abzuhalten, auf irgendeine Weise zu sündigen. In solchen Familien passiert es leicht, dass die Kinder annehmen, *Dinge* könnten Sünde sein (Filme mit Altersbeschränkung, Igelfrisuren, kurze Röcke, Kinder, die im Einkaufszentrum herumhängen, Rapmusik usw.). Ebenso leicht vermitteln diese Familien den Eindruck, dass bestimmte *Aktivitäten* grundsätzlich sündhaft sind (Tanzen, *Die Simpsons* ansehen, gemeinsamer Schwimmunterricht für Mädchen und Jungen, der Besuch von weltlichen Rockkonzerten, Zungenküsse usw.). Wenn die Liste lang genug wird und die Schranken, die die Kinder vor diesen bösen „Dingen" und sündhaften „Aktivitäten" beschützen, stark genug bleiben, gehen solche Eltern davon aus, dass es für die Kinder leichter ist, in Heiligkeit zu leben. Möglicherweise gibt dieser Erziehungsstil sogar vor, wo die Familie lebt, welche Freunde die Kinder haben, wie die Kinder geschult werden und welcher Jugendgruppe sie angehören.

Wenn diese Kinder sündigen, werden sie mehr dafür bestraft, dass sie zugelassen haben, dass diese Sünde *passierte*, als für die Tatsache, *dass* sie passierte. Das ist gerade so, als wäre die Macht, zu sündigen oder nicht zu sündigen, irgendwie mit ihrem persönlichen Willen und ihrer Entschlossenheit verbunden. In diesen Familien können die Kinder von Schuldgefühlen und Furcht gequält werden, ohne dass sie jemals sündigen. Sie können schon Angst bekommen, wenn sie auch nur in die Nähe eines dieser „Dinge“ kommen, die als sündhaft eingestuft werden (siehe oben). Sie können sich schuldig fühlen, wenn sie gegenüber einer der „Aktivitäten“, die die Sünde verkörpern, auch nur den Anflug einer Neigung verspüren. Das zwingt sie, sich von den Menschen zurückzuziehen, die ihr Leben entsprechend der breiten Masse führen. Manchmal werden sie sogar gegenüber den anderen gesetzlichen Menschen innerhalb ihrer sicheren Umgebung skeptisch und wählerisch. Diese Familien sind ständig damit beschäftigt, die Sünde nicht an sich heranzulassen, indem sie zwischen sich und der Welt einen Zaun errichten.

Im Unterschied dazu wenden auf Gnade gegründete Familien nicht viel Zeit dafür auf, Zäune zu errichten, weil sie nur zu gut wissen, dass die Sünde in ihrer Familie bereits gegenwärtig ist. Für diese Eltern ist die Sünde keine *Tat* und kein *Objekt*, das ihre Verteidigungslinien überwindet, sondern ein gegebener Zustand, der ihr ganzes Sein durchdringt. Gnadenlose Eltern verlangen von ihren Kindern, gut zu sein, und werden ärgerlich und bestrafen sie, wenn sie es nicht sind. Eltern, die aus der Gnade schöpfen, gehen davon aus, dass ihre Kinder ohnehin mit der Sünde zu kämpfen haben und helfen ihnen, zu lernen, wie sie sich bei Gott Kraft holen können, um stärker zu werden.

Es ist nicht so, dass von der Gnade motivierte Eltern die Sünden ihrer Kinder nicht ernst nehmen. Ebenso wenig umgehen sie die Konsequenzen. Es ist auch nicht der Fall, dass auf Gnade gegründete Eltern nichts tun, um ihre Kinder vor den Angriffen und Versuchungen, die sie von außen bedrohen, zu beschützen. Sie tun all diese Dinge, aber aus anderen Gründen. Von Gnade motivierte Eltern vertrauen nicht darauf, dass die moralische Sicherheit ihres Zuhauses oder die geistliche Umgebung, die sie geschaffen haben, ihre Kinder befähigt, der Sünde zu widerstehen. Sie wissen, dass ein Zuhause und eine Umgebung den Mächten der Finsternis letztendlich nicht gewachsen sind. Wenn ihre Kinder sündigen, sind auf Gnade gegründete Eltern nicht überrascht. Sie erwarten es. Sie gehen davon aus, dass die Sünde ein andauerndes Dilemma ist, mit dem ihre Kinder ständig zu kämpfen haben werden.

Diese Einstellung verändert ihr Denken darüber, wie man den Sieg erringt. Die Freiheit, die Kinder in einer auf Gnade gegründeten Familie genießen, sieht so aus: Sie werden als Sünder akzeptiert, die sich wünschen, Christus ähnlicher zu werden, und nicht als nette christliche Kinder, die versuchen, einem guten moralischen Kodex zu entsprechen. Gnade ist entschlossen, die Kinder aus der Sünde herauszuholen; Gesetzlichkeit erlegt ihnen einen hohen Maßstab auf und tut alles, was in ihrer Macht steht, damit sie nicht äußerlich fallen.

Gnade versteht, dass die einzig *wahre* Lösung für die Sünden unserer Kinder das Werk Christi ist, das er um ihretwillen getan hat. Die Lösung besteht nicht in ihrem makellosen geistlichen Zustand oder ihrem guten Benehmen. Die Gnade erkennt, dass wir absolut *nichts* tun können, um unsere Chancen bei Gott zu erhöhen. Wir können absolut *nichts* tun, um mehr Liebe von Gott zu bekommen. Wir können absolut *nichts* tun, um den Sieg über unsere Sünden zu erringen. Das Einzige, was für jeden Einzelnen von uns spricht, ist Jesus.

Exoskelett und Endoskelett

Die Gesetzlichkeit benutzt äußere Kräfte, um den Kindern dabei zu helfen, ihr moralisches Leben aufrechtzuerhalten. Ihre Kraft basiert auf der *Umgebung*, in der sie leben. Das kann man sich auch anhand des Beispiels eines Schalentiers vorstellen. Ein Hummer wird von seinem Panzer umgeben und gestützt. Auf dieselbe Weise verlässt sich die Gesetzlichkeit auf eine kontrollierte Umgebung, um das Verlangen der Kinder im Zaum zu halten und die Versuchung abzuwehren. Die Gnade hingegen erkennt die Stärke der Kinder daran, was in ihnen ist – oder besser gesagt, wer in ihnen ist. Die unbegrenzte Macht Christi und die nachhaltigen Auswirkungen seines vollendeten Werkes am Kreuz bilden das innere Glaubenssystem, das die Funktion eines Skeletts übernimmt und sie aufrechterhält und stärkt.

Lass uns diesen Vergleich noch ein wenig weiter ausführen. Wenn unser menschlicher Körper einen starken Schlag abbekommt, können wir uns einen Knochen brechen. In den meisten Fällen kann man den gebrochenen Knochen durch einen Gipsverband ruhigstellen, bis er wieder stark wird. Wenn der Knochen in unserem Vergleich das Glaubenssystem unserer Kinder darstellt und der Bruch für ein Problem steht, das sie mit Sünde haben, gibt es zahlreiche Dinge, die wir tun müssen (dazu gehören nicht zuletzt Konsequenzen und Korrektur), die ihnen helfen können, geistlich wieder stark zu werden. Das funktioniert jedoch nicht, wenn Kinder die Kraft, die sie brauchen, um der Sünde und der Versuchung zu widerstehen, aus einer äußeren Umgebung, einem neumodischen Programm oder aus einem Haufen Regeln beziehen. Wenn eines dieser Dinge plötzlich als Kraftquelle versiegt, ist auch die Kraft der Kinder verloren. Man kann es auch so ausdrücken: Wenn du jemandem den Arm brichst, hat er einen gebrochenen Arm. Wenn du den äußeren Panzer eines Hummers zerbrichst, ist er tot.

Es ist schon fast ein Klischee, weil es so oft passiert, dass Kinder, die in einer strengen und abgeschotteten christlichen Umgebung aufwachsen, zu Partylöwen werden und ein ungezügeltes Leben führen, wenn sie schließlich aufs College gehen. Oft wechseln sie sogar häufig ihren Partner. Sie scheinen machtlos zu sein, irgendeiner der negativen Wahlmöglichkeiten, die sich ihnen bieten, zu widerstehen (weil sie machtlos *sind).* Es ist nicht so, dass Kinder aus gesetzlichen christlichen Familien (oder aus Familien, die von Furcht gesteuert werden) nicht mit Christus leben; es wurde ihnen nur nie beigebracht, wie sie sich seine Kraft zu eigen machen können, um die geistlichen Herausforderungen, auf die sie stoßen, zu überwinden. Sie wurden gelehrt, dass ihre Macht über die Sünde und ihr Sieg über die Versuchung woanders zu finden sind als in Christus. Leider unterstützt die Bibel diese Behauptung nicht. Getrennt von Christus gibt es keine Macht, nur die Illusion davon.

Kinder hingegen, die nach dem Grundsatz der Gnade erzogen wurden, sind den Lastern, von denen sie auf dem College umgeben sind, weniger zugeneigt. Das ist vor allem auf die Einstellung zurückzuführen, die ihre Eltern vertreten haben, als ihre Kinder noch klein waren. Während die Gesetzlichkeit bestrebt ist, die Kinder davor zu bewahren, zu Partygängern zu werden, geht die Gnade davon aus, dass sie so geboren wurden. Während die Gesetzlichkeit bestrebt ist, die Kinder davor zu bewahren, ständig wechselnde Partner zu haben, geht die Gnade davon aus, dass mit ihrem Heranwachsen auch ihr Wunsch wächst, körperlichen Kontakt mit einer Person des anderen Geschlechts zu haben.

Die Neigung deiner Kinder zur Sünde sollte dich nicht überraschen, sie sollte keine Bedrohung für dich darstellen, ja, sie sollte dich nicht einmal wirklich *beunruhigen.* Du weißt, dass du Sünder auf die Welt gebracht hast – Kinder, die genauso sind wie die Eltern, die sie gezeugt haben. Du erkennst, dass deine Kinder zu Selbstsucht, zu Dickköpfigkeit und Gesetzlosigkeit neigen, doch das sind genau die Menschen, die Christus liebt und für die er gestorben ist. Indem du den Hang deiner Kinder zur Sünde von Anfang an akzeptierst, kannst du deine Kinder ermutigen, ihren Kampf gegen die Sünde offen auszutragen, damit du mit ihnen darüber reden und sie zu der Kraft Christi hinführen kannst. Und wenn die Kinder tatsächlich sündigen, macht es dir die Gnade leicht, aufrichtig und offen mit ihnen über die Bereiche zu sprechen, in denen sie zu kämpfen haben. Dann werden deine Kinder in der Lage sein, dir ihre inneren Kämpfe mit Eifersucht, Begierde, Gier oder Wut und Zorn zu offenbaren.

Du solltest in der Lage sein, offen und ehrlich über Sünde zu sprechen, weil du nur zu gut weißt, dass auch du und dein Ehepartner Sünder sind. König David sagte: „Wenn du, o Herr, Sünden anrechnest, Herr, wer kann bestehen? Aber bei dir ist die Vergebung, damit man dich fürchte" (Ps. 130, 3–4; *Schlachter).* Gnade verlangt von dir Demut und Sensibilität gegenüber den Kämpfen deiner Kinder mit der Sünde, weil sie dich täglich daran erinnert, wie nötig auch du einen Retter brauchst. Du solltest dich David anschließen und Gott dafür danken, dass er über deine Sünden nicht Buch führt.

Für Kinder ist es viel leichter, mit ihrer Sünde umzugehen, wenn du ihnen nicht das Gefühl gibst, sich bereits schämen zu müssen, wenn sie auch nur damit kämpfen. Du weißt, dass deine Kinder kämpfen und willst der Teil des Dialogs sein, der ihnen hilft, am Fuß des Kreuzes Kraft zu suchen.

Du erkennst, dass Christus nicht für dich gestorben ist, weil du gute Eigenschaften hattest, die es wert waren, gerettet zu werden. Er starb für dich, weil du schlechte Eigenschaften hattest, die es dir nicht einmal mehr erlaubten, zu beten. Wenn du das verstehst, kannst du deine auf Gnade gegründete Umgebung dazu benutzen, auch deinen Kindern Gnade zu erweisen, wenn sie in ihrem Leben mit Sünde kämpfen. Wenn ein Kind sündigt, fragt die Gnade nicht: „Was ist bei dir nicht in Ordnung?“ Sie weiß, was nicht in Ordnung ist. Sie fragt nicht: „Warum hast du so etwas Dummes getan?“ Sie weiß, warum es so etwas Dummes getan hat. Sie ist nicht darauf aus, die Unzulänglichkeit der Kinder hervorzuheben, sondern will die Kinder voller Begeisterung auf die bedingungslose Liebe Jesu Christi hinweisen.

In Römer, Kapitel 7, führt Paulus eine bekannte Unterhaltung mit sich selbst. In diesem Abschnitt ist er hin- und hergerissen zwischen seinem Wunsch, das Richtige zu tun, und seiner Neigung, das Falsche zu tun. Lies, was er sagt:

> *Denn ich begreife mein Handeln nicht: Ich tue nicht das, was ich will, sondern das, was ich hasse … das Wollen ist bei mir vorhanden, aber ich vermag das Gute nicht zu verwirklichen. Denn ich tue nicht das Gute, das ich will, sondern das Böse, das ich nicht will. Wenn ich aber das tue, was ich nicht will, dann bin nicht mehr ich es, der so handelt, sondern die in mir wohnende Sünde … Ich unglücklicher Mensch! Wer wird mich aus diesem dem Tod verfallenen Leib erretten? Dank sei Gott durch Jesus Christus, unseren Herrn!*
>
> Römer 7, 15+18–20+24–25 *(Einheitsübersetzung)*

Paulus hatte die Gnade Gottes voll und ganz begriffen. Er verstand, dass er auf sehr zerbrechlichen, tönernen Füßen stand. Er war sich des bösen Potenzials, das in seinem Herzen lauerte, sehr bewusst. Er geißelte sich nicht dafür, dass er so war; stattdessen freute er sich darüber, dass Christus ihn trotzdem liebte – dass er ihn sogar so sehr liebte, dass er starb, um ihm die Kraft zu geben, seinen Kampf gegen die Sünde zu gewinnen.

Im Kolosserbrief zückt Paulus seine Feder und wendet sich (in Gnade) an diejenigen, die Vorschriften und Verhaltensregeln aufstellen wollen, damit sie als Schutzwall gegen die Sünde fungieren. Lies, was er sagt:

> *Wie ihr nun den Christus Jesus, den Herrn, empfangen habt, so wandelt in ihm, gewurzelt und auferbaut in ihm und gefestigt im Glauben, wie ihr gelehrt worden seid, indem ihr überreich seid in Danksagung! Seht zu, dass niemand euch einfange durch die Philosophie und leeren Betrug nach der Überlieferung der Menschen, nach den Elementen der Welt und nicht Christus gemäß! Denn in ihm wohnt die ganze Fülle der Gottheit leibhaftig; und ihr seid in ihm zur Fülle gebracht. Er ist das Haupt jeder Gewalt und jeder Macht … Wenn ihr mit Christus den Elementen der Welt gestorben seid, was unterwerft ihr euch Satzungen, als lebtet ihr noch in der Welt: Berühre nicht, koste nicht, betaste nicht!, – was doch alles zur Vernichtung durch den Gebrauch bestimmt ist, nach den Geboten und Lehren der Menschen? Das alles hat zwar einen Anschein von Weisheit, in eigenwilligem Gottesdienst und in Demut und im Nichtverschonen des Leibes – also nicht in einer gewissen Wertschätzung –, dient aber zur Befriedigung des Fleisches … Wenn ihr nun mit dem Christus auferweckt worden seid, so sucht, was droben ist, wo der Christus ist, sitzend zur Rechten Gottes! Sinnt auf das, was droben ist, nicht auf das, was auf der Erde ist! Denn ihr seid gestorben, und euer Leben ist verborgen mit dem Christus in Gott.*
>
> Kolosser 2, 6–10+20–23+3, 1–3

Fazit: Auf Gnade gegründete Familien erkennen, dass ihre Kinder mit der Sünde zu kämpfen haben. Sie betrachten es als eine Ehre, dass Gott sie dazu gebraucht, ihren Kindern zu zeigen, wie sie wahre Vergebung in Christus finden. Sie lassen sich nicht davon einschüchtern, dass in ihren Gesprächen mit ihren Kindern deren Sünden ans Licht kommen. Tatsächlich sind sie dankbar dafür, dass sie ihren Kindern in einigen ihrer schwersten Stunden mit bedingungsloser Liebe zur Seite stehen können.

Mit Liebe und Konsequenzen zum Sieg

Um für deine Kinder ein Zuhause zu schaffen, in dem sie die Freiheit haben, Fehler zu machen, solltest du einen bewährten Plan befolgen, der dir hilft, richtig zu reagieren, wenn sie tatsächlich fallen und versagen. Lass uns einige Dinge ansehen, die du tun solltest und die du nicht tun solltest.

1. Deine Rückmeldung

Das Schlüsselwort ist *Rückmeldung* im Gegensatz zur reinen *Reaktion.* Wenn deine Kinder sündigen, ist es einfach, ihnen gehörig den Marsch zu blasen. Ob es sich nun um eine Lüge dreht, ob es eines seiner Geschwister geschlagen hat oder ob es dabei erwischt wurde, wie es bei einer Klassenarbeit in der Schule geschummelt hat, entspricht es deiner natürlichen Neigung, auf sie loszugehen und dich dafür zu rächen, dass sie dich enttäuscht, in Verlegenheit gebracht oder dir Ärger gemacht haben. So reagieren viele Eltern – Eltern, die das Wesen der Sünde nicht als Zustand des menschlichen Herzens verstehen.

Eine auf Gnade gegründete Rückmeldung für unsere Kinder ist es, sie nicht zu verurteilen. Du kannst ihre falschen Taten beurteilen, deren negative Auswirkungen mit ihnen besprechen und auch dem Schmerz und der Enttäuschung Ausdruck verleihen, die dir ihre Taten bereitet haben. Aber du solltest sie nicht verurteilen. Verurteilung drängt sie in die Ecke und bietet nicht viel Hoffnung. Verurteilung greift ihren Charakter an, statt auf ihr Verhalten einzugehen. Wenn du sie verurteilst, löst du damit den Reflex in ihnen aus, sich zu verteidigen. Deine Verurteilung bewirkt oft wenig mehr, als dass eine schlechte Situation noch schlechter wird.

Wenn du stattdessen den Entschluss fasst, sie mit Liebe und Gnade inmitten ihrer Fehler zu begleiten, sind sie eher geneigt, eine demütige Haltung anzunehmen, Reue zu empfinden und den Wunsch zu äußern, um Vergebung zu bitten. Wenn du ihnen mit dieser Einstellung begegnest, werden sie viel eher dazu motiviert, darauf zu vertrauen, dass Christus ihnen hilft, diese Sünde in der Zukunft siegreich zu überwinden.

2. Konsequenzen

Eine der Rückmeldungen an deine Kinder, die am wenigsten mit Gnade zu tun hat, besteht darin, dass du ihrer Sünde keine Konsequenzen folgen lässt. Kinder lernen aus Korrektur und darüber hinaus haben sie einen inneren Sinn für Gerechtigkeit, der erst dann zufriedengestellt ist, wenn sie wissen, dass sie die Schuld für ihre Übertretung bezahlt haben und jetzt ganz normal weiterleben können. Wenn du deine Kinder ungestraft mit der Sünde davonkommen lässt oder ihnen Konsequenzen androhst, die du nie erfolgen lässt, bringst du die Waagschalen der Gerechtigkeit in ihrer Seele aus dem Gleichgewicht.

Zwei Zwischenfälle mit unseren eigenen Kindern verdeutlichen das. Unser jüngster Sohn, Colt, hatte etwas getan, weswegen er an zwei aufeinanderfolgenden Wochenenden nicht fernsehen durfte. Diese Strafe war ihm von meiner Frau auferlegt worden. Sie hatte es mir gesagt, aber am zweiten Wochenende war es mir, offen gesagt, einfach entfallen. An diesem Samstagnachmittag hatte ich einen Film ausgeliehen und fragte Colt, ob er ihn sich mit mir zusammen ansehen wollte. Da sagte er mir, dass er das nicht durfte und erinnerte mich daran, dass dies das zweite und letzte Wochenende war, an dem er die Konsequenzen für sein Vergehen tragen musste.

Der zweite Zwischenfall ereignete sich vor einigen Jahren, als unsere älteste Tochter Karis noch ein kleines Mädchen war. Darcy hatte sie mit in den Supermarkt genommen. Während des Einkaufs machte Karis ein Theater und war ihrer Mutter ungehorsam, wie viele Kinder es tun. Darcy sagte ihr, dass sie für ihr Verhalten bestraft würde, wenn sie nach Hause kämen. Aber Mutter und Tochter waren noch zwei weitere Stunden unterwegs. Da wir in der Wüstengegend Arizonas leben, musste Darcy die Lebensmittel so schnell wie möglich aus der erdrückenden Hitze von der Garage ins Haus tragen. Es nahm einige Zeit in Anspruch, all die Lebensmittel aus dem Auto in die Küche zu schleppen. Als sie gerade dabei war, die Sachen im Kühlschrank zu verstauen, erinnerte Karis sie daran, dass sie bestraft werden sollte.

„Kann ich meine Strafe bitte jetzt bekommen, damit ich sie hinter mir habe und nach draußen zum Spielen gehen kann?“, fragte Karis.

In beiden Fällen reagierten die Kinder auf ihren inneren Sinn für Gerechtigkeit. Sie wollten ihre Strafe hinter sich bringen, damit sie ihre Schuld bezahlen und anschließend normal weiterleben konnten.

Wenn du eine Situation manipulierst und deine Kinder aus einer Sünde, die sie begangen haben, herauspaukst oder ihre Bestrafung weitaus geringer ausfallen lässt, als sie es verdient hätten, setzt du deine Kinder nur der Gefahr aus, noch viel schlimmere Dinge zu tun. Glaube mir, wenn du jemals in einer Jugendstrafanstalt warst, weißt du, dass das ein ständig wiederkehrendes Thema ist. Die Mütter oder Väter der Jugendlichen lassen ihre Verbindungen spielen und helfen ihnen aus ihren Schwierigkeiten heraus oder lassen einfach zu, dass sie ungestraft damit davonkommen. Beim nächsten Mal tun die Jugendlichen dann etwas viel Schlimmeres. Einer Sünde Konsequenzen folgen zu lassen, *ist* eine liebevolle Form der Gnade, die besagt: „Ich liebe dich zu sehr, um zuzulassen, dass du diesem Muster weiter folgst und ein schlechter Mensch wirst.“ Wenn ihnen faire und folgerichtige Konsequenzen für ihre schlechten Taten auferlegt werden, wissen die Kinder, dass sie reife und vernünftige Eltern haben, die über ihr Leben wachen. Wenn man sie mit der Sünde ungestraft davonkommen lässt, besagt das genau das Gegenteil. Dann wissen sie, dass sie unreife Eltern haben, die mehr an ihrer eigenen Bequemlichkeit interessiert sind, als an der Würde ihrer Kinder.

Manche Fehler ziehen ganz automatisch Konsequenzen nach sich: Die Kinder müssen in der Schule nachsitzen, sie müssen etwas bezahlen, das sie zerbrochen haben, sie müssen sich in der Öffentlichkeit oder bei jemandem persönlich entschuldigen, sie werden in polizeilichen Gewahrsam genommen oder dem Richter vorgeführt. Je nach den Umständen können diese automatischen Konsequenzen noch durch zusätzliche disziplinarische Maßnahmen der Eltern verstärkt werden. Nehmen wir beispielsweise einmal an, dein Teenager bekommt einen Strafzettel wegen zu schnellen Fahrens. Abgesehen davon, dass er die Strafe bezahlen und möglicherweise mit einem

Führerscheinentzug rechnen muss, könntest du dich dafür entscheiden, ihm sein Privileg, Auto fahren zu dürfen, für eine gewisse Zeit zu streichen.

3. Verlorene Söhne

Manche Kinder reifen zu schnell heran. Sie weisen deine Liebe, deine Anleitung und deine Erziehungsmaßnahmen zurück. Vielleicht ist das Herz dieser Kinder kalt gegenüber Gott und noch kälter gegenüber dir. Wenn du mit verlorenen Söhnen zu tun hast, gibt es einige Dinge, die du bedenken solltest.

Erstens, widerstehe dem Drang, dir selbst die ganze Schuld dafür zu geben. Wenn Kinder in den Sumpf von Drogen, Alkohol, Sex oder Verbrechen abrutschen, ergehe dich nicht in Selbstzweifeln und versuche auch nicht, herauszufinden, was du falsch gemacht hast, dass dein Kind so schnell so weit vom richtigen Weg abgeirrt ist. Hier ist ernsthafte Objektivität gefragt. Alle Eltern machen Fehler. Abgesehen davon sind manche Kinder wild entschlossen, zu rebellieren und es gibt nichts, was du daran ändern könntest. Manchmal ist ihr Verhalten keine Sache zwischen dir und ihnen, sondern eine Sache zwischen ihnen und Gott.

Da wir gerade von Gott sprechen – er hat ein Wort der Ermutigung für dich, wenn du dabei bist, dir selbst die Schuld daran zu geben. Lukas, Kapitel 15, enthält die klassische Geschichte vom verlorenen Sohn. Wenn du sie mit etwas Abstand betrachtest und dir die übergeordnete Aussage ansiehst, die Jesus damit macht, wirst du erkennen, dass er diese Geschichte benutzte, um zu beschreiben, wie manche von Gottes Kindern gegen ihn rebellieren. Aus dieser Geschichte können die Eltern verlorener Söhne eine logische Schlussfolgerung ziehen. Wenn der Vater in der Geschichte für Gott steht und der Junge, der in ein fremdes Land ging, für eines der rebellischen Kinder Gottes, dann ist es offensichtlich, dass Gott uns sagt: „Höre, ich bin Gott, aber weil ich meinen Kindern einen freien Willen gegeben habe, kann (oder werde) ich sie nicht daran hindern, zu rebellieren. Wenn ich meine Kinder nicht bei der Stange halten kann, obwohl ich Gott bin, sehe ich keinen Grund, warum ihr euch die Schuld dafür geben solltet, dass ihr eure nicht bei der Stange halten könnt."

Es gibt noch einige weitere Schlüsselpunkte, die wir aus der Geschichte vom verlorenen Sohn lernen können:

Punkt zwei: Gib sie nicht auf. Gott tut es auch nicht. Verlorene Söhne können dich tief verletzen. Sie können dich in größte Verlegenheit bringen. Aber gib sie nicht auf.

Punkt drei: Unterstütze und finanziere ihre Rebellion nicht. Lass sie selbst sehen, wie sie die finanziellen Mittel dafür aufbringen. Rebellion ist größtenteils sehr teuer und die Sünde macht die meisten Menschen dumm. Wenn du ihre Erfahrungen als verlorener Sohn nicht finanzierst, bringt sie das schneller an das Ende ihrer Möglichkeiten.

Punkt vier: Sei bereit, ihnen zu vergeben, wenn sie letztendlich Buße tun. Vergebung bedeutet nicht, dass ihre Taten keine Konsequenzen nach sich ziehen oder dass das Vertrauen zwischen euch sofort wiederhergestellt ist, aber sie vermittelt ihnen, dass sie wertvoll sind und legt damit den Grundstein für den Wiederaufbau eurer Beziehung.

Punkt fünf: Widerstehe dem Drang, ihnen die Verletzungen, die sie dir zugefügt haben, vorzuhalten. Wenn sie Buße tun, schlachte das gemästete Kalb, richte ein Fest aus und mach weiter. Wenn du sie daran erinnerst, wie viel Schmerz sie dir zugefügt haben, wirkt sich das nur kontraproduktiv auf die Situation aus.

4. Zurechtweisung

Das Entscheidende an einer auf Gnade gegründeten Erziehung besteht darin, dass Gott dir eine Vielzahl von Möglichkeiten gibt, wie du deine Kinder zurechtweisen kannst. Manche Menschen glauben, die Bibel würde nur eine Methode vorschlagen – körperliche Züchtigung. Aber Gott selbst hat unzählige Mittel benutzt, um seine Kinder in der Bibel zu züchtigen. Er ist ein Gott, der keine zwei Sonnenuntergänge gleich gemacht hat. Er ist ein einzigartiger Gott. Er erlaubt dir, deine Korrektur auf die Weise auszuüben, die dem

Temperament und der Persönlichkeit deines Kindes am besten entspricht. Manche Menschen verlassen sich auf körperliche Züchtigung und glauben, dass diese jedes Mal effektiv ist. Wir haben jedoch einen Sohn, der bei körperlicher Züchtigung nicht einmal zusammenzuckte. Deshalb fanden wir andere Methoden, die weitaus wirksamer darin waren, seine Aufmerksamkeit zu bekommen und ihm zu helfen, aus seinen Fehler zu lernen. Auf der anderen Seite haben wir eine Tochter, die bereits zu weinen begann, noch *bevor* der erste Schlag auf ihrem Po landete.

Vielleicht hast du unglückliche Erinnerungen daran, wie du selbst zurechtgewiesen wurdest. Aufgrund dessen, was du durchgemacht hast, traust du dir entweder selbst nicht oder empfindest großes Unbehagen dabei, diese Methode anzuwenden, weil die Art und Weise, wie sie bei dir benutzt wurde, nicht in Ordnung war. Bedenke, du hast einen Gott der Gnade, der dir auch die Gnade schenkt, die disziplinarischen Maßnahmen anzuwenden, die am effektivsten sind und mit denen du dich am wohlsten fühlst.

Wir alle machen Fehler

Laternen im Garten. Mit ihrem weiß-gelben Schein setzen sie ein Zeichen in der Nacht. Manche winken dich herbei. Andere warnen dich. Manche brennen, um die im Haus vor den Schatten zu beschützen, die in der Dunkelheit lauern.

Für manche sind diese Laternen ein Hoffnungsschimmer, der den kobaltblauen Himmel erleuchtet. Sie baden die Nacht in ihrem sanften Licht und tauchen das schlafende Haus in Stille. Alles ist gut. Alles ist hell.

Es gibt einige Laternen, die nie erlöschen werden. Sie können nicht erlöschen. Sie wurden an dem Abend angezündet, als der Sohn oder die Tochter in die schwarze, kalte Nacht hinausstürmte. Die Tür schlug zu. Schritte hallten auf den Holzplanken der Veranda wider, durchquerten den Halbkreis des Lichts und verloren sich dann in der Dunkelheit.

Es war eine lange Zeit. Für manche waren es Monate, für andere Jahre. Einige sind ein ganzes Jahrzehnt vor diesem Lichtschein davongerannt. Die Gebete im Inneren des Hauses haben nicht aufgehört. Vielleicht wurde die Hoffnung manchmal schwächer oder fast aufgegeben, doch sie ist immer noch da.

Das ist der Grund, warum das Licht immer noch brennt … und nicht aufhören wird zu brennen. Es ist das Licht Gottes. Es ist das Licht des Erlösers. Auf Gnade gegründete Familien sind keine Familien, in denen es keine Sünde und kein Bedauern gibt. Es sind einfach Familien, deren Mitglieder einander nie aufgeben, was auch passiert. Das sind Zuhause, in denen junge Menschen mit einem ruhelosen Herzen die Freiheit haben, anders als andere, verletzlich und offen zu sein. Sie dürfen Fehler machen. Manchmal auch große. Aber weil drinnen die Gnade herrscht, wird die Laterne draußen immer leuchten.

Ganz gleich aus welchem Grund sie gegangen sind – sie können immer zurückkehren. Ganz gleich wohin sie gegangen sind – sie können immer nach Hause kommen. Und ganz gleich was sie getan haben – sie können immer hineingehen.

11

Zum Abschluss nochmals Gnade

Warum *Gnade?*

Warum habe ich von all den Wörtern, mit denen sich der Erziehungsstil, den wir anwenden sollen, beschreiben ließe, ausgerechnet dieses Wort ausgewählt?

Schließlich ist die Liste der Beschreibungen endlos. Einige von denen, die mir einfallen, hätten sich auf der Titelseite eines Buchs gut gemacht:

Kühne Erziehung

Kluge Erziehung

Schlaue Erziehung

Strenge Erziehung

Aber das wären keine guten Buchtitel gewesen. Sie fangen Gottes Herz nicht ein. Sie kommen ihm nicht einmal nahe. Sie spiegeln nur unser Herz wider und als solche sind sie nicht gut geeignet. Diese Titel sind unter anderem viel zu einseitig und ein wenig zu einladend.

Aufgrund der Verantwortung, die dir als Elternteil übertragen wurde, brauchst du einen Ausdruck, der eine weitaus größere Vision für deine Kinder beschreibt. Dafür gibt es nur eine treffende Lösung: *Auf Gnade gegründete Erziehung*. Dieser Ausdruck fängt das Herz Gottes auf allumfassende Weise ein. Gnade schließt seine Liebe ein, nimmt seine Barmherzigkeit an und ehrt sein Opfer.

Gnade ist ein erstaunliches Wort, weil Gnade an sich erstaunlich ist. Die ganze Welt kennt das und singt sogar davon. Die Menschen lieben den Klang dieses Wortes, weil sie Gnade *brauchen.* Ohne Gnade hast du keine Chance. Ohne Gnade kannst du deinen Weg nicht finden. Ohne Gnade bist du nicht von Bedeutung.

Gott hat in diesem einen, einfachen Wort seinen ganzen wunderbaren Plan für uns zusammengefasst. Gnade singt laut: „Freude aller Welt." Sie sagt: „Komm zu mir." Sie ruft aus: „Es ist vollbracht!"

Als ich nach einem Wort suchte, welches das Herz Gottes zusammenfasst und die Kriterien unserer größten Berufung erfüllt, erschien es mir deshalb nur passend, das Wort „Gnade" zu wählen.

Du wurdest ausgesondert, um Gott einen Gefallen zu erweisen. Er bittet dich darum, für einen kleinen, aber entscheidenden Teil der nächsten Generation sein Stellvertreter zu sein. Er braucht jemanden, der als seine Stimme, seine Arme und sein Herz fungiert. Er hat dich erwählt.

Er hat dich dazu erwählt, ihm bei einem Wunder zu assistieren. Er hat dir Kinder geschenkt und dann gesagt: „Nun geh hin und gib diesen kostbaren Leben eine *Bedeutung.*" Dieses Mandat verspricht einen großen Lohn, wenn du erfolgreich bist, doch es fordert einen hohen Preis, wenn du versagst.

Das ist der Punkt, an dem viele Eltern in Panik ausbrechen. Wenn ihnen klar wird, dass sie Kinder aufziehen sollen, die Gott lieben und ihm dienen, fragen sie sich, wie um alles in der Welt sie das schaffen sollen.

Die Antwort ist nicht in der Welt zu finden. Man findet sie im Himmel. Sie sitzt auf einem ewigen Thron. Gott hat viele Namen, aber zu denen, die ich besonders mag, gehört „der Gott der Gnade". Du fragst dich: „Wie soll ich Kinder aufziehen, die Gott lieben und ihm dienen?" Die Antwort darauf ist gar nicht so schwer. Du musst deine Kinder einfach so behandeln, wie Gott dich behandelt.

Er schenkt dir seine Gnade.

Und hier kommt die gute Nachricht. Wenn das Einzige, was du als Elternteil richtig machst, das ist, dass du in der Gnade wirkst, wird sich alles andere von selbst regeln.

Das kann ich dir garantieren. Als ich Vater wurde, gab es nicht vieles, was für mich sprach. Mein Rollenbild war durchschnittlich, meine Erfahrung begrenzt und mein Talent fragwürdig. Ich habe jede Menge Fehler gemacht. Ich habe manches versäumt und dafür manches getan, das fehl am Platz war. Doch es gab ein Ziel, auf das Darcy und ich uns von Anfang an konzentrierten. Wir wollten sicherstellen, dass wir unsere Kinder nach besten Kräften in einer Umgebung aufzogen, die von Gnade geprägt war.

Als Folge davon haben wir gesehen, dass es wahr ist, was Gott uns verheißt: Seine Gnade ist *tatsächlich* genug.

Ich nehme an, einige sagen jetzt, dass es sich erst noch herausstellen wird, wie gut wir unsere Aufgabe bewältigt haben. Und wenn es das ist, worauf du dein Augenmerk richtest, wird das wohl noch so bleiben, bis das letzte unserer Kinder verheiratet ist.

Aber hin und wieder geschieht etwas, das wie ein kleiner Liebesbrief von Gott ist, in dem steht: „Du hast bei der Erziehung deiner Kinder den richtigen Weg gewählt." Manchmal war Gnade *alles,* was wir ihnen bieten konnten, aber wir haben erkannt: Wenn Gnade alles ist, was wir haben, ist Gnade alles, was wir brauchen.

Wir haben vier Kinder. Unser Zweitältester ist unser Sohn Cody. Eines Abends während des Wintersemesters seines Abschlussjahres auf der Highschool führte ich mit Cody, der damals achtzehn Jahre alt war, eine kurze Unterhaltung, bevor er „Gute Nacht" sagte und ins Bett ging. Ich arbeitete an meinem Computer und nahm an, dass er schlafen gegangen sei. Aber irgendetwas bewegte ihn dazu, sich an seinen Schreibtisch zu setzen und ein Gedicht zu schreiben. Fünfundzwanzig Minuten, nachdem ich ihm eine gute Nacht gewünscht hatte, kam er wieder aus seinem Zimmer, um mir vorzulesen, was er geschrieben hatte. Diese poetische Leistung gab mir Grund zur Hoffnung.

Mein Gott bleibt

von Cody Kimmel

Wenn nichts mehr im Leben beständig ist
und Gefühl statt Freiheit regiert,
wenn alles, was das Leben uns bieten will,
in deiner Seele den Sinn verliert,
wenn jede Farbe zu Grau verblasst
und die Liebe als Makel erscheint,
wenn du keine menschliche Hoffnung mehr hast,
dann weiß ich: Mein Gott bleibt.

In den Wolken die Bilder vergangener Tage,
die Straßen trostlos und leer,
nichts wirklich Gutes ist mehr von Dauer,
es gibt keine Ziele mehr.
Wenn Donner die Stimme der Wahrheit erstickt
und Lüge mich ins Verderben treibt,
dann schrei ich zu Gott, dessen Kind ich bin,
und weiß: Mein Gott bleibt.

Wenn Geburtstage nichts Besondres mehr sind
und Winterkälte mich umfängt,
wenn Zeit, die längst vergangen ist,
ihre Spuren an meinem Körper zeigt,
wenn der Tod sich leise an mein Bett heranschleicht
und mich von meinem Schmerz befreit,
preise ich aus tiefster Seele den Tag, seit dem ich weiß:
„Dank sei Gott, mein Gott bleibt.“[1]

Quellenverweise

Kapitel 1
Warum es bei der Erziehung nicht reicht, es gut zu meinen

[1] Lies Philipper 2, 12–16 im Zusammenhang. Das ist ein ausgezeichnetes Ziel für eine auf Gnade gegründete Erziehung. Beachte, dass diese Verse dem Abschnitt folgen, in dem *kenosis* (das griechische Wort für „aufgeben") steht, wo Christus all seine göttlichen Privilegien (nicht seine Gottheit) aufgab und sich demütigte, um sich nach den sündigen Menschen auszustrecken.

[2] John Fischer, *Fearless Faith* (Eugene, OR: Harvest House, 2002), S. 21–31.

[3] Ich habe über das Thema „absolute Kontrolle" ein Buch geschrieben. Vielleicht willst du es lesen. Es hat den Titel *How to Deal With Powerful Personalities* (Colorado Springs: Focus on the Family, 1994). Es ist über www.familymatters.net erhältlich.

[4] Dieses ausgezeichnete Schaubild stammt aus dem Buch *In the Grip of Grace* von Max Lucado (Dallas: World Publishing, 1996), S. 8–9.

[5] Ebd.

[6] Siehe 2. Korinther 5, 21.

[7] Vgl. 2. Korinther 12, 9.

[8] Vgl. Hebräer 4, 15–16.

[9] Vgl. Sprüche 22, 6.

Kapitel 2
Die Wahrheit hinter der Gnade

[1] C. S. Lewis: Zitiert in Scott Hoezee, *The Riddle of Grace* (Grand Rapids: Eerdmans, 1996), S. 42.

[2] *Young's Analytical Concordance to the Bible* (Grand Rapids: Eerdmans, 1972), S. 783.

[3] Ebd.

[4] Randy Alcorn, *The Grace and Truth Paradox* (Sisters, OR: Multnomah, 2002), S. 37 (übersetzt aus dem Englischen. Das Buch gibt es auf Deutsch mit dem Titel *Voller Gnade und Wahrheit,* Christliche Literaturverbreitung, ISBN 978-3-89397-679-9).

[5] Philip Yancey, *What's So Amazing About Grace?* (Grand Rapids: Zondervan, 1997), S. 195 (übersetzt aus dem Englischen; das Buch gibt es auf Deutsch mit dem Titel *Gnade ist nicht nur ein Wort,* R. Brockhaus Verlag und Ernst Franz Verlag, ISBN 978-3-417263-18-3).

Kapitel 3
Eine unerschütterliche Liebe

[1] Siehe 1. Mose 1, 26–27.

[2] Familiengeheimnisse sind immer Gift. Wenn du sie vor den Menschen bewahrst, die dir am Nächsten stehen, werden sie deine Täuschung und deinen Mangel an Offenheit immer spüren. Wenn die Familiengeheimnisse in ihrem späteren Leben ans Licht kommen, ist das Kind gezwungen, sich zu fragen, worin es sonst noch getäuscht wurde. Die Wahrheit setzt die Menschen frei. Kinder können die Wahrheit in einem sehr viel jüngeren Alter verarbeiten, als sie eine Täuschung ertragen können. Je früher die Wahrheit ans Licht kommt, umso besser. Wenn die Fakten erst einmal auf dem Tisch sind, können sie nicht mehr länger herumgeistern.

Kapitel 4
Eine bedeutende Bestimmung

[1] Vgl. Offenbarung 1, 1–3.

[2] Siehe 1. Mose 1, 26–27.

[3] Robert Lewis, *Raising a Modern-Day Knight* (Colorado Springs: Focus on the Family, 1997), S. 83.

[4] Hollywood Pictures © 1995, *Mr. Holland's Opus*, übersetzt aus dem Englischen.

[5] Siehe Sprüche 9, 10.

[6] Allan Bloom, *The Closing of the American Mind* (New York: Simon & Schuster, 1982), S. 27.

[7] Reuben Welch, *We Really Do Need Each Other* (Nashville, TN: Generoux Nelson, 1973), S. 92.

[8] „Gonna Serve Somebody" by Bob Dylan, Copyright: Special Rider Music 1979 CBS Inc. Abdruck mit Genehmigung.

[9] Siehe Matthäus 10, 30.

[10] *October Sky*, zitiert mit Genehmigung.

Kapitel 5
Eine starke Hoffnung

[1] Siehe Apostelgeschichte 9, 1–19.

[2] Siehe das ausgezeichnete Werk von Chuck Swindoll, *The Strong Family* (Portland, OR: Multnomah, 1991), 59–78.

[3] Wenn du weitere Hilfe willst, um diese große Ordnung zu erreichen, könntest du beispielsweise das Buch lesen, das ich über dieses Thema geschrieben habe: Tim Kimmel, *Raising Kids Who Turn Out Right* (Phoenix: Family Matters, 1993). Erhältlich über www.familymatters.net

[4] Das ist die Lektion, die die Kinder in *Der König von Narnia* von C. S. Lewis über Jesus lernten. In dieser klassischen Kindergeschichte ist Aslan, der Löwe, die Figur, die Jesus repräsentiert. Die Kinder lernten, dass Aslan nicht Sicherheit garantierte, aber gut war.

[5] Lies 2. Korinther 4, 16–18 im größeren Zusammenhang. Das ist eine ausgezeichnete Ermahnung zu diesem Thema.

[6] Siehe 1. Mose 1, 4+10+12+18+21+25+31.

[7] Siehe Offenbarung 1, 8 und 22, 13.

Kapitel 7
Die Freiheit, anders zu sein als andere

[1] *The Nelson Study Bible* (Nashville: Thomas Nelson Publishers, 1997), S. 2142.

Kapitel 8
Die Freiheit, verletzlich zu sein

[1] Siehe Matthäus 27, 44.

[2] Seine Halbbrüder Jakobus und Judas leisteten nicht nur einen entscheidenden Beitrag zum Neuen Testament, sondern spielten auch anspruchsvolle Rollen bei der Gründung der Gemeinde. Jakobus war vor allem damit beschäftigt, seiner Verantwortung als Aufseher der Gemeinde in Jerusalem gerecht zu werden.

Kapitel 9
Die Freiheit, offen zu sein

[1] Dan B. Allender, *The Wounded Heart* (Colorado Springs: NavPress, 1991), S. 183 (übersetzt aus dem Englischen. Dieses Buch gibt es auch auf Deutsch *Das verwundete Herz,* Brunnen Verlag Gießen, ISBN 978-3-765512-68-1).

Kapitel 11
Zum Abschluss nochmals Gnade

[1] *My God Remains,* Copyright 2003: Cody Kimmel. Abdruck mit Genehmigung.

Studienanleitung

Kapitel 1
Warum es bei der Erziehung nicht reicht, es gut zu meinen

In diesem Kapitel erfährst du mehr über folgende Themen:

- Das Erziehungspuzzle.
- Extreme in der Erziehung.
- Zusätzliche Puzzleteile.
- Aktuelle Erziehungsmethoden.
- Die Rolle, die unsere Sichtweise Gottes bei der Erziehung spielt.
- Ein radikaler Erziehungsstil.

1. Tim vergleicht die Aufgabe der Erziehung mit einem Puzzle, bei dem die Randteile und das fertige Bild fehlen und dem überdies Teile hinzugefügt wurden, die nicht dazugehören. Inwiefern unterstützt die Gesellschaft, innerhalb derer du deine Kinder aufziehst, diesen Vergleich? Welchen Beitrag leistet deine christliche Umgebung dazu?

2. Tim sagt: „Kinder mit klaren moralischen Grenzen zu erziehen, kann ein extrem einsamer Job sein.“ Kannst du das bestätigen? Warum?

3. Hast du die Effektivität von Eltern schon einmal an einem willkürlichen oder sehr strengen Maßstab gemessen oder wurde dir dieser Maßstab angelegt? Wie?

4. Welche „zusätzlichen Teile“ wurden in dein Erziehungspuzzle geworfen? Wie bist du mit ihnen umgegangen?

5. Da keiner von uns perfekt ist, neigen wir alle manchmal zu einer der Erziehungsmethoden, die Tim beschreibt. Zu welcher davon neigst du? (Bitte sei ehrlich und lasse Gnade walten.)

6. Welche der beiden allumfassenden Einstellungen, die zu einem verurteilenden oder gesetzlichen Erziehungsstil führen, hast du entweder persönlich oder bei jemand anderem erlebt?

7. Welche der Eigenschaften einer auf Gnade gegründeten Familie, die in diesem Kapitel genannt werden, ist für dich am attraktivsten?

Kapitel 2
Die Wahrheit hinter der Gnade

In diesem Kapitel erfährst du mehr über folgende Themen:

- Der wesentliche Kern des Christentums.
- Schädliche Maßstäbe.
- Regeln, Rebellion, Beziehungen.
- Freiheit oder Freibrief.

1. Wie hat Gott dir in deinem Leben seine Gnade gezeigt?

2. Hast du schon einmal beobachtet, wie sich persönliche Probleme und Vorlieben in willkürlich definierte „Gottesgebote" verwandelten? Wie hat sich das auf die beteiligten Personen ausgewirkt?

3. Kannst du aus deinem eigenen Leben oder deiner christlichen Umgebung ein Beispiel für billige Gnade nennen? (Wenn es um andere geht, drücke es allgemein aus, damit du nicht tratscht oder jemanden schlecht machst.)

4. Ging die Art und Weise, wie du aufgewachsen bist, in Richtung Gesetzlichkeit oder Freiheit? Inwiefern hat sich das auf deinen eigenen Erziehungsstil ausgewirkt?

5. Wie lässt du vor deinen Kindern „dein Licht leuchten", damit sie deine „guten Werke sehen und euren Vater, der in den Himmeln ist, verherrlichen"?

6. Inwiefern war dieses Kapitel eine Herausforderung für deine Wahrnehmung und/oder deine Thesen?

7. Inwiefern wird sich dein Erziehungsstil verändern, nachdem du dieses Kapitel gelesen hast?

Kapitel 3
Eine unerschütterliche Liebe

In diesem Kapitel erfährst du mehr über folgende Themen:

- Der Kern der Gnade.
- Die geheime Zutat der Liebe.
- Unvollständige Liebe.
- Die Definition von Liebe.
- Wie man eine unerschütterliche Liebe vermittelt.

1. Denkst du, dass dir deine Eltern eine unerschütterliche Liebe vermittelt haben? Warum bzw. warum nicht?
2. Wenn man deine Kinder fragen würde, womit sie um deine Liebe und deine Aufmerksamkeit konkurrieren, was würden sie antworten?
3. Wie könntest du deinen Kindern unabsichtlich den Eindruck vermittelt haben, dass sie bestimmte Dinge tun müssen, um sich deine Liebe zu verdienen?
4. Welcher Teil von Tims Definition der Liebe fällt dir am schwersten? Warum?

____ Liebe ist die Ausrichtung meines Willens

____ auf deine Bedürfnisse und das, was dir guttut,

____ was es mich auch kosten mag.

5. Wie gut gelingt es dir, deine Kinder so zu akzeptieren, wie Gott sie erschaffen hat? Wie kannst du dich darin noch verbessern?
6. Was kannst du tun, damit die gegenseitige Achtung in deiner Familie einen höheren Stellenwert erlangt?

7. Überlege dir für jedes deiner Kinder eine oder zwei Möglichkeiten, wie du ihm deine Zuneigung zeigen kannst.

8. Hat Gott dich, als du dieses Kapitel gelesen hast, dazu aufgefordert, dein Kind für eine deiner Unzulänglichkeiten um Vergebung zu bitten? Was wirst du tun?

Kapitel 4
Eine bedeutende Bestimmung

In diesem Kapitel erfährst du mehr über folgende Themen:

- Die Folgen eines fehlenden Bewusstseins um seine Bestimmung im Leben.
- Fördere die Wahrnehmung einer allgemeinen, einer besonderen, einer geistlichen und einer Bestimmung auf der Beziehungsebene in deinen Kindern.
- Die Rolle, die Bestätigung, Aufmerksamkeit und Ermahnung dabei spielen, in deinem Kind diese Wahrnehmung zu fördern.

1. Wie hast du dir als Kind deine Zukunft als Erwachsener erträumt? Denkst du, dass du dich mit weniger zufriedengegeben oder mehr erreicht hast als das?

2. Kannst du dich mit einer der verzerrten Bestimmungswahrnehmungen, über die Tim in diesem Buch spricht, identifizieren (beispielsweise mit einer unterentwickelten, einer auf Rache basierenden oder der Bestimmungslosigkeit)? Wie wurde dein Leben davon beeinflusst?

3. Wie lebst du deinen Kindern vor, wie wichtig es ist, anderen dabei zu helfen, ihr volles Potenzial zu entfalten? Wie versuchst du, das volle Potenzial deiner Kinder zu fördern?

4. Auf welcher Stufe befinden sich deine Kinder gerade, was ihre geistliche Bestimmung betrifft? Berichte befreundeten Elternpaaren davon und bitte sie, für die geistliche Reise deiner Kinder mitzubeten.

5. Wie gut gelingt es dir, deinen Kindern verdientes Lob auszusprechen? Bist du manchmal zu geizig damit oder bist du ihnen gegenüber unaufrichtig?

6. Ob du nun Kinder im Teenageralter hast oder nicht – wie kannst du deinen Kindern deine Begeisterung über diese entscheidenden Jahre vermitteln?

7. Benenne die drei besten Freunde deiner Kinder, ihre Lieblingssportart, ihre Lieblingsmusikgruppe, ihr Lieblingsfach und ihren Lieblingslehrer an der Schule.

8. Wie gut gelingt es dir, Korrektur und Konsequenzen auf Gnade gegründet erfolgen zu lassen (wie Gott mit uns umgeht)? Wie kannst du dich verbessern?

Kapitel 5
Eine starke Hoffnung

In diesem Kapitel erfährst du mehr über folgende Themen:

- Die Notwendigkeit von Hoffnung im Herzen eines Kindes.
- Die Beziehung zwischen Hilflosigkeit und Hoffnungslosigkeit.
- Die Beziehung zwischen Verantwortung und Hoffnung.
- Die Beziehung zwischen Herausforderungen und Hoffnung.

1. In welchen Bereichen ihres Lebens zeigen deine Kinder Schwächen oder Hilflosigkeit? Wie kannst du ihnen mit vertrauenswürdiger, gnädiger Hilfe und Hoffnung zur Seite stehen?

2. Ist dir, nachdem du dieses Kapitel gelesen hast, bewusst geworden, dass deine Kinder in manchen Bereichen hilflos bleiben, weil du sie übermäßig beschützt, statt sie angemessen vorzubereiten?

3. Gibt es im Leben deiner Kinder Herausforderungen, von denen du dir wünschst, Gott würde sie wegnehmen (beispielsweise in körperlicher, emotionaler, zwischenmenschlicher oder beruflicher Hinsicht)? Hast du bereits entdeckt, wie diese Herausforderung

dich und dein Kind ermutigen kann (oder bereits ermutigt hat), eure Hoffnung auf die Güte Gottes zu setzen?

4. Welche natürlichen Neigungen haben deine Kinder? Wie hilfst du ihnen dabei, diese natürlichen und einzigartigen Gaben und Fertigkeiten zu entwickeln?
5. Beunruhigt dich die Vorstellung, dass man lieber starke als rundum beschützte Kinder aufziehen sollte? Warum?
6. Wie wirst du im Glauben vorangehen und deine Kinder ermutigen, ein geistliches Abenteuer zu leben?
7. Wenn dein Kind seinen nächsten Rückschlag erleidet oder das nächste Mal scheitert, was wirst du dann tun, um diesen Vorfall in eine Gelegenheit zu verwandeln, eine starke Hoffnung in ihm aufzubauen?

Kapitel 6
Gnade zugeteilt

In diesem Kapitel erfährst du mehr über folgende Themen:

- Die Verlockung der Gesetzlichkeit.
- Das Heilmittel für Gesetzlichkeit.
- Die Freiheit der Gnade.
- Lass deinen Worten der Gnade Taten folgen.

1. War die Gesetzlichkeit ein Teil deines Lebens, während du aufgewachsen bist? Inwiefern hat dich das beeinflusst?
2. Wenn du nicht mit Gesetzlichkeit aufgewachsen bist, kanntest du andere, die von ihr geprägt wurden? Wie?
3. Warum, glaubst du, zieht es uns zu einem auf Checklisten und Formeln basierenden Erziehungsstil hin? Was sagt das über dein Gottesbild aus?
4. Was, glaubst du, macht uns an einer auf Gnade gegründeten Erziehungsmethode, die sich auf das Herz eines Kindes statt

auf sein Verhalten konzentriert, Angst? Was sagt das über dein Gottesbild aus?

5. Denk einmal an deine geistlichen Mentoren und Helden zurück. War ihre Wirkungsweise eher auf Strenge oder auf Gnade gegründet?

6. Denk noch einmal an die Beziehung zwischen Gnade, den drei inneren Bedürfnissen und dem auf vier Pfeilern basierenden System der Gnade und wiederhole sie in deinen eigenen Worten.

7. Welche deiner Sichtweisen oder Annahmen wurden in diesem Kapitel hinterfragt?

Kapitel 7
Die Freiheit, anders zu sein als andere

In diesem Kapitel erfährst du mehr über folgende Themen:

- Anders zu sein als andere, ist in Ordnung.
- Mach die Hauptsache zur Hauptsache.
- Modeerscheinungen und Trends.
- Gib dem Bösen, was ihm gebührt.

1. Was für Dinge (keine bösen oder sündhaften) hast du als Teenager getan, die deine Eltern ärgerten? Wie haben sie darauf reagiert?

2. Auf welche Weise zeigen deine Kinder, dass sie anders als andere, seltsam, bizarr oder einzigartig sind? Hat dich das schon einmal geärgert oder in Verlegenheit gebracht?

3. Warum, glaubst du, neigen wir dazu, verschiedenen Haltungen oder Taten böse Mächte beizumessen? Hast du schon einmal beobachtet, dass die christliche Gemeinde das tut?

4. Inwiefern beurteilen wir andere Eltern aufgrund des Verhaltens ihrer Kinder?

5. Wie können wir anderen Eltern, die Schwierigkeiten mit ihren Kindern haben, zur Seite stehen und ihnen helfen, statt sie nur zu kritisieren?

6. Was wirst du das nächste Mal tun, wenn ein Kind bei einer Modeerscheinung mitmachen will? Einige Hinweise: Gibt es ein biblisches oder moralisches Problem? Gibt es ein praktisches oder finanzielles Problem? Gibt es ein persönliches Problem, bei dir oder bei ihnen?

7. Wie wirst du jetzt, wo du weißt, dass du deinen Kindern Gnade zeigst, indem du sie sie selbst sein lässt, auf ihre Einzigartigkeit reagieren? Gibt es etwas, das du sogar heute noch tun kannst?

Kapitel 8
Die Freiheit, verletzlich zu sein

In diesem Kapitel erfährst du mehr über folgende Themen:

- Wie sensible Eltern einen klaren Weg zu Gott aufzeigen.
- Keine Not ist für Gott zu klein.
- Die Verletzlichkeit unserer Kindheit macht aus uns die Erwachsenen, die wir jetzt sind.
- Gott gebraucht unsere Schwächen, um uns seine Gnade zu zeigen.

1. Was waren deine wunden Punkte in deiner Kindheit? (Größe, Gewicht, sozialer Status, sportliche Fähigkeiten.) Gab es jemanden in deinem Leben, der dich an die Hand genommen und dir den Weg zur Gnade gezeigt hat?

2. Welche emotionalen Situationen gibt es im Leben deiner Kinder, die du zu bagatellisieren versucht bist? Wie sollte unsere Reaktion darauf aussehen, wenn wir ebenso auf unsere Kinder eingehen, wie Gott auf uns eingeht?

3. Warum fällt es Eltern leichter, auf die Umstände ihrer Kinder einzugehen, indem sie sich mit den Fakten befassen, statt mit

ihren Gefühlen? Rufe dir ein Beispiel ins Gedächtnis zurück, wo du oder dein Kind die Fakten nicht sehen konnten, weil ihr völlig auf eure Gefühle fixiert wart.

4. Gibt es bei dir oder deinem Kind einen „Dorn im Fleisch", der wahrscheinlich nie verschwinden wird? Wie bist du damit umgegangen bzw. wie willst du deinem Kind helfen, das Beste daraus zu machen?

5. Gab es jemanden in deinem Leben, der dich in einem Moment, in dem du sehr verletzt warst, ermutigt und damit deine Einstellung zu dir selbst verändert hat?

6. Nimm dir einen Moment Zeit und überlege dir eine oder zwei Möglichkeiten, wie du deine Kinder während der Zeit ihrer Kindheit, in der sie sehr verletzlich sind, ermutigen kannst. Schreibe sie auf. Wenn du diese Möglichkeiten innerhalb einer Gruppe vorträgst, betet füreinander und ermutigt einander darin, hier konsequent vorwärtszugehen.

Kapitel 9
Die Freiheit, offen zu sein

In diesem Kapitel erfährst du mehr über folgende Themen:

- Schädliche Ehrlichkeit.
- Es geht darum, was du sagst.
- Es geht darum, wie du es sagst.
- Gott gibt unseren Familien ein Vorbild.

1. Warst du schon einmal das Opfer schädlicher Ehrlichkeit? Wie hast du dich dabei gefühlt?

2. Fällt dir eine Person aus der Bibel ein, die Zweifel an ihrem Glauben hatte und mit Gott offen darüber sprach? Wie reagierte Gott darauf und wie hat sich diese Reaktion auf ihren Glauben ausgewirkt?

3. Hat dein Kind Zweifel hinsichtlich seiner geistlichen Überzeugungen geäußert? Warum macht das Eltern nervös? Was sagt unsere Besorgnis über unsere Sichtweise des Heiligen Geistes aus?

4. Welche Botschaften übermitteln wir unseren Kindern, wenn wir kontrollierend, verharmlosend, herrisch oder oberflächlich auf ihre Offenheit reagieren? Was können wir tun, um sie zu ermutigen, auch weiterhin aufrichtig zu uns zu sein?

5. Hattest du schon einmal eine hitzige Diskussion mit Gott, ähnlich der Moses, auf die sich dieses Kapitel bezog? Was war das Ergebnis?

6. Wenn ein Kollege oder ein Freund anderer Meinung ist als du, wie hättest du gerne, dass er damit umgeht?

7. Was wirst du tun, um die Offenheit innerhalb deiner Familie zu fördern?

Kapitel 10
Die Freiheit, Fehler zu machen

In diesem Kapitel erfährst du mehr über folgende Themen:

- Gnade schafft den Ausgleich.
- Der Kampf gegen die Sünde findet mehr innerlich als äußerlich statt.
- Verwandle Fehler in Reife.
- Kinder werden von innen nach außen aufgebaut.
- Familien, die von der Gnade geleitet sind, lassen das Licht immer brennen.

1. Welche anderen Begriffe für Gnade kennst du? Kannst du von einer Begebenheit berichten, in der dir jemand große Gnade gezeigt hat?

2. Erkläre in deinen eigenen Worten den Unterschied zwischen Gesetzlosigkeit und Gnade. Wenn wir es zu unserem Verhaltens-

maßstab machen, Gott wohlzugefallen (vgl. Seite 256), gibt es dann vielleicht einige „christliche" Maßstäbe, die du enttabuisieren und lockerer sehen musst?

3. Angenommen die Sünde hat sich bereits eingeschlichen – inwiefern musst du deine Einstellung ändern, damit du deinen Kindern helfen kannst, sie zu besiegen, statt anzunehmen, du könntest sie davor bewahren, deine hohen Maßstäbe nicht zu erfüllen?

4. Gibt es irgendetwas, das du sagen oder tun kannst, um deinen Kindern zu zeigen, dass auch du die Vergebung Christi in deinem Leben brauchst, und ihnen die Tür dafür zu öffnen, über ihren Kampf mit der Sünde zu sprechen?

5. Entspricht es eher deiner natürlichen Neigung, auf die Sünden deiner Kinder zu reagieren oder ihnen konstruktiv Rückmeldung zu geben? Versetze dich einmal in ihre Lage. Inwiefern könntest du ein besseres Ergebnis erzielen, wenn du ihnen konstruktiv Rückmeldung gäbest?

6. Kannst du aus deiner eigenen Vergangenheit oder aus der Vergangenheit eines anderen ein Beispiel nennen, das veranschaulicht, dass es keine Gnade ist, wenn man keine Konsequenzen erfolgen lässt? Welche Art von Konsequenzen hat sich bei deinen Kindern als effektiv erwiesen?

7. Gab es in deinem Leben jemanden, der für dich eine Laterne brennen ließ? Wie hast du den Weg zurück nach Hause gefunden? Bist du bereit, dasselbe für deine Kinder zu tun?

Kapitel 11
Zum Abschluss nochmals Gnade

In diesem Kapitel erfährst du mehr über folgende Themen:

- Warum Gnade?
- Wenn Gnade alles ist, was du hast, ist Gnade alles, was du brauchst.

- Gnade bringt einen großen Lohn.

1. Vielleicht war das Konzept der „Gnade“ neu für dich oder aber eines, das so alt ist wie dein Glaube. Inwiefern hat das Lesen dieses Buchs dazu beigetragen, dass dein Verständnis der Gnade gewachsen ist oder sich verändert hat?

2. Inwiefern hat sich deine Vorstellung von Erziehung wegen deiner neuen Sichtweise der Gnade verändert?

3. Durch welche praktischen, alltäglichen Dinge wird erkennbar, dass *Eine auf Gnade gegründete Erziehung* deinen Erziehungsstil verändert hat?

4. Wie kannst du im Rahmen deiner Möglichkeiten das Wesen Gottes so verkörpern, dass du deine Kinder so behandelst, wie er dich behandelt?

5. Nimm dir jetzt etwas Zeit und fasse den Entschluss, so zu lieben, wie Gott liebt. Bitte ihn dabei um seine Hilfe.

Je mehr wir über Gott wissen, umso besser können wir ihn nachahmen. Wenn du es noch nicht getan hast, triff jetzt die Entscheidung, Gemeinschaft mit anderen Gläubigen zu pflegen, zu beten und täglich in der Bibel zu lesen. (Auf www.familymatters.net kannst du dir einen Bibelleseplan herunterladen.)

GNADE SEI MIT DIR

Bibliografie

Einheitsübersetzung:
Einheitsübersetzung. Stuttgart: Katholische Bibelanstalt GmbH © 1980.

Luther:
Lutherbibel. Bibeltext in der revidierten Fassung von 1984. Stuttgart: Deutsche Bibelgesellschaft 1999.

Neues Leben:
Neues Leben. Holzgerlingen: Hänssler Verlag © 2002.

Schlachter:
Schlachter Übersetzung – Version 2000. 1. Auflage © der Genfer Bibelgesellschaft. Bielefeld: CLV 2004.

Zürcher:
Die Heilige Schrift – Zürcher Bibel 2007. Zürich: Verlag der Zürcher Bibel.

Hervorhebungen grundsätzlich durch den Autor.

Rebellen unter meinem Dach
Warum Kinder von Christen rebellieren
Dr. Tim Kimmel 348 Seiten

Sind deine Kinder tätowiert? Tragen sie ihre Haare so, dass dir alle Haare zu Berge stehen? Vor allem: Sind sie, wenn sie so etwas tun, auf dem Weg in die Hölle? Nicht unbedingt, behauptet der Autor. Woran bemerkst du, ob dein Kind seinen Glauben verliert oder einfach nur damit zu kämpfen hat, langsam erwachsen zu werden? Antworten in diesem Buch.

Hat dir dieses Buch gefallen? Es ist unsere Vision als Verlag, Bücher herauszubringen, die dir ganz praktisch im Leben als Christ weiterhelfen. Falls du mehr über unsere Arbeit erfahren möchtest, schicken wir dir gerne einen Katalog zu. Oder besuche uns doch einfach im Internet, dort kannst du auch fast alle anderen in Deutschland erhältlichen christlichen Bücher bestellen und findest darüber hinaus weitere Informationen und aktuelle Angebote. Schau doch einfach einmal vorbei.